智能网联汽车研究与开发丛书

Adaptive AUTOSAR平台与车用高性能控制器开发

杨世春　李强伟　汤　易　　著
刘　向　王一强　陈雅莹

机械工业出版社
CHINA MACHINE PRESS

本书以智能驾驶为背景，面向广大汽车软件人员对学习尖端汽车软件技术的需求，基于国际领先的ETAS公司AP平台与恩智浦S32G高性能车载计算芯片，对汽车电子电气架构以及车载高性能控制器的软件开发进行了详细的介绍。本书首先讲述了汽车电控系统的发展以及AP规范的基本概念，结合智能驾驶域控制器所面临的安全问题，以AP方法论为线索，层层递进阐述智能驾驶控制器所需的技术要点、开发细节与实践方式，通过示例全面展示了控制器软件开发的具体流程与方法，旨在以开发者的视角深度剖析AUTOSAR方法论的具体实施过程。

本书可作为汽车软件工程师或相关行业从业人员的参考书，也可供汽车电子相关专业学生以及对智能驾驶技术感兴趣的人参考阅读。

图书在版编目（CIP）数据

Adaptive AUTOSAR 平台与车用高性能控制器开发 / 杨世春等著. —北京：机械工业出版社，2023.8

（智能网联汽车研究与开发丛书）

ISBN 978-7-111-73713-1

Ⅰ.①A… Ⅱ.①杨… Ⅲ.①汽车 – 智能通信网 – 电子控制 – 控制系统 – 应用软件　Ⅳ.① U463.67

中国国家版本馆 CIP 数据核字（2023）第 162390 号

机械工业出版社（北京市百万庄大街22号　邮政编码100037）
策划编辑：何士娟　　　　　责任编辑：何士娟
责任校对：薄萌钰　徐　霆　责任印制：刘　媛
北京中科印刷有限公司印刷
2023年12月第1版第1次印刷
169mm×239mm・23.75 印张・2 插页・463 千字
标准书号：ISBN 978-7-111-73713-1
定价：168.00元

电话服务　　　　　　　　　网络服务
客服电话：010-88361066　　机 工 官 网：www.cmpbook.com
　　　　　010-88379833　　机 工 官 博：weibo.com/cmp1952
　　　　　010-68326294　　金 书 网：www.golden-book.com
封底无防伪标均为盗版　　　机工教育服务网：www.cmpedu.com

前言

我国高度重视智能新能源汽车技术和产业发展,"十四五"规划指出要积极发展高端制造业及新材料产业,持续提升优势制造业领域发展水平,积极发展新能源及智能网联汽车,打造一批国有优质品牌产品。智能新能源汽车产业已进入发展快车道,亟须大量具备高技术素养的专业技术人才与一批实践性强的专业技术书籍。

当前,汽车电子技术在动力总成控制、底盘控制、车身控制以及车载信息娱乐系统等各个部分所占的比重越来越大,汽车电子电气架构成为现代汽车的大脑与中枢神经系统。随着汽车电动化、网联化、智能化的全面推进,汽车电子已成为汽车产品功能拓展与性能提升的重要技术支撑,目前汽车技术的发展已进入软件定义的时代。Adaptive AUTOSAR(AP)是一种高性能、高灵活度、面向智能网联与自动驾驶的新汽车软件平台,支持高性能计算、动态通信和增量部署,可以满足智能新能源汽车多系统的实时和安全要求,是实现面向下一代高性能、高安全、高智慧汽车的灵活软件架构。

本书以智能驾驶为背景,面向广大汽车软件人员对学习尖端汽车软件技术的需求,基于国际领先的 ETAS 公司 AP 平台与恩智浦 S32G 高性能车载计算芯片,对汽车电子电气架构以及车载高性能控制器的软件开发进行了详细的介绍。本书首先讲述了汽车电子控制系统的发展以及 AP 规范的基本概念,结合智能驾驶域控制器所面临的安全问题,以 AP 方法论为线索,层层递进阐述智能驾驶控制器所需的技术要点、开发细节与实践方式,通过示例全面展示了控制器软件开发的具体流程与方法,旨在以开发者的视角深度剖析 AUTOSAR 方法论的具体实施过程。

本书是我国汽车电子软件领域的原创作品,系统梳理了汽车电子技术发展历史与当前汽车智能化发展对软件的最新要求,融合了北京航空航天大学、德国 ETAS 公司等汽车行业顶尖高校与企业的最新知识成果和优势技术,对我国汽车电子软件的技术发展与应用具有深远影响,填补了国内外相关领域专业技术书籍的空白。

  在目前汽车行业面临机遇与挑战的重要时刻,本书具有重要的行业价值,它能够为中国汽车人才培养做出贡献,有助于我国汽车产业的快速发展,有助于巩固我国在智能新能源汽车领域建立的先发优势,也有助于提高人们对汽车电子软件的正确理解,为我国智能汽车产业未来发展的技术方向与应用实践提供重要参考依据。

目　录

前言

第 1 章　汽车电控系统的发展与 Adaptive AUTOSAR 平台 …………… 1
1.1　汽车电控系统简介 ………………………………………………… 1
　　1.1.1　汽车电控系统的历史 ……………………………………… 1
　　1.1.2　汽车电控系统发展前沿 …………………………………… 10
　　1.1.3　域控制器发展 ……………………………………………… 14
1.2　AUTOSAR 的起源及发展 ………………………………………… 16
　　1.2.1　AUTOSAR 的诞生与目标 ………………………………… 17
　　1.2.2　AUTOSAR 的发展历程 …………………………………… 18
　　1.2.3　AUTOSAR 方法论 ………………………………………… 19
1.3　Adaptive AUTOSAR——面向高性能车用控制器的新软件平台 …… 24
　　1.3.1　AP 的应用范围及对象 ……………………………………… 26
　　1.3.2　AP（自适应平台）与 CP（经典平台）的对比 …………… 27

第 2 章　Adaptive AUTOSAR 的架构与组成 …………………………… 32
2.1　AP 架构总览 ……………………………………………………… 32
　　2.1.1　逻辑架构 …………………………………………………… 32
　　2.1.2　物理架构 …………………………………………………… 34
2.2　AP 的运行环境及操作系统 ……………………………………… 38
　　2.2.1　运行环境概述 ……………………………………………… 38
　　2.2.2　POSIX 操作系统需求 ……………………………………… 38
　　2.2.3　操作系统的调度需求 ……………………………………… 39
　　2.2.4　内存管理需求 ……………………………………………… 39
　　2.2.5　设备管理需求 ……………………………………………… 39
　　2.2.6　车载网络需求 ……………………………………………… 39
2.3　AP 标准规范功能集群 …………………………………………… 39

2.3.1	执行管理	39
2.3.2	状态管理	43
2.3.3	通信管理	44
2.3.4	诊断管理	46
2.3.5	持久化	48
2.3.6	时间同步	50
2.3.7	网络管理	51
2.3.8	更新和配置管理	53
2.3.9	身份和访问管理	61
2.3.10	加密模块	63
2.3.11	日志和追踪	66
2.3.12	安全管理	67
2.3.13	核心类型	69

第 3 章 智能驾驶域控制器的安全规范 73

3.1 安全——智能驾驶汽车的最终目标之一 73
3.2 功能安全 73

3.2.1	功能安全管理	76
3.2.2	系统级产品研发	78
3.2.3	硬件级产品开发	83
3.2.4	软件级产品开发	86

3.3 信息安全 91

3.3.1	汽车信息安全规范介绍	91
3.3.2	其他标准、规范	92
3.3.3	硬件安全	93
3.3.4	安全启动	94
3.3.5	数据安全存储	94
3.3.6	车内安全通信	97
3.3.7	安全刷写	98
3.3.8	安全诊断	99
3.3.9	日志安全	99
3.3.10	预期功能安全	101
3.3.11	ISO 21448 制定过程和计划	102
3.3.12	应用实例	103

第 4 章 ETAS Adaptive AUTOSAR 解决方案 ·············· 111

4.1 ETAS 解决方案——RTA-VRTE ················ 111
4.1.1 ETAS Adaptive AUTOSAR 应用工具——RTA-VRTE ········ 113
4.1.2 软件安装及使用 ·············· 114
4.1.3 RTA-VRTE 功能集群简介 ············ 121
4.1.4 AP AUTOSAR 编辑器 ············ 123
4.1.5 构建系统 ·············· 123
4.1.6 文件系统 ·············· 124
4.1.7 目标 ECU ·············· 128
4.1.8 工程部署 ·············· 131
4.1.9 在 RTA-VRTE 运行程序 ············ 132

4.2 工具组成 ·············· 134
4.2.1 工程管理 ·············· 134
4.2.2 应用程序设计编辑器 ············ 137
4.2.3 机器和功能组编辑器 ············ 138
4.2.4 执行编辑器 ·············· 141
4.2.5 网络 IP 配置编辑器 ············ 147
4.2.6 实例清单编辑器 ············ 149
4.2.7 持久性部署创建向导 ············ 155
4.2.8 基于数据的配置工具 ············ 159
4.2.9 Proxy/Skeleton 生成工具 ············ 161
4.2.10 平台健康生成器 ············ 162
4.2.11 互用性设计器 ············ 162

4.3 ETAS ESCRYPT ·············· 163

第 5 章 Adaptive AUTOSAR 运行环境的准备及配置 ·········· 165

5.1 虚拟机准备 ·············· 165
5.1.1 选择磁盘映像类型 ············ 165
5.1.2 提升 RTA-VRTE SK 性能 ············ 169
5.1.3 压缩磁盘映像 ············ 172
5.1.4 扩展磁盘映像的大小 ············ 175

5.2 配置代理服务器 ·············· 177
5.2.1 配置代理服务器步骤 ············ 178
5.2.2 配置 Synaptic 包管理器 ············ 181

| 5.2.3   使用本地身份验证代理 …………………………………… 181
| 5.2.4   为多个源配置 apt 和 synaptic …………………………… 185
| 5.3 硬件准备 ……………………………………………………………… 187
| 5.3.1   硬件概述 …………………………………………………… 187
| 5.3.2   在硬件上调试和配置 ……………………………………… 188
| 5.3.3   使用 Yocto 项目构建系统 ………………………………… 197
| 5.3.4   使用 NXP-S32V234 ………………………………………… 201
| 5.3.5   使用瑞萨 R-Car H3 ……………………………………… 206
| 5.3.6   使用 i.MX 8MQuad 评估工具包 ………………………… 213
| 5.3.7   独立系统 …………………………………………………… 215
| 5.3.8   高级网络 …………………………………………………… 222

第 6 章 Adaptive AUTOSAR 软件模块的配置与开发 …………… 226

6.1 虚拟机桌面与虚拟机设置 ……………………………………………… 226
    6.1.1   键盘设置 …………………………………………………… 226
    6.1.2   屏幕设置 …………………………………………………… 228
6.2 平台初识 ……………………………………………………………… 229
    6.2.1   入门指南 …………………………………………………… 229
    6.2.2   Adaptive Studio 中的代码实现 …………………………… 231
    6.2.3   Adaptive Studio ……………………………………………… 231
    6.2.4   编译和部署项目 …………………………………………… 234
    6.2.5   执行 ………………………………………………………… 234
6.3 执行管理的集成 ……………………………………………………… 234
    6.3.1   AUTOSAR 项目 …………………………………………… 235
    6.3.2   执行管理编辑器 …………………………………………… 236
    6.3.3   执行编辑器 ………………………………………………… 238
    6.3.4   ECUCFG 的生成 …………………………………………… 242
    6.3.5   软件生命周期 ……………………………………………… 244
6.4 服务接口配置 ………………………………………………………… 246
    6.4.1   AUTOSAR 项目 …………………………………………… 246
    6.4.2   创建新的文件 ……………………………………………… 247
    6.4.3   时钟服务接口 ……………………………………………… 247
    6.4.4   ARXML 的生成 …………………………………………… 248
6.5 SOME/IP 实例清单配置 ……………………………………………… 249
    6.5.1   AUTOSAR 项目 …………………………………………… 249

		6.5.2 网络配置 ……………………………………………………… 249
		6.5.3 实例清单编辑器 …………………………………………… 255
		6.5.4 JSON 文件的自动生成 ……………………………………… 258

6.6 Skeleton 和 Proxy 类的生成 …………………………………………… 258
6.6.1 AUTOSAR 项目 ……………………………………………… 258
6.6.2 代码的自动生成 …………………………………………… 259

6.7 时钟服务器配置 ……………………………………………………… 260
6.7.1 DLT Viewer ………………………………………………… 260
6.7.2 AUTOSAR 项目 ……………………………………………… 260
6.7.3 项目配置 …………………………………………………… 260

6.8 Persistency 配置 ……………………………………………………… 264
6.8.1 AUTOSAR 项目 ……………………………………………… 264
6.8.2 数据库的访问 ……………………………………………… 264
6.8.3 构建部署和执行项目 ……………………………………… 265
6.8.4 数据库 ……………………………………………………… 265
6.8.5 访问文件 …………………………………………………… 266

6.9 Log 配置 ……………………………………………………………… 266
6.9.1 AUTOSAR 项目 ……………………………………………… 266
6.9.2 日志的创建和编写 ………………………………………… 267
6.9.3 DLT Viewer ………………………………………………… 267
6.9.4 构建部署和执行 …………………………………………… 268

6.10 RTA-VRTE 示例工程 ………………………………………………… 268
6.10.1 AraEM_OneArg ……………………………………………… 268
6.10.2 AraEM_Dependency ………………………………………… 269
6.10.3 AraEM_StateManager ……………………………………… 269
6.10.4 AraEM_RuntimeBudget ……………………………………… 271
6.10.5 AraLOG_Remote ……………………………………………… 271
6.10.6 AraPER_Kvs ………………………………………………… 272
6.10.7 AraPHM_Deadline …………………………………………… 273
6.10.8 AraCM_Event ………………………………………………… 276
6.10.9 AraCM_Method ……………………………………………… 278
6.10.10 AraCM_Field ……………………………………………… 279
6.10.11 AraS2S_Example …………………………………………… 280
6.10.12 Confidence Test …………………………………………… 281
6.10.13 XCP Example ……………………………………………… 282

第 7 章 Adaptive AUTOSAR 应用软件开发 ………………………… 283

7.1 自适应巡航控制（ACC）简介 …………………………………………… 283
7.2 模型搭建 …………………………………………………………………… 284
7.2.1 建立 AUTOSAR 项目 ……………………………………………… 284
7.2.2 执行管理配置 ……………………………………………………… 285
7.2.3 通信管理配置 ……………………………………………………… 295
7.3 在 RTA-VRTE 上的配置应用软件 ………………………………………… 306
7.3.1 SM 配置 …………………………………………………………… 306
7.3.2 ACC 算法开发 ……………………………………………………… 307
7.3.3 ADCU 的功能实现 ………………………………………………… 310
7.3.4 线控底盘与毫米波雷达功能实现 ………………………………… 324
7.3.5 CMakeList 的编写 ………………………………………………… 335
7.4 功能验证 …………………………………………………………………… 339

第 8 章 智能驾驶域控制器的工程集成与调试 ………………… 341

8.1 参数标定——使用 XCP ………………………………………………… 341
8.1.1 目标网络 …………………………………………………………… 341
8.1.2 桥接适配器 ………………………………………………………… 342
8.1.3 XCP on POSIX …………………………………………………… 343
8.1.4 XCP Example ……………………………………………………… 345
8.2 诊断——使用 VRTE 诊断管理 ………………………………………… 351
8.2.1 什么是诊断管理 …………………………………………………… 351
8.2.2 RTA-VRTE 诊断 …………………………………………………… 355
8.2.3 应用程序使用 ……………………………………………………… 356
8.2.4 在 Adaptive Studio 中进行诊断 …………………………………… 361
8.2.5 整合 ………………………………………………………………… 369

Chapter 01

第 1 章
汽车电控系统的发展与 Adaptive AUTOSAR 平台

1.1 汽车电控系统简介

汽车电控即汽车电子控制系统,基本由传感器、电子控制器(Electronic Control Unit,ECU)、驱动器和控制程序软件等部分组成,与车上的机械系统配合使用,并利用电缆或无线电波互相传输信息进行的"机电整合"。近年来,随着电子技术、计算机技术和信息技术的应用,汽车电子控制技术得到了迅猛发展,尤其在控制精度、控制范围、智能化和网络化等多方面有了较大突破。汽车电子控制技术已成为衡量现代汽车发展水平的重要标志。汽车电控系统中的线束布局如图 1-1 所示。

1.1.1 汽车电控系统的历史

汽车电控系统的萌芽源自于汽车点火系统和起动系统的发展。1876 年,德国工程师奥托发明了汽油机,由于发动机的点火方式是火焰点火,所以汽油机运行得非常不稳定。1902 年,德国人罗伯特·博世发明了高压磁电机和火花塞点火系统,并成功商业化。一直到今天,高压磁电机及火花塞一直都在汽车上使用。最初的电控系统,只是卡尔·本茨设计的由点火线圈和蓄电池所组成的点火装置,在随后生产的汽车中又增设了前照灯和发动机起动电机这类设备,如图 1-2 所示。

图 1-1　汽车电控系统中的线束布局

a) 早期的电力火花塞　　　　b) 博世发明的高压磁电机　　　c) 早期的汽车白炽灯

图 1-2　汽车电子电气架构的萌芽阶段

  汽车电控技术萌芽阶段的另一个推动因素则是汽车的另一个重要应用——起动机，起动机发明的背后有着一个感人的故事。据传，最早的汽车是通过用手摇动摇柄的方式来起动的，一位英国绅士在帮助一位汽车半路熄火的女士起动汽车时，起动杆突然反转打到了这位绅士的头部导致他不幸逝世。而这位绅士正是当时通用汽车的总裁詹姆斯·J.斯托若的好友，詹姆斯·J.斯托若在听闻这个噩耗后十分痛心，同时也萌生了发明汽车起动机的想法。于是一场针对自动起动装置的攻坚战在通用汽车集团打响，很快就确定了起动机的工作方式为由电能转化为推动飞轮旋转的机械能。最终在 1911 年，第一款应用电动起动机技术的凯迪拉克 Type-53 型汽车问世，标志着汽车电器进入了一个发展高潮。图 1-3 所示为起动机的发展历史。

a) 手摇式起动汽车　　　　b) 早期起动机　　　　c) 凯迪拉克Type-53

图 1-3　起动机的发展历史

1. 汽车电控技术的起源阶段

20世纪30～50年代，真正的汽车电子技术才开始应用于汽车上。20世纪30年代早期，轿车上安装了真空电子管收音机。但是由于电子管收音机具有不抗振、体积大、耗电多等弊病，成为在汽车上推广应用的主要障碍，不过在汽车中安装收音机的设想始终没有消失。

1948年晶体管的发明及1958年第一块集成电路（Integrated Circuit，IC）的出现才真正开创了汽车电子技术的新纪元。1955年晶体管收音机问世后，采用晶体管收音机的汽车迅速增加，并作为标准部件安装在德国大众汽车上。从20世纪60年代起，轿车中开始使用半导体元器件。在汽车中首先使用的半导体元件是硅二极管，作为功率晶体管来替代原有的如电压调节器之类的电磁接触器等元器件。功率晶体管元件的应用极大地改善了汽车的性能和可靠性。这一阶段汽车电控的功能应用在照明系统、低压供电电源、晶体管收音机以及汽车空调等基础功能上，20世纪30～50年代电控技术的发展如图1-4所示。

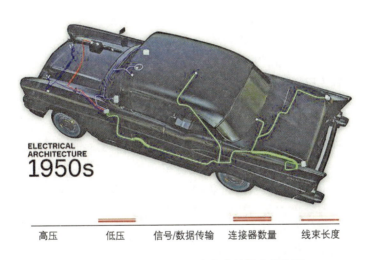

图1-4　20世纪30～50年代电控技术的发展

2. 汽车电控技术的初步发展阶段

20世纪60年代是汽车电控技术的活跃阶段，人们开始对汽车发动机周围零部件的电子化进行研究。1967年，工程师首次将集成电路元件应用在汽车中。在同一年代，美国的克莱斯勒公司在其生产的汽车中配置了电子点火装置，而德国的博世（BOSCH）公司则率先开发出电子燃油喷射装置。这一阶段的电控系统的主要功能有交流发电机控制、电压调节控制、电子闪光器、电子喇叭、间歇刮水器、电子点火控制等。20世纪60年代汽车电控技术的发展如图1-5所示。

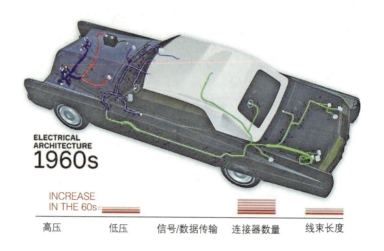

图 1-5　20 世纪 60 年代汽车电控技术的发展

3. 汽车电控技术的快速发展阶段

20 世纪 70 年代，汽车电控技术进入了快速发展阶段，以集成电路和 16 位及 16 位以下的微处理器在汽车上的应用为标志。这期间最具代表性的成就是电子汽油喷射装置（Electronic Fuel Injection，EFI）的发展和制动防抱死（Antilock Braking System，ABS）技术的成熟，使得汽车的主要机械功能用电子技术来控制。

ABS 技术于 1968 年开始研究并应用于汽车上。1975 年，随着美国联邦机动车安全标准 121 款的通过，许多重型载货车和公共汽车装备了 ABS，但由于制动系统的许多技术问题和载货车行业的反对，1978 年，这一标准被撤销。同年，博世作为世界上首家推出具有电子控制功能的 ABS 的公司，将这套 ABS 2 系统开始作为选配配置安装在车辆上，并装配在梅赛德斯 - 奔驰 S 级车上，然后很快又配备在了宝马 7 系列豪华轿车上。

1967 年，德国博世公司成功研制出 K-Jetronic 机械式汽油喷射系统，进而成功开发出增加了电子控制系统的 KE-Jetronic 机电结合式汽油喷射系统，使该技术得到进一步的发展。1967 年，德国博世公司率先开发出一套 D-Jetronic 全电子汽油喷射系统并应用于汽车上，于 20 世纪 70 年代首次批量生产。它是为汽油发动机取消化油器而采用的一种先进的喷油装置，从汽油机上普及电控汽油喷射技术，汽油机混合气形成过程中，液体燃料的雾化得到改善，更重要的是可以根据工况的变化精确地控制燃油喷射量，使燃烧更充分，从而提高功率，降低油耗，并在当时率先达到了美国加利福尼亚州废气排放法规的要求，开创了汽油喷射系统电子控制的新时代。

1973年，在D型汽油喷射系统的基础上，博世公司开发了质量流量控制的L-Jetronic型电控汽油喷射系统。之后，L型电控汽油喷射系统又进一步发展成为LH-Jetronic系统，后者既可精确测量进气质量，补偿大气压力，又可降低温度变化的影响，而且进气阻力进一步减小，使响应速度更快，性能更加卓越。

1979年，德国博世公司开始生产集电子点火和电控汽油喷射装置于一体的Motronic数字式发动机综合控制系统，它能对空燃比、点火时刻、怠速转速和排气再循环等方面进行综合控制。为了降低汽油喷射系统的价格，从而进一步推广电控汽油喷射系统，1980年，美国通用公司（General Motors，GM）首先研制成功一种结构简单、价格低廉的节流阀体喷射（Throttle-Body Injection，TBI）系统，它开创了数字式计算机发动机控制的新时代。TBI系统是一种低压燃油喷射系统，它控制精确，结构简单，是一种成本效益较好的供油装置。并且随着排放法规的不断完善，这种物美价廉的系统大有取代传统式化油器的趋势。博世公司的ABS和燃油喷射系统如图1-6所示。

a) 博世公司的ABS系统　　　　b) 博世公司的燃油喷射系统

图1-6　20世纪70～80年代汽车电控技术的主要成就

除了这些代表性的技术突破，20世纪70年代，汽车电子控制技术还有众多成就，例如自动门锁、遥控驾驶、高速警告系统、自动灯光系统、自动除霜控制、空气悬架电子控制、撞车预警控制、自动巡航控制、电子变速器、闭环排气系统等汽车电子控制系统都在这一时间段里开始了验证与设计。20世纪七八十年代汽车电控技术的发展如图1-7所示。

4. 汽车电子控制技术的成熟阶段

20世纪80年代以后，汽车电子控制产品研制与开发的竞争十分激烈，同时微电脑在汽车上的应用日趋可靠和成熟，汽车电子控制技术向智能化的方向发展。这期间，日本许多汽车制造厂家已开始在所生产的轿车中引进电子转向助力系统（Electric Power Steering，EPS），该系统的主要功能是在车辆低速或停止行驶时提供助力，让驾驶人转动转向盘时更省力；而当车辆高速行驶时增加转动方向盘的阻力，使得车辆驾驶保持平稳。另外还允许驾驶人去选择他们最适宜的转向盘操

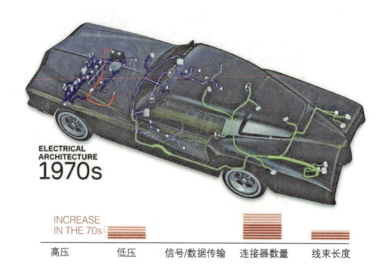

图 1-7　20 世纪七八十年代汽车电控技术的发展

纵特性。电子转向助力系统采用电动机与电子控制技术对转向进行控制,利用电动机产生的动力协助驾驶人进行动力转向,系统不直接消耗发动机的动力。EPS 一般由转矩(转向)传感器、电子控制单元、电动机、减速器、机械转向器以及蓄电池电源等构成。汽车在转向时,转矩(转向)传感器会感知转向盘的力矩和拟转动的方向,这些信号会通过数据总线发给电控单元,电控单元会根据传动力矩、拟转动的方向等数据信号,向电动机控制器发出动作指令,电动机就会根据具体的需要输出相应大小的转动力矩,从而产生助力转向。如果不转向,则本套系统处于待调用状态。电子转向助力系统提高了汽车的转向能力和转向响应特性,增加了汽车低速时的机动性和调整行驶时的稳定性。

　　车身控制系统,包括车用空调控制、数字化仪表显示、前风窗玻璃的刮水器控制、车灯控制、车后障碍检测、安全保护系统、多路通信系统、电动车窗控制、电动座椅控制、安全带控制及安全气囊控制等。

　　自动巡航系统,是通过控制节气门的位置来保持预先设定好的车速,而驾驶人不用一直脚踩加速踏板的辅助驾驶系统。该控制系统是根据车速传感器、定速控制开关及定速取消开关的信号,通过进气管的负压压力或一台小电机来调节节气门挡板的车辆纵向控制系统。

　　轮胎压力监测系统(Tire Pressure Monitoring System,TPMS)的主要作用是在汽车行驶过程中对轮胎气压进行实时自动监测,并对轮胎漏气和低气压进行报警,以确保行车安全。这些控制系统的实物如图 1-8 所示。

　　20 世纪 80 年代是汽车电子控制技术快速发展的阶段,许多我们今天耳熟能详的汽车电子控制技术就是在这一时期被发明出来的。这一时期汽车电子控制技术取得的成就有：电子助力转向控制系统、车身电子控制系统、自动巡航控制系统以及胎压监测控制系统等。20 世纪 80 年代汽车电子控制技术的主要架构如图 1-9 所示。

a) EPS

b) 车身电子控制系统

c) 自动巡航控制系统

d) TPMS

图 1-8 20 世纪 80 年代中汽车电子控制技术发展实例

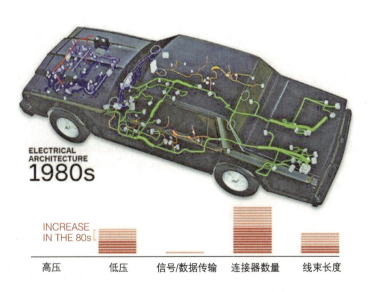

图 1-9 20 世纪 80 年代汽车电子控制技术的主要架构

5. 汽车电子控制技术革新阶段

20 世纪 90 年代以及 21 世纪初是汽车电子控制技术革新的阶段，在 1983 年，博世公司的工程师就开始致力于研发减少车辆打滑失控的系统，他们钻研当时的 ABS，并且打算利用相似的技术来控制车身动态。经过十多年的研发，博世公司终于在 1995 年推出了第一个车身电子稳定系统（Electronic Stability Program，ESP），如图 1-10 所示，用于监测汽车的行驶状态，在紧急躲避障碍物或转弯时出现过度转向时，使车辆避免偏离理想轨迹，从而减少交通事故。

图 1-10　博世 ESP

ESP 的工作原理为：

1）首先通过转向盘转角传感器及各车轮转速传感器识别驾驶人转弯方向（驾驶人意愿）。

2）ESP 通过横摆角速度传感器识别车辆绕垂直于地面轴线方向的旋转角度，通过侧向加速度传感器识别车辆实际运动方向。

3）若 ESP 判定为出现不足转向，则将制动内侧后轮，使车辆进一步沿驾驶人转弯方向偏转，从而稳定车辆。

4）若 ESP 判定为出现过度转向，则将制动外侧前轮，防止出现甩尾，并减弱过度转向趋势，稳定车辆。

5）如果单独制动某个车轮不足以稳定车辆，ESP 则将通过降低发动机转矩输出的方式或制动其他车轮来满足需求。

此外，其他车企开发出了类似的车辆稳定控制系统，如沃尔沃开发的 DTSC、宝马开发的 DSC、丰田开发的 VSC 等。

此外，汽车行业中的一个革命性技术也诞生在这个时期。1986 年 2 月，博世公司在汽车工程师协会（Society of Automotive Engineers，SAE）大会上推出了控制器局域网（Controller Area Network，CAN）串行总线系统。这是有史以来最成功的网络协议之一诞生的时刻。如今，欧洲几乎所有汽车都配备了至少一个 CAN 网络。CAN 还用于其他类型的交通工具，从火车到轮船，以及工业控制中，CAN 都是最主要的总线协议之一，甚至可能是全球领先的串行总线系统。它基于一种非破坏性仲裁机制，该机制允许总线访问具有最高优先级的帧而没有任何延迟，没有中心控制器。此外，CAN 之父（上述人员以及博世员工 Wolfgang Borst、Wolfgang Botzenhard、Otto Karl、Helmut Schelling 和 Jan Unruh）

已经实现了几种错误检测机制。错误处理还包括自动断开故障总线节点等，以保持其余节点之间的通信。传输的帧不是由帧发送器或帧接收器的节点地址（几乎在所有其他总线系统中）识别的，而是由它们的内容识别的。表示帧有效载荷的标识符，还具有指定帧在网络段内的优先级。

1991 年，世界上首款基于 CAN 总线系统的量产车型奔驰 500E 正式亮相。CAN 总线的诞生标志着汽车电子电气架构从原先的独立系统变为了网络控制系统。1995 年，宝马在其 7 系汽车中使用了带有 5 个 ECU 的树/星形拓扑 CAN 网络。随后，其他汽车厂商也开始在汽车中应用 CAN 网络来实现车内各处理器间的通信。

在 2000 年初，一个由数家公司组成的 ISO 特别工作组为 CAN 帧的时间触发传输定义了一个协议。Bernd Mueller 博士、Thomas Fuehrer 博士和其他博世员工，以及半导体行业和学术研究专家共同定义了协议"CAN 上的时间触发通信"（Time-triggered Communication on CAN，TTCAN）。这种 CAN 扩展可以实现时间等量的帧传输和通过 CAN 的闭环控制，而且还可以在 x-by-wire（线控系统）的应用中使用 CAN。由于 CAN 协议未更改，因此可以通过同一物理总线系统传输时间触发帧和事件触发帧。

CAN 总线通信技术的发展助力了汽车电子控制技术的发展。在 CAN 通信大规模应用后，汽车上的处理器逐渐增多，汽车所包含的功能也越来越多，整车的电子电气架构也越来越复杂。20 世纪 90 年代—21 世纪初汽车电子控制技术的架构如图 1-11 所示。

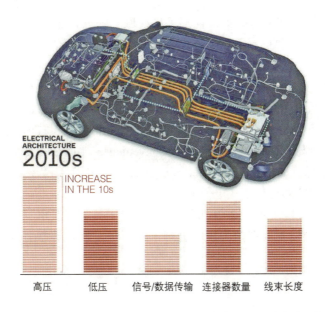

图 1-11　20 世纪 90 年代—21 世纪初汽车电子控制技术的架构

1.1.2 汽车电控系统发展前沿

进入 21 世纪后,汽车的"新四化"正在引领汽车行业发生重要的变革,汽车的功能越来越多样、复杂,汽车电子控制系统及其电子电气架构也在不断变革,并逐渐从分布式架构向集中式架构演进。现阶段,大多数汽车还是采用分布式架构,车辆的各功能由不同的单一 ECU 通过车载控制总线相互协作实现,一辆车往往分布着上百个 ECU,线束长度从 1.5mile(1mile=1609.344m)增加到 2.5mile。在这种架构下,大量 ECU 会相互协同工作,共同为驾驶人提供各种功能。但这种架构已经快要"到达极限"了,不可避免地带来以下问题:

1)电子电气部件占据整车大量有效空间。
2)硬件成本、功耗、重量增加,导致油耗也随之增加。
3)整车的架构设计开发难度增大。
4)架构的复杂性增加(协议、线束、ECU、网关等)。
5)整车总线负载率 Overload 增加。
6)某些信号会在多个子网络中重复发送。
7)不同 ECU 之间工作大多不能协同,算力浪费。
8)功能分布在不同的 ECU 中,空中下载技术(OTA)升级困难。
9)不同的 ECU 往往由不同的供应商开发,软件框架难以复用。
10)垂直孤岛式开发,对供应商比较依赖。

为了解决这些问题,许多车企及 Tier 1 厂家开始着力于集中式电子电气架构的研究。2017 年特斯拉 Model 3 发布,全新一代的集中式 E/E 架构才呈现在人们面前。为了解决高昂的成本,且不丢失"域"的软件集中的核心概念,特斯拉在 Model 3 上重新划分了"域"。在新的概念中,不再存在传统的车身域、动力域等,取而代之的是物理空间上划分的"区域 Zone"。Model 3 的电子电气架构只有三大部分:中央计算模块(Center Compute Module,CCM)直接整合了高级驾驶辅助系统(Advanced Driving Assistance System,ADAS)和信息娱乐系统(In-Vehicle Infotainment,IVI)两大域左车身控制模块和右车身控制模块分别负责剩下的车身与便利系统(Body and Convenience)、底盘与安全系统(Chassis and Safety)和部分动力系统(Powertrain)的功能。图 1-12 为传统汽车的分布式电子电气架构与特斯拉集中式电子电气架构的对比。

安波福(APTIV)也在 2020 年 CES 上推出了其智能汽车架构设计。安波福所推出的 SVA 架构主要在两大领域进行了革新——数据动力中心及开放式服务器平台。

第 1 章 汽车电控系统的发展与 Adaptive AUTOSAR 平台

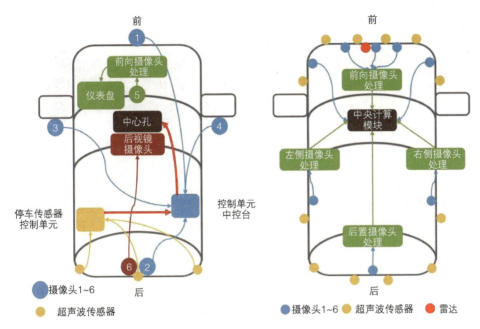

图 1-12 传统汽车分布式与特斯拉集中式的电子电气架构对比

1~6—摄像头

数据动力中心（Power Data Center，PDC）就好比笔记本计算机的扩展坞，它带有多个输入端，可以充当其他设备的接入界面。数据动力中心可以带来数字智能融合解决方案，在故障情况下，可以在几毫秒内切换动力供应；在网络方面，安波福将传感器及周边设备与当前的以太网、CAN 或低压差分信号（LVDS）等网络技术连接，并将它们连入冗余的双绞线主干；在区域控制方面，安波福增加了强大的应用处理器，使我们能够向上集成和控制特定区域内的多种属性及功能。

开放式服务器平台是一种全新的、更具逻辑的中央计算策略：当智能汽车架构将输入输出端移出计算机、由数据动力中心统一管理时，面向未来的中央计算架构便由此诞生。安波福的开放式服务器平台是一种灵活的计算平台，带有智能抽象的软件框架，可以解决车辆的软件工作负荷问题，实现计算、图像、人工智能、网络及汽车功能安全的最佳平衡。通过开放式服务器平台，新架构可以根据车辆内工作负荷的整体计算需求定制协同处理器。安波福的开放式服务器平台可以同时运行各种应用，从后门控制、信息娱乐，到自动驾驶的数据应用。该开放式服务器平台不仅增强了计算能力，还具有灵活的软件框架及智能抽象，逻辑域几乎接近所代表的实体。这一设计突破可以使在汽车的各个控制器上开发或改进的软件实现"脱离"，重新打包及向上集成到服务器平台上。安波福推出的智能汽车架构（SVA）如图 1-13 所示。

图 1-13　安波福推出的 SVA

近些年来，随着信息技术的发展，车联网与云计算技术日趋成熟。因此现在的电子电气架构不仅要满足车辆本身的功能和车辆本身的服务，还要延伸到云端，实现车与车之间的互联、车与交通设施之间的互联、车与人之间的互联，这些都将通过电子电气架构来实现，所以将来的电子电气架构是互联的电子电气架构。车内 E/E 架构和云端架构越来越接近。越来越多的汽车功能与云端交换数据或部分功能运行在云端。因此，功能分离、编码和防火墙等方面变得越来越重要。这些安全模式已经存在于信息技术和消费电子行业，并且可以转移到汽车领域。基于云端的整车电子电气架构如图 1-14 所示。

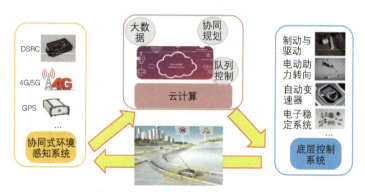

图 1-14　基于云端的整车电子电气架构

博世公司的电子电气架构发展的战略规划：整车电子电气架构的发展分为模块化阶段（一个功能一个 ECU 硬件）、功能集成阶段、中央域控制器阶段、跨域融合阶段、车载中央计算机和区域控制器阶段、车载云计算阶段共 6 个阶段，如图 1-15 所示。

随着域控制器的提出，软件将根据相应功能重新分类。未来的汽车电子电气系统将越来越面向驾驶人并以面向服务为导向。车载娱乐系统、人车交互系统、车联网系统将扮演愈发重要的角色，其代码量也必将与日俱增。为了应对这一系统性变革，必须将相应的软件系统从分散在各处的电子控制器中剥离出来并重新集成在相应的域控制器中。图 1-16 展示了一种未来可能的汽车电子电气架构。左上角为面向驾驶人的域控制器，它主要负责人机交互功能。它从传统的动力系统等控制器中分离出来，并通过中央网关和以太网与其他域控制器进行通信连接。

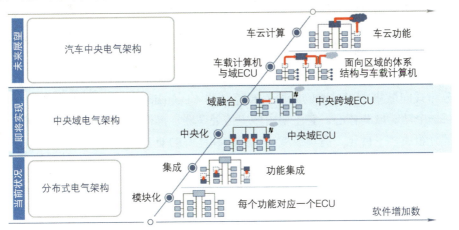

图 1-15 博世电子电气架构发展战略规划

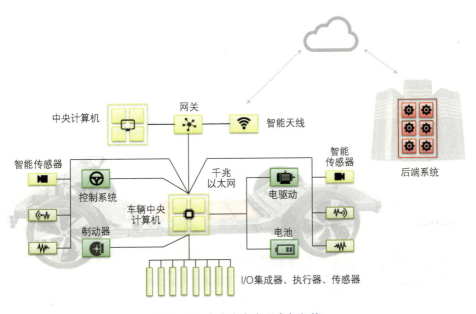

图 1-16 未来汽车电子电气架构

当我们在讨论域控制器的时候，是要利用其强大的运算处理能力为庞大的汽车软件集中运算提供支持，当今许多量产的汽车电子控制器大多采用的是依据 AUTOSAR 或 OESK 开发的静态驱动系统。在软件系统运行过程中，不同的功能函数被事先定义好的排序文件依次调用、逐个运行。静态驱动系统的优点是资源分配问题被事先一次性解决。每个函数的具体运行区间也被提前锁定。这满足了一些对于行车安全有苛刻要求的功能函数的运行需求，比如决定安全气囊是否打开的功能函数会固定地几毫秒运行一次，以便在紧急情况下确保安全气囊得以及时打开。

1.1.3 域控制器发展

汽车电子电气架构正从分布式→域集中式→中央计算式逐渐进化，当前正处于分布式向域集中式过渡的阶段。域控制器（Domain Control Unit，DCU）是汽车每一个功能域的核心，它主要由域主控处理器、操作系统和应用软件及算法这三部分组成。平台化、高集成度、高性能和良好的兼容性是域控制器的主要核心设计思想。依托高性能的域主控处理器、丰富的硬件接口资源以及强大的软件功能特性，域控制器能将原本很多颗 ECU 实现的核心功能集成起来，极大地提高系统功能集成度，再加上数据交互的标准化接口，因此能极大降低这部分的开发和制造成本。

对于功能域的具体划分，各汽车主机厂（Original Equipment Manufacturer，OEM）会根据自身的设计理念差异而划分成几个不同的域。比如博世划分为 5 个域：自动驾驶域、底盘域、动力域、座舱域、车身域。这也是最经典的五域集中式电子电气架构，如图 1-17 所示。

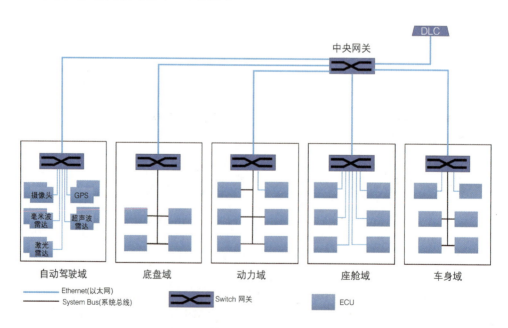

图 1-17 博世域集中式电子电气架构

也有的厂家则在五域集中式架构基础上进一步融合，把原本的动力域、底盘域和车身域融合为整车控制域，从而形成了三域集中式电子电气架构，即：车控域控制器（Vehicle Domain Controller，VDA）、智能驾驶域控制器（ADAS/AD Domain Controller，ADC）、智能座舱域控制器（Cockpit Domain Controller，CDC）。理想汽车推出的理想L9，就是采用了基于NXPS32G的车控域控制器、基于两颗英伟达Orin X（可提供508 TOPS算力）的智能驾驶域控制器和基于两个高通骁龙8155的智能座舱域控制器的三域集中式电子电器架构。

高性能的处理器需要高性能的操作系统和软件平台，软件开发在域控制器中的规模越来越大，也越来越重要。随着软件重要性的增加，软件开发的规模不断扩大以满足新的需求。但是，开发者的数量很难增加，即使能够增加，沟通成本也会随着软件的复杂程度呈指数型上升，人海战术也难以应对。同时随着软件的多核异构的电子电气架构的普及，各家供应商都有自己的硬件驱动设备，设备的兼容性也需要大量的人力去进行适配。开发工作量和开发时长也极大增加，给汽车软件的开发带来了极大的挑战。

随着软件复杂度的增加，汽车代码量呈指数型增长。沃尔沃汽车软件质量专家Vard Antinyan撰写了大量有关汽车软件及系统复杂性的文章，文章中透露，截至2020年，沃尔沃拥有大约120种ECU，每一辆沃尔沃汽车的系统架构都由这些ECU组成，而这些ECU总共包含了1亿行源代码。未来，自动驾驶汽车的软件代码量可能将达到3亿~5亿行。汽车功能日益丰富的背后是愈发复杂的电控系统、车身系统、娱乐系统和电子电气架构，这就导致车载软件的故障率越来越高。根据国家市场监督总局缺陷产品管理中心发布的汽车召回公告统计结果显示，2022年1月1日—6月30日，国内汽车市场共发起59批次召回通告，涉及32个品牌，共计254.6万辆缺陷汽车被召回。在召回中，系统程序和软件设计相关缺陷车辆多达123.7万辆，涉及特斯拉、丰田、梅赛德斯-奔驰等品牌。

汽车制造商不仅必须要确保软件能保障行驶安全，还要提供信息安全。2015年，安全研究人员远程控制了2014年生产的Jeep Cherokee，为行业敲响了警钟。如今，每个供应商和原始设备制造商都意识到网络安全乏力的威胁。在过去的十年中，车辆内外的通信呈爆炸式增长。据估计，2008年，豪华汽车的ECU之间数据信号交换只有2500个。沃尔沃的Antinyan表示，如今沃尔沃汽车中的120个ECU连接了7000多个外部信号，而汽车内部交换的信号数量要高出两个数量级。咨询公司麦肯锡估计，这些信息每小时的数据量可轻松超过25GB。随着过去十年间移动应用和基于云的服务爆炸式增长，车辆本身内置的电子设备越来越复杂，"潜在的攻击面几乎每天都在增加。"各国政府也注意到了这一点，并推出了多项汽车制造商需要贯彻的网络安全义务。其中包括拥有经过认证的网络安全管理系统（Cyber Security Management System，CSMS），该系统要求每个制造商"展示基于风险的管理框架,用于发现、分析和防范相关威胁、漏洞以及网络攻击。"

针对上述三个方面的问题,单个整车厂或者供应商的单打独斗已经不足以应对这些挑战,急需整合整个汽车产业链上下游的智慧,制定一套统一的复用性强、符合功能安全和信息安全的汽车软件开发规范。

AUTOSAR,全称 Automotive Open System Architecture,即汽车开放系统架构,便应运而生。它是由全球各家汽车制造商、零部件供应商以及各种研究、服务机构共同参与的一种汽车电子系统的合作开发框架,并建立了一个开放的 ECU 标准软件架构。

然而结合多核处理器,对于那些对运行时间没有很高要求的功能函数来说,动态驱动系统就拥有许多的优点。例如,它更适合应用于以面向服务的功能函数,可以方便地进行软件升级,为在线优化函数运行顺序提供可能。针对这一需求,AUTOSAR 联盟提出了面向服务的架构(Service-Oriented-Architecture,SOA)——Adaptive AUTOSAR 的解决方案。它既可以囊括动态驱动系统的优点,也为传统的 AUTOSAR 提供了接口。

1.2 AUTOSAR 的起源及发展

AUTOSAR 联盟是在 2003 年由 9 家汽车行业巨头(宝马、博世、大陆、戴姆勒、福特、通用、PSA、丰田和大众)建立的。这 9 家公司后来也被称为 AUTOSAR 联盟的核心成员。截至 2020 年 3 月,AUTOSAR 已经拥有 57 家高级成员、50 家开发成员、142 家普通成员、20 家观察员公司及机构,包括全球各大主流整车厂、一级供应商、标准软件供应商、开发工具和服务提供商、半导体供应商、高校和研究机构等。许多中国厂商也是 AUTOSAR 联盟成员,例如长城、东风、一汽、上汽、吉利、宁德时代、华为、东软睿驰、经纬恒润和普华软件等。

AUTOSAR 合作伙伴关系是 OEM 制造商、一级汽车供应商、半导体制造商、软件供应商、工具供应商等的联盟。考虑到当前和未来市场中不同的汽车 E/E 架构,该伙伴关系为汽车软件架构建立了事实上的开放行业标准,如图 1-18 所示。它将作为未来应用程序和标准软件模块的功能管理的基本基础设施。

图 1-18 AUTOSAR 标准

AUTOSAR 有利于汽车电子软件的交换、更新与升级，在降低成本的同时为高效管理汽车电子系统和软件提供基础。而不同的汽车电子软件也可以通过 AUTOSAR 提供的标准架构对车辆系统内存、车载网络通信、应用管理、总线诊断等功能进行深层次的管理，以此提高汽车系统的可靠性和稳定性。现如今，如 ETAS、Vector、Elektrobit 等公司都推出了符合 AUTOSAR 标准的工具链，包括 AUTOSAR 软件需求管理、软件模型搭建与验证、软件算法建模、软件代码生成器、运行实时环境生成、ECU 配置等功能，方便开发者开发符合 AUTOSAR 标准的应用程序。

1.2.1 AUTOSAR 的诞生与目标

汽车刚被发明的时候，还是完全由机械部件组成的，一百多年过去了，汽车产品早已有了软件身影，并且软件正在一步步扮演更加重要的角色。现如今，汽车电子软件功能越来越强大，也越来越复杂，AUTOSAR 希望能够管理越来越复杂的且功能范围在不断增长的相关的软件和电子产品。

提到软件，自然就有软件版本的概念，以往的软件版本与功能更新是复杂且困难的。AUTOSAR 希望能够解决软件更新的问题，让软件产品的修改、升级和更新更具备灵活性，更加方便快捷。AUTOSAR 还希望能够充分利用不同解决方案在产品线内和跨产品线的可扩展性。

以往不同厂商的软件，使用的标准不一样，因此软件的复用性就非常低，各大厂商在软件开发中做了数量庞大的重复性工作。AUTOSAR 希望能够提高集成和传递功能软件的可扩展性、灵活性和复用性。

现如今，软件已经是汽车产品不可或缺的部分，想要保证汽车产品的安全性，就需要搭载在汽车产品上的软件有足够高的安全性。为了能够提高软件和 E/E 系统的质量和可靠性，AUTOSAR 应运而生了。

AUTOSAR 架构旨在完成以下目标：

1）以满足未来车辆的需求，如可用性和安全性、软件升级/更新和可维护性。

2）提高集成和传递功能的可扩展性和灵活性。

3）提高"商用现货"软件（Software，SW）和硬件（Hardware，HW）组件在产品线中的渗透率。

4）通过标准化接口提高软件的重复使用率。

5）加速开发和维护，缩短软件的开发周期。

6）提高对产品、过程复杂性和风险的控制。

7）降低可扩展系统的研发成本。

1.2.2 AUTOSAR 的发展历程

AUTOSAR 的发展历程主要分为 3 个阶段：准备阶段、发展阶段、成熟阶段。下面分阶段介绍 AUTOSAR 的发展历程：

1. 准备阶段（2002—2003 年）

2002 年 8 月，AUTOSAR 开启了研讨会，开始讨论 AUTOSAR 的方案，并成立了研究团队。随后部署了第一个 AUTOSAR 策略的实现路线图。同时间，宝马、博世、欧陆、戴姆勒 - 克莱斯勒和大众等 AUTOSAR 成员就共同挑战和目标进行了初步讨论。不久之后，西门子 VDO 加入了合作伙伴。

2002 年 10 月，AUTOSAR 定义了基本伙伴关系，并在 2003 年 5 月的时候迎来了第一个项目里程碑——开展了第一阶段任务的制定与实行：伙伴关系的启动、项目计划的制订和商定。

2003 年 7 月，起草了经典的平台架构（Classic Platform，CP），AUTOSAR 的核心成员一起制定了初始的 AUTOSAR 开发协议。

2. 发展阶段（2003 年至今）

2003 年 9 月，在 VDI Conference Baden-Baden 上首次正式宣布 AUTOSAR 架构，并公开详细介绍了 AUTOSAR 的目标。2003 年 11 月，福特汽车公司正式成为核心合作伙伴。2003 年 12 月，标致 Citröen 汽车公司和丰田汽车公司正式加入并成为核心合作伙伴。

2004 年 6 月，AUTOSAR 又一次迎来了项目里程碑，着手开发和编写阶段 1 计划当中提出的结构和基础规范：创建了 AUTOSAR 概念和第一个规范，并进行了可执行性的验证和批准。同年 11 月，通用汽车成为核心合作伙伴。

2005 年 6 月，AUTOSAR 发布了经典平台（Classic Platform）1.0 版。同年 8 月，AUTOSAR 迎来了新的项目里程碑，第一阶段的目标中，SW 组件实现了标准化：已批准选定的 SW 组件的 AUTOSAR 兼容性。最初的工具和代码生成器已经可以正常运行。

2006 年 5 月，经典平台（Classic Platform）发布了 2.0 版。同年 8 月，项目里程碑——阶段 1：测试和集成过程——在应用程序上测试和验证 AUTOSAR 规范。

2006 年 12 月，AUTOSAR 的经典平台（Classic Platform）发布版本更新到经典平台（Classic Platform）2.1 版，AUTOSAR 已有合伙企业 113 家，其中包括 3 家高级合作伙伴、48 家发展伙伴、52 家联系合作伙伴与 10 家参与企业。

2007 年 12 月，AUTOSAR 的经典平台（Classic Platform）迎来了 3.0 版。

2008 年 2 月，西门子 VDO 成为大陆集团（Continental）的一部分。自此，西门子 VDO 不再是 AUTOSAR 的独立核心合作伙伴。同年 8 月，AUTOSAR 发布了经典平台（Classic Platform）3.1 版。2008 年 10 月 23 日，第一届 AUTOSAR 公开会议在底特律举办。

2009年12月，经典平台发布4.0。截至2009年年底，第二阶段共有合作伙伴166个，其中，高级合作伙伴11家，发展伙伴88家，联系合作伙伴58家，参与企业9家。

2010年5月，第二届AUTOSAR东京公开会议召开。

2011年5月，AUTOSAR Classic Platform发布，并开始了阶段3的研究与开发。同年5月，第三届法兰克福AUTOSAR公开会议举办。2012年6月，第四届AUTOSAR巴黎公开会议举办。2012年11月，第五届AUTOSAR北京公开会议举办。

截至2012年12月，AUTOSAR共有170家合作伙伴，其中高级合作伙伴共23家，发展伙伴88家，联系合作伙伴50家，参与企业9家。

2013年3月，AUTOSAR发布了经典平台（Classic Platform）版本4.1.0，该版本更加符合AUTOSAR软件平台"稳定"的发展目标。到2013年9月，AUTOSAR经历了10年的发展。同年11月，第六届慕尼黑AUTOSAR公开会议举办。

2014年6月，AUTOSAR完成了测试版本1.0.0的验收。2014年10月，第七届AUTOSAR公开会议在底特律举办，并发布了经典平台（Classic Platform）版本4.2.1。

2015年7月，AUTOSAR又发布了经典平台版本（Classic Platform）4.2.2。同年10月，第八届AUTOSAR公开会议在东京举办，并对测试版本1.1.0进行了验收。

2016年9月，第九届AUTOSAR公开会议于哥德堡开展。同年10月，AUTOSAR发布了经典平台（Classic Platform）4.3.0版并发布了基金会1.0.0版本。截至2016年12月，AUTOSAR共有合作伙伴191个，其中高级合作伙伴27家，发展伙伴112家，联系合作伙伴43家，参与企业9家。

3. 成熟阶段

适应性平台（Adaptive Platform）的"示范性软件"于2017年3月开发，并发布了2017-03版本。

1.2.3 AUTOSAR方法论

AUTOSAR的方法论表述了从系统底层开发配置到ECU可执行代码生成的设计和执行步骤。其开发方法是基于虚拟功能总线（Virtual Function Bus, VFB）的方法，故在论述清楚AUTOSAR的方法论之前，需要先说清楚什么是虚拟功能总线。

在AUTOSAR中，应用程序被设计为相互连接的软件组件组合。虚拟功能总线是这些软件组件交互的通信机制。在系统配置阶段，软件组件被映射到特定的 ECU 上。但是在软件编写阶段，还没有办法确定 ECU 的个数和软件需要部署的具体 ECU，故软件组件之间的虚拟连接被映射为本地连接，或是基于车载网络的通信机制。一个软件组件包含一部分或全部的功能模块，一个软件组件由代码实现和与之关联的正式描述文件组成。虚拟功能总线的概念实现了应用软件与基础软件的严格隔离，进而使软件组件可以独立于通信机制，并和其他软件组件相互通信。

通过 VFB 可以实现整个软件系统的完整通信，包括所有的功能提供者（架构中称为 Provider 或 Server）和软件功能的使用者（架构中称为 Receiver 或 Client）。因此，VFB 也可以为软件提供检查功能，验证软件组件间通信的可信性。

如图 1-19 所示，VFB 需要给整个软件系统的所有软件组件提供如下基础功能：

1）与系统中其他的软件组件进行通信。

2）与系统中的传感器和执行器进行通信。

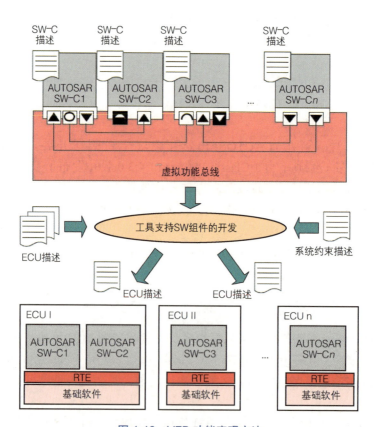

图 1-19 VFB 功能实现方法

3）访问标准服务。

4）响应工作模式变化。

5）与系统中的标定、测量系统进行交互。

而 VFB 中，软件组件间通信通过端口（Port）通信实现，而端口的类型是由接口（Interface）定义的。设计软件组件的时候不必考虑每个软件组件具体要分配到哪个 ECU 上，也不必考虑软件组件间如何在车载网络中通信。故 VFB 的存在可以在确定车辆 ECU 和电气架构前就确定整个汽车电子软件的功能架构。

介绍了 VFB 后，再来详细讲解一下 AUTOSAR 的设计和开发流程。

AUTOSAR 在开发过程中，主要分为三个阶段：系统配置阶段、ECU 设计与配置阶段、代码生成阶段。

1. 系统配置阶段

在系统配置阶段，用户需要定义系统配置文件。这是系统设计者或架构师的任务，包括选择硬件和软件组件，定义整个系统的约束条件。AUTOSAR 通过使用信息交换格式和模板描述文件来减少初始系统设计时的工作量。系统配置的输入是 ARXML 类型的文件，输出是系统配置描述文件，系统配置的主要作用是把软件组件的需求映射到 ECU 上。

在 AUTOSAR 中，所有的描述文件都是 ARXML 类型的文件。系统配置输入文件包含三部分内容：

1）软件组件描述，定义每个涉及的软件组件的接口内容，如数据类型、端口、接口等。

2）ECU 资源描述，定义每个 ECU 的资源需求，如处理器、存储器、外围设备、传感器和执行器等。

3）系统约束描述，定义总线信号以及软件组件间的拓扑结构和映射关系。

系统配置的功能主要是在资源和时序关系的前提下，把软件组件映射到各个 ECU 上，然后借助系统配置生成器生成系统配置描述文件。描述文件包括总线映射之类的所有系统信息以及软件组件与某个 ECU 的映射关系。

从系统配置描述文件中提取出与各个 ECU 相关的系统配置描述信息，提取的信息包括 ECU 通信矩阵、拓扑结构、映射到该 ECU 上的所有软件组件，并将这些信息放在各个 ECU 的提取文件中。

ECU 配置主要是为该 ECU 添加必要的信息和数据，如任务调度、必要的基础软件模块及其配置、运行实体及任务分配等，并将结果保存在 ECU 配置描述文件中。该文件包含了属于特定 ECU 的所有信息，换言之，ECU 上运行的软件可根据这些信息构造出来。

根据 ECU 配置描述文件中的配置信息生成 RTE 和基础软件配置代码，完成基础软件和软件组件的集成，最终生成 ECU 的可执行代码。

当然，AUTOSAR 方法论不仅涵盖了从 VFB 设计到生成代码软件集成之间的所有步骤，还包括了标定、存储映射和数据保护等方法。其不仅规定了每一个步骤的行为，还规定了各步骤之间的衔接方式。

2. ECU 设计与配置阶段

在 ECU 设计与配置阶段有三部分工作需要完成：建立 VFB 系统、开发软件功能组件以及开发系统和子系统。

根据前一阶段制定的方针做具体工作。因为所有的软件组件设计都是基于 VFB 的，所以在此时还没有 ECU 的概念，所有的软件组件都放在一起开发。整个功能描述独立于任何的 ECU 和网络。

这一阶段需要做的包括：具体设计 VFB 中的接口、模式、数据类型、软件组件及其定时。完成这一步后，整个 VFB 可以确定有哪些软件组件，以及这些软件组件互相之间的关系和通信等。

接下来是软件组件的设计阶段。

建立完 VFB 后，需要着手开始软件组件的设计。设计完成后，可以通过 RTE 代码生成器生成头文件，用户进而可以自己开发控制算法。

AUTOSAR Classic Platform 体系结构在最高抽象级别上区分了运行在微控制器上的三个软件层：应用层（Application Layer）、运行时环境（Runtime Environment，RTE）和基本软件（Basic Software，BSW），如图 1-20 所示。

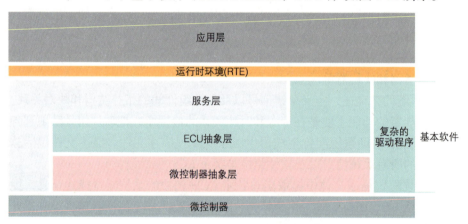

图 1-20　AUTOSAR Classic Platform 软件层架构

应用层部分是指实现特定的 ECU 功能的那部分软件，这部分软件负责实现 ECU 的逻辑功能，比如说，通过算法控制前照灯、空调、电机等，它是汽车功能的一种抽象，与 ECU 所使用的硬件没有关系。应用层又可以细分为软件组件（SWC），软件组件之间的信息交互不能直接进行，必须通过 RTE。通过 SWC 概念的设计，对应用层软件进一步解耦，使得应用层中的 SWC 具有了被替换的可能。

中间件部分给应用层提供了通信手段,这里的通信是一种广义的通信,可以理解成接口。应用层与其他软件体的信息交互有两种:一种是应用层中的不同模块之间的信息交互;另一种是应用层模块同基础软件之间的信息交互。而 RTE 就是这些交互使用的接口的集散地,它汇总了所有需要和软件体外部交互的接口,如图 1-21 所示。从某种意义上来看,设计符合 AUTOSAR 的系统其实就是设计 RTE。

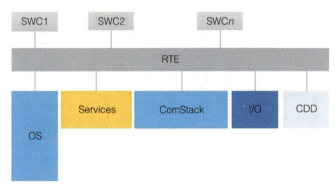

图 1-21　RTE 作用机制

虽然汽车中有各种不同的 ECU,它们具有各种各样的功能,但是实现这些功能所需要的基础服务是可以抽象出来的,比如 I/O 操作、AD 操作、诊断、CAN 通信、操作系统等,无非就是不同的 ECU 功能,所操作的 IO/AD 代表不同的含义,所接收发送的 CAN 消息代表不同的含义,操作系统调度的任务周期优先级不同。这些可以被抽象出来的基础服务被称为基础软件。根据不同的功能,可以将基础软件(BSW)继续细分成四部分:服务层(Service Layer)、ECU 抽象层(ECU Abstract Layer)、微控制器抽象层(MCAL)和复杂驱动(Complex Driver)。四部分之间的互相依赖程度不尽相同。

1)服务层(Service Layer)。这一层基础软件提供了汽车 ECU 非应用相关的服务,包括 OS、网络通信、内存管理(NVRAM)、诊断(UDS、故障管理等)、ECU 状态管理模块等,它们对 ECU 的应用层功能提供辅助支持。这一层软件在不同领域的 ECU 中也非常相似,例如不同 ECU 中的 OS 的任务周期和优先级不同,不同 ECU 中的 NVRAM 的分区不同、存储的内容不同。

2)ECU 抽象层(ECU Abstract Layer)。这一层软件提供了 ECU 应用相关的服务,它是对一个 ECU 的抽象,包括了所有 ECU 的输入输出,比如 AD、DIO、PWM 等。这一层软件直接实现了 ECU 的应用层功能,可以读取传感器状态,可以控制执行器输出,不同领域的 ECU 会有很大的不同。

3)微控制器抽象层(MCAL)。这一层软件是对 ECU 所使用的主控芯片的抽象，它与芯片的实现紧密相关，是 ECU 软件的最底层部分，直接与主控芯片及外设芯片进行交互，它的作用是将芯片提供的功能抽象成接口，然后把这些接口提供给上边的服务层/ECU 抽象层使用。

4）复杂驱动（Complex Driver）。汽车 ECU 中有一些领域的 ECU 会处理相当复杂的硬件信号，执行相当复杂的硬件动作，例如发动机控制、ABS 等，这些功能相关的软件很难抽象出来适用于所有的汽车 ECU，它是与 ECU 的应用以及 ECU 所使用的硬件紧密相关的，属于 AUTOSAR 构架中在不同的 ECU 平台上无法移植的部分。

简单来说，第二阶段设计的软件层有如下特点：

1）应用软件层大部分是独立于硬件的。

2）软件组件之间的通信通过 RTE 访问 BSW。

3）RTE 表示应用程序的完整接口。

4）基础软件分为三个主要层（服务层，ECU 抽象层，微控制器抽象层）和复杂的驱动程序。

5）服务，ECU（ECU）抽象和微控制器抽象。

6）服务被进一步划分为代表系统、内存和通信服务基础设施的功能组。

3. 代码生成阶段

最后一个阶段是代码生成和软件集成。软件集成是以 ECU 为单位的。在 AUTOSAR 概念中，一个 ECU 就意味着一个微控制器加上外围电路和软件配置，因此，每个微控制器都需要 ECU 配置。在这一阶段首先需要进行 RTE 配置。RTE 的配置包括建立 OS 任务，并将运行实体映射到 OS 任务上。然后是配置 BSW，其中包括通信栈、操作系统、系统服务、存储、诊断、MCAL 等基础软件模块。

在配置完成后，则是生成 RTE、BSW、OS 和 MCAL 代码。这些代码都是在不同的配置工具中分别生成，而最后放在编译器中统一编译成可执行文件。

1.3 Adaptive AUTOSAR——面向高性能车用控制器的新软件平台

在过去的三四十年中，无论从功能的数量还是复杂性来衡量，在汽车环境中软件的使用已从简单的发动机管理系统发展到车辆平台中无孔不入。

AUTOSAR 经典平台是针对日益复杂的汽车软件需求而开发的。该平台的特点是支持硬实时、高安全性、低资源可用性 ECU，因此非常适合传统的汽车用例。经典平台（Classic Platform）仍然是功能性汽车 ECU 的明显选择，这些 ECU 依赖于经典的低资源使用率和实时特性，直接连接到传感器和执行器。但是，有一些可以明确识别的趋势推动 ECU 开发以及 E/E 架构的未来增长，这些趋势可以通过以下要求来概括：

1）连接性：连接车辆需要高带宽动态数据连接，用于故障管理、路边基础设施交互、ADAS 实时更新前方道路状况、云端软件更新等。

2）自动化：ADAS 旨在减少驾驶人的工作量。ADAS 要求 E/E 体系结构集成高级传感器，并支持涉及高性能计算（HPC）的算法，如计算机视觉、传感器融合的目标模型等。

3）电气化：支持新型动力系统的要求，例如电池管理、电源分配、范围增强等。非内燃机动力系统可能要求车辆整体甚至平台发生重大变化，这意味着更加重视支持变化，以便允许在单一架构上考虑传统内燃机汽车、混合动力电动汽车和纯电动汽车的差异。

在推动下一代汽车电子电气架构发展的过程中，出现了一系列新的要求，这些需求可统称为 CASE（Connectivity、Automation、Shared services、Electrification），即互联化、自动化、共享服务化、电子化。这些要求正在快速推动汽车电控单元（ECU）的变革：

1）互联化（Connectivity）：自动驾驶汽车所有功能的实现均需要动态通信和高效地分发大量数据。例如高级驾驶辅助系统（ADAS）传感器时刻产生大量图像与点云数据，控制器必须能够高效实时地并行处理这些数据集，并与特定的控制执行机构间进行高效通信，从而实现高级辅助驾驶功能。

2）自动化（Automation）：自动驾驶汽车要求实时处理庞大的数据集，例如用于计算机视觉或基于多个传感器输入的实际对象模型的推导。为了满足这种大规模数据处理的需求，应用程序内部需要具备并行性，以有效地利用处理中的并发性并迅速提供解决方案。高性能计算要求平台能够支持创新的硬件体系结构，比如异构处理器、GPU、多核处理器、处理器网格体系结构等。这些硬件需要得到平台和编程语言的支持，以确保应用程序能够充分发挥新硬件和动态环境的优势。简而言之，自动化要求系统具备强大的计算能力，能够高效处理复杂的数据集，特别是涉及实时决策和对象模型推导的情境。

3）共享服务化（Shared services）：在自动驾驶汽车的域控制器中，共享化要求系统能够提供可灵活配置和更新的软件服务。这种灵活性使系统能够迅速适应新的功能需求或法规要求。具体而言，共享化涉及移动性作为服务的概念，要求软件在车辆内共享，并能够根据需要更新，以反映不断演变的行业标准和技术趋势。这种共享化的方法确保了整个自动驾驶系统的可维护性和可扩展性，同时降低了对系统进行大规模更改时的复杂性。因此，共享化在实现自动驾驶汽车域控制器的高度灵活性和可更新性方面起到关键作用。

4）电气化（Electrification）：在自动驾驶汽车的电气化方面，这一要求涉及采用新技术来实现动态高通信带宽。以太网等技术的引入使得平均通信带宽不再成为限制因素。电气化要求系统能够有效地利用这种高带宽通信，确保实时、可靠的数据传输。这包括对传感器、执行器和其他关键系统组件的高速通信，以支持自动驾驶功能的协同工作。总体而言，电气化要求系统能够充分利用现代通信技术，以确保车辆内部各个组件之间的协同性，从而提高自动驾驶汽车的性能和响应速度。

目前，人们尝试运用经典 AUTOSAR（Classic AUTOSAR）来应对 CASE 的要求。例如，一些相对简单的驾驶辅助系统（如车道跟踪和自适应巡航控制），已经成功地在经典 AUTOSAR 中实现。然而，当定义了多个这类系统时，会导致多个电控单元（ECU）可能同时负责影响车辆安全或动态性的决策，例如加速或停车。为了协调多个决策 ECU 以确保不发生冲突，需要付出巨大的系统复杂性和测试工作。因此，我们急需一种新的高性能、高度灵活的平台以支持高性能计算、动态通信和增量更改。这样的平台应能够在车辆内执行集中决策角色，以满足功能 ECU 的实时和安全要求，超越经典 AUTOSAR 平台的限制。

1.3.1 AP 的应用范围及对象

若想了解 AP 适用的应用范围，首先需要抛出一个概念：AP 是一个中间件。那么什么是中间件呢？

在没有中间件的时候，所有的应用都是基于某个固定的 OS 进行开发的，这就让应用和系统 OS 之间高度耦合起来，没有中间件时的汽车电子软件架构如图 1-22 所示。

图 1-22　没有中间件时的汽车电子软件架构

如果生产商想将其他厂商开发的应用移植到自己的系统当中，而使用的系统 OS 又不同，因为软件应用与系统 OS 之间是高度耦合的，那么移植所需要花费的成本将会是巨大的。这时候就需要用到中间件，中间件就是将应用与硬件层或 OS 之间进行分离，相当于在软件应用和系统 OS 之间做了解耦，应用和系统之间的关系没那么密切了，移植到不同系统上所需要花费的成本就降低了很多。

同时，以往的 AUTOSAR 经典平台（CP）标准只能满足深度嵌入式 ECU 的需求，而智能 ECU 的需求无法满足。因此，AUTOSAR 指定了另一个软件平台，即 AUTOSAR 自适应平台（AP）。AP 主要提供高性能的计算和通信机制，并提供灵活的软件配置，例如支持 OTA 技术。

随着汽车电子软件的不断发展，车载网络的带宽不断增长，以太网开始被用于车上。

与传统的车载通信技术（例如 CAN）相比，以太网具有高带宽并具有交换网络，可以更有效地传输长消息、实现点对点通信等。CP 尽管支持以太网，但主要是针对传统通信技术而设计的，并且已经为此进行了优化，因此很难充分利用基于以太网的通信功能并从中受益。

随着汽车智能化的程度越来越高，处理器的性能要求也大大提高。原本为单核 MCU 设计的 CP 虽然可以支持多核，但它设计起来却有些难度。

随着越来越多的处理元件（例如多核处理器）被组合在一个芯片中，这些处理元件之间的通信变得比传统的 ECU 间通信更快，更高效新型的处理器互联技术（如片上网络 NoC）使这成为可能。更大的处理能力和更快的芯片内通信速度的综合效果，也促使人们需要一种新的平台，以适应不断增长的系统要求。

总体来说，AP 采用了各种传统上尚未被 ECU 充分利用的成熟技术，以便以后各类技术成熟后，可以应用在汽车电子系统当中。

1.3.2　AP（自适应平台）与 CP（经典平台）的对比

无论是自适应平台还是经典平台，总体目标都是一致的：更好的管理数量增多，功能复杂度增加的汽车 ECU、改善 ECU 软件质量和可靠性、提升产品升级灵活性，缩短产品推向市场的时间、可拓展的架构解决方案。但是它们在各方面都有很大的区别。

首先，CP AUTOSAR 一般运行在 8bit、16bit、32bit 的微控制器（MCU）中，如英飞凌的 TC3xx、瑞萨的 RH850 等。AP AUTOSAR 可以运行在 64bit 的高性能处理器（MPU）、CPU 等中，如瑞萨的 H3、英伟达的 Xavier 等。除此之外，AP AUTOSAR 也可以运行在虚拟硬件上。

硬件不同，其算力也不同。CP 是无法运行在高算力的芯片上的，而 AP 则可以在算力高于 20000 DMIPs 的芯片上运行。芯片算力越高，就意味着相同时间内可以处理更为复杂的算法，那么软件可实现的功能也就越高。

CP 和 AP 的软件架构也是不同的，CP 的软件架构有明显的上下层关系，其软件架构如图 1-23 所示。

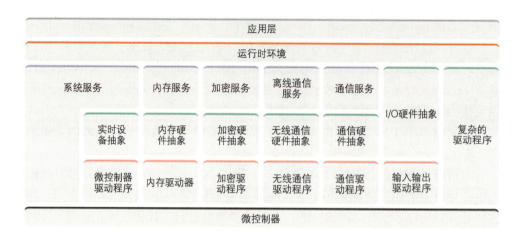

图 1-23　AUTOSAR CP 的软件架构

可以看出，AUTOSAR CP 主要有微控制器层、基础软件层、RTE 层和应用层。AUTOSAR CP 架构设计原则为：

1）CP AUTOSAR 将与硬件相关的以及通用系统功能定义为 BSW 模块。
2）应用功能定义为独立的软件组件 SWC。
3）RTE 分离 SWC 和 BSW。
4）BSW 可配置，并且可以被多个产品线的 ECU 重复使用。
5）CP 是不开源的。

而 AP 的软件架构则如图 1-24 所示。

图 1-24　AP 的软件架构

图中所有的模块均称为功能集群（Functional Clusters，FC），功能集群又分成两部分：Foundation（FO）和 Service。每个功能集群都是相互独立的，没有相互依存（Dependency）的关系，也就是说，一个厂家搭建的软件架构不一定需要设计图 1-24 中所有的 FC，只需要根据软件需求设计相应的 FC 即可，可以降低系统开发成本。AP 的设计原则是：

1）遵循面向服务的架构（SOA）设计范式（理念）。

2）充分利用其他领域软件成熟技术，重用软件市场成熟组件，缩短开发周期。

3）充分利用各种开源软件。

在软件开发过程阶段，CP 与 AP 都主要都包括以下三个阶段：

1）设计阶段：设计 ARXML。

2）代码生成：基于 ARXML 生成代码。

3）集成：集成 Application、编译调试等。

AP 与 CP 在软件开发过程中主要有以下不同：

1）在 AUTOSAR AP 设计阶段，需要进行 Service 和 Manifest 的设计，而 CP 则无此过程；CP 需要进行 ECU 配置设计，而 AP 没有 ECU 配置这个设计项。

当然，CP 与 AP 都需要进行系统设计和诊断设计，具体的不同体现在设计细节上。

2）在代码生成时，CP 生成的是基础软件模块相关的代码，AP 生成的是 FC 相关的代码和 Manifest，需要注意的是，AP 中不是所有的 FC 都会生成相关的代码和 Manifest。

3）集成时，AP AUTOSAR 需要考虑 OEM Application Cloud，而 CP 则不用。

AP 在软件设计阶段不需要考虑软件应用具体部署到什么位置，即哪个 ECU。软件开发人员只需要按照软件的功能需求进行软件开发即可，AP 程序的验证也可以不在 ECU 上验证，AP 可以通过将软件部署到虚拟 ECU 来验证各类软件的正确性。

4）CP 与 AP 还有一个很大的区别是通信方式。以往汽车 ECU 间的通信是通过 CAN，各 ECU 将信号往总线上发送，各个 ECU 又从总线上各取所需。在以往的车辆上，这种通信方式是可以的，但是当新的技术涌现出来，总线上已经不足以传输数量如此庞大的信号时，我们就需要提出一种新的通信方式以满足传输大量信号数据的需求。这时候面向服务的通信架构（Service Oriented Architecture，SOA）就出现了，SOA 是将应用程序的不同功能单元（称为服务）进行拆分，并通过这些服务之间已定义好的接口和协议联系起来。接口是采用中立的方式进行定义的，它应该独立于实现服务的硬件平台、操作系统和编程语言。而在 AP 系统中，所有应用由一组服务组成，其中一个服务可以依次使用另一个服务，应用程序可以根据其需要使用一个或多个服务。服务可以驻留在应用程序运行的本地 ECU 上，也可以位于正在运行 AP 另一个实例的远程 ECU 上。

数据只在需要的时候传输，总线的使用率降低了很多。

5）CP 与 AP 的调度方式也是不同的，CP AUTOSAR OS 采用固定的任务调度配置。在 OS Task 中调度 BSW Main Functions 以及 SWC 的 Runnable Entities，按既定规则顺序执行，并协同 BSW Modules 和 App SWC 的模式切换。而 AP AUTOSAR 支持多种动态调度策略，配置在运行时完成，配置信息在 Manifest 文件中体现。AP AUTOSAR 中与调度相关的模块主要为执行管理（EM）和状态管理（SM），应用程序运行在 Process、Thread 中。CP AUTOSAR 中，任务的调度周期可以到微秒（μs）级别；而 AP AUTOSAR 是在毫秒（ms）级，一般是几十至上百毫秒。

6）CP 的状态管理较为简单，而 AP 主要有以下三种状态管理：

① Function Group（FG）State：功能组状态。Machine State：Machine 状态是一种典型的功能组状态。

② Process State：进程状态。EM 通过 Function Group 来改变 Process State。

③ Execution State：进程的执行状态。

AP 的状态管理结构如图 1-25 所示。

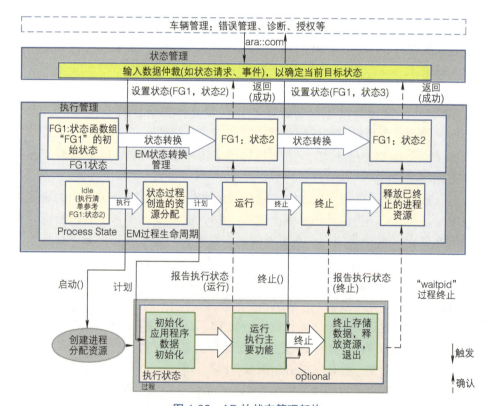

图 1-25　AP 的状态管理架构

CP 与 AP 的主要区别见表 1-1。

表 1-1　CP 与 AP 的主要区别

序号	Classic Platform（CP）	Adaptive Platform（AP）
1	基于 C 语言面向过程开发	基于 C++ 语言面向对象开发
2	FOA 架构（Function-Oriented Architecture）	SOA 架构（Service-Oriented Architecture）
3	基于信号的静态配置通信方式	基于服务的 SOA 动态通信方式
4	硬件资源的连接关系局限于线束的连接	硬件资源的连接关系虚拟化，不局限于通信线束的连接关系（互联网）
5	静态的服务模块，模块和配置在发布前进行静态编译、链接	服务可根据应用需求动态加载，可通过配置文件动态加载装置，并进行单独更新
6	大部分代码静态运行在 ROM，所有应用（Application）共用一个地址空间	Application 加载到 RAM 运行，每个 Application 独享（虚拟）一个地址空间
7	OESK OS	POSIX-based OS（Linux\PikeOS...）兼容性广，可移植性高

因此，与 CP 相比，基于 AP 开发的 ECU 具有更加智能、更大的计算力（基于 SOA 架构使得 AP 能够支持多核并行处理），更好的安全性，更好的兼容性，更灵活敏捷的开发，更易实现物联（基于以太网的 SOA 通信，更易实现无线、远程、云连接以及部署 V2X 应用）。

Chapter 02

第 2 章
Adaptive AUTOSAR 的架构与组成

2.1 AP 架构总览

2.1.1 逻辑架构

在 1.3.2 节中，读者初步了解了 AP 的架构，本节将详细讲解 AP 的架构。AP 的逻辑架构如图 2-1 所示。

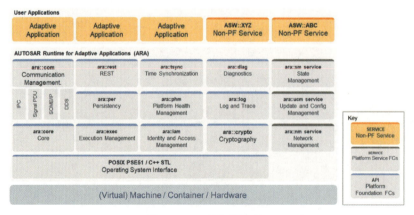

图 2-1 AP 的逻辑架构

自适应应用程序（Adaptive Applications，AA）运行在 ARA（AUTOSAR Runtime for Adaptive Applications）之上。ARA 由功能集群提供的应用接口组成，它们属于自适应平台基础或自适应平台服务。自适应平台基础提供 AP 的基本功能，自适应平台服务提供 AP 的平台标准服务。任何 AA 也可以向其他 AA 提供服务，图 2-1 中所示为非平台服务。

功能集群（Functional Clusters，FC）的接口是自适应平台基础或自适应平台服务的接口，FC 接口与 AA 无关，它们只提供指定的 C++ 接口或任何其他将来可能支持的与 AP 绑定的语言，这在底层确实存在着分歧。另外，在 ARA 接口下面，包括在 AA 上下文中调用的 ARA 库，可以使用 ARA 以外的其他接口来实现 AP 的规范，这取决于 AP 实现的设计。需要注意的是，为了能够更好地了解整体结构，图 2-1 的 AP 架构逻辑视图包含不属于当前 AP 版本的功能集群。在 AP 的未来版本中，可能会添加更多新的功能集群。

这些 API 的语言是基于 C++ 的，C++ 标准库也可以作为 ARA 的一部分。关于操作系统 API，POSIX 标准的单个进程概要文件，即 PSE51 接口作为 ARA 的一部分是可用的。选择 PSE51 是为了为现有 POSIX 应用程序提供可移植的可能性，并实现应用程序之间的自由交互。

注意：C++ 标准库包含基于 POSIX 的许多接口，其中也包括多线程 API。建议不要将 C++ 标准库线程接口与本地 PSE51 线程接口混合，以避免出现复杂的情况。需要特别注意的是，C++ 标准库不包括所有的 PSE51 函数，例如设置线程调度策略的函数。在这种情况下，可能需要同时使用两个接口。

应用程序的生命周期由执行管理（Execution Management，EM）来管理。应用程序的加载/启动是通过使用 EM 的功能来管理的，它需要在系统集成时或运行时进行适当的配置来启动应用程序。事实上，所有的功能集群都是通过 EM 管理的。除了 EM 本身之外，它们也是以同样的方式启动、运行和停止的。图 2-2 说明了不同类型且在 AP 内部或在 AP 之上的应用程序之间的关系。

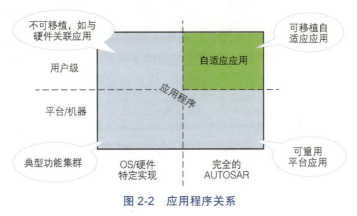

图 2-2　应用程序关系

需要明确的一点是，应用程序启动或终止的决定不是由 EM 做出的。决定应用程序的启停是一种特殊的 FC，称为状态管理（State Management，SM）。SM 是根据系统的设计指挥 EM 的控制器，SM 会仲裁不同的状态，从而控制整个系统的行为。由于这里的系统指的是整个 AP 的机器（Machine，后续章节会介绍到）及搭载在机器上正在运行的应用程序，因此实现的内部行为是由每个项目的需求所决定的。同时 SM 还与其他 FC 交互，以协调整体机器行为。SM 应该只使用标准的 ARA 接口来维护不同 AP 栈之间的可移植性。

关于 AA 间的交互，由于 PSE51 不包括进程间通信（IPC），因此 AA 间没有直接的交互接口。通信管理（Communication Management，CM）是唯一的显式接口。CM 还为机器内和机器间提供面向服务（SOA）的通信，这对应用程序是透明的。CM 处理服务请求/回复的路由选择，而不考虑服务和客户端应用程序的拓扑部署。其他 ARA 接口可能会在内部触发 AA 之间的交互，但是，这不是显式的通信接口，而只是各个 ARA 接口提供的功能的副产品。

最后，AA 和功能集群可以使用任何非标准接口，只要它们不与 AP 标准功能冲突，并且符合项目的功能/信息安全要求。除非它们是纯粹地使用程序本地库，否则应该注意将这种使用保持在最低限度，因为这将影响软件在其他应用程序实现上的可移植性。

2.1.2 物理架构

接下来介绍和讨论 AP 的物理架构。

> 提醒：本节中的大部分内容仅用于说明目的，并不构成 AP 的正式需求规范，因为 AP 的内部是实现定义的。对应用程序实现的任何正式要求都是明确声明的。

1. OS、进程与线程之间的关系

AP 的操作系统需要具有能够提供多进程同时运行的能力。每个 AA 都是作为一个独立的进程实现的，它们都有自己的逻辑内存空间和命名空间。请注意，单个 AA 可能包含多个进程，这可能部署到单个 AP 实例上，也可能分布在多个 AP 实例上。从模块组织的角度来看，每个进程都是由操作系统从可执行文件实例化的。多个进程也可以从同一个可执行文件实例化。此外，AA 可以构成多个可执行文件。功能集群通常也作为进程来实现，功能集群也可以用单个或多个进程来实现。自适应平台服务和非平台服务也可以作为进程实现。

所有这些进程可以是单线程进程，也可以是多线程进程。但是，根据进程所属的逻辑层的不同，它们可以使用的操作系统 API 也不同。如果它们是在 ARA 之上运行的 AA，那么它们应该只使用 PSE51。如果进程是功能集群之一，则可以自由使用任何可用的操作系统接口。

总之，从操作系统的角度来看，AP 和 AA 只是形成了一组进程，每个进程包含一个或多个线程——这些进程之间没有区别，尽管提供任何类型的分区取决于 AP 的实现。这些进程通过 IPC 或任何其他可用的操作系统功能相互作用。

> **注意**：AA 进程可能不直接使用 IPC，只能通过 ARA 进行通信。

功能集群可以是自适应平台基础模块或自适应平台服务。如前所述，这些通常都是进程。它们需要使用 IPC 才能让其与同样是进程的 AA 进行交互。有两种替代设计可以实现这一点：一种是"基于库"的设计，由功能集群提供链接到 AA 的接口库，直接调用 IPC；另一种是"基于服务"的设计，其中进程使用 CM 的功能函数，并有一个链接到 AA 的服务器代理库。代理库调用 CM 接口，该接口协调 AA 进程和服务器进程之间的 IPC。

> **注意**：它是由实现定义的，是 AA 仅通过 CM 直接执行 IPC 或通过混合有代理库与服务器的直接执行的 IPC。

为功能集群选择设计的一般准则是，如果它仅在本地使用 AP 应用程序实例，那么基于库的设计更合适，因为它更简单，效率更高。如果以分布式方式从其他 AP 实例使用它，则建议采用基于服务的设计，因为 CM 提供透明的通信，而不管客户端 AA 和服务具体的位置如何。自适应平台基础所属的功能集群是"基于库的"，自适应平台服务是"基于服务的"。关于"基于服务"的和"基于库"的内容还需要注意的是，FC 的实现是可以不包含有进程的，可以以库的形式实现，在 AA 的进程中运行时，只要它满足 FC 定义的 RS 和 SWS。在这种情况下，AA 和 FC 之间的交互将是常规的过程调用，而不是前面描述的基于 IPC 的。

2. FC 之间的交互

一般来说，功能集群可以以特定于应用程序实现的方式相互交互，因为它们没有绑定限制使用 IPC 的 ARA 接口。例如 PSE51，它确实可能使用其他功能集群的 ARA 接口，这些接口是"public"接口。功能集群之间的一个典型交互模型是使用自适应平台设计的功能集群的"protected"接口来提供实现功能集群的特殊功能所需的访问权限。此外，从 AP18-03 开始，引入了功能间集群（IFC）接口的新概念。请注意，它不是 ARA 的一部分，也不构成对 AP 实现的正式规范要求。提供这些是为了通过阐明 FC 之间的交互来促进 AP 规范的开发，并且它们还可以为 AP 规范的用户提供更好的 AP 架构视图。接口在各自附加的 FC SWS 中进行了描述。

在上文中提到了机器（Machine），接下来讲解一下机器的概念。

AP 将其运行的平台视为机器，机器可以是真实的物理机器、完全虚拟化的机器、半虚拟化的操作系统、操作系统级虚拟化的容器或任何其他虚拟化的环境。在硬件上，可以有一台或多台机器，一台机器上只能运行一个应用程序实例。通常假设这个"硬件"包括一个芯片，运行一台或多台机器。然而，如果 AP 允许，也有可能多个芯片组成一台机器。

在 AP 的物理架构中，还有很重要的一环是清单（Manifest）。清单是 AUTOSAR 模型描述的一部分，它是为支持 AUTOSAR AP 产品的配置而创建的，并被上传到 AUTOSAR AP 产品，可能与包含清单适用的可执行代码的其他文件（如二进制文件）相结合，清单的使用仅限于自动搜索应用程序。然而，这并不意味着在以 AUTOSAR AP 为目标的开发项目中产生的所有 ARXML 都自动被视为清单。事实上，一个车辆项目一般不会仅仅使用 AUTOSAR AP，很可能还会配备许多在 AUTOSAR CP 上开发的 ECU，因此，整车的系统设计必须涵盖这两者——在 AUTOSAR CP 上构建的 ECU 和在 AUTOSAR AP 上创建的 ECU。

原则上，清单可以这样定义，即在概念上只有一个"清单"，并且每个部署都将在这个清单的内容中处理。但是这似乎不合适，因为清单相关的模型元素存在于开发项目的不同阶段。在应用程序设计之后有必要将清单（Manifest）一词的定义细分为三个不同的部分。

1）执行清单（Execution Manifest）：这种清单用于指定在 AUTOSAR AP 上运行的应用程序的部署相关信息。执行清单与实际的可执行代码捆绑在一起，以支持将可执行代码集成到机器上。

2）服务实例清单（Service Instance Manifest）：这种清单用于指定如何根据底层传输协议的要求配置面向服务的通信。服务实例清单与实际的可执行代码捆绑在一起，实现面向服务的通信的各自用法。

3）机器清单（Machine Manifest）：这种清单应该描述与部署相关的内容，这些内容只适用于运行 AUTOSAR 应用程序的底层机器（即没有任何应用程序在机器上运行）的配置。机器清单与用来建立 AUTOSAR 应用程序实例的软件捆绑在一起。

不同种类清单的定义（和使用）之间的时间划分导致这样的结论：在大多数情况下，不同的文件将被用来存储三种清单的内容。除了应用程序设计和不同种类的清单之外，AUTOSAR 方法支持系统设计，可以描述将在一个单一模型的系统中使用的两个 AUTOSAR 平台的软件组件。不同 AUTOSAR 平台的软件组件可以以面向服务的方式相互通信。但是也可以描述信号到服务的映射，从而在面向服务的通信和基于信号的通信之间建立桥梁。

应用程序设计描述了应用于 AUTOSAR AP 应用程序软件创建的所有与设计相关的建模。应用程序设计侧重于以下方面：

1）用于对软件设计和实现的信息进行分类的数据类型。

2）作为面向服务通信的关键元素的服务接口。

3）定义应用程序如何访问面向服务的通信存储接口。

4）作为访问存储数据和文件的关键元素。

5）定义应用程序如何访问存储。

6）定义应用程序如何访问文件。

7）定义加密软件如何访问应用程序。

8）定义应用程序如何访问平台健康管理。

9）定义应用程序如何访问时基。

10）定义序列化属性。

11）定义数据的特征如何序列化以在网络上传输。

12）描述客户端和服务器功能。

13）对应用程序进行分组以简化软件部署。

应用程序设计中定义的工件独立于应用程序软件的特定部署，因此便于在不同的部署场景中重用应用程序实现。

下面来详细介绍各个清单部分。

（1）执行清单的目的是提供在 AUTOSAR AP 上实际部署应用程序所需的信息

总的想法是保持应用软件代码尽可能独立于部署场景，以增加应用软件在不同部署场景中的复用性。通过执行清单，应用程序的实例化受到控制，因此可以：①在同一台机器上多次实例化同一个应用软件；②将应用软件部署到几台机器上，并在每台机器上实例化应用软件。

执行清单侧重于以下几个方面：

1）启动配置，以定义如何启动应用程序实例。启动包括启动选项和访问角色的定义。每次启动可能取决于机器状态/功能组状态。

2）资源管理，特别是资源组分配。

（2）服务实例清单在网络上实现面向服务的通信需要特定于所使用的通信技术（例如 SOME/IP）的配置

由于通信基础设施在服务的提供者和请求者上的行为应该是相同的，因此服务的实现必须是双方兼容的。

服务实例清单侧重于以下方面：

1）服务接口部署，定义服务在特定通信技术上的表现方式。

2）服务实例部署，为特定提供和要求的服务实例定义通信技术所需的凭证。

3）E2E 保护的配置。

4）安全保护的配置。

5）日志和跟踪的配置。

（3）机器清单允许配置在特定硬件（机器）上运行的实际自适应平台实例

机器清单侧重于以下方面：

1）网络连接的配置和定义网络技术的基本凭证（例如，对于以太网，涉及静态 IP 地址的设置或 DHCP 的定义）。

2）服务发现技术的配置（例如，对于 SOME/IP，涉及要使用的 IP 端口和 IP 多播地址的定义）。

3）已用机器状态的定义。

4）已用功能组的定义自适应平台功能集群实现的配置（例如，操作系统提供具有特定权限的操作系统用户列表）。

5）加密平台模块的配置。

6）平台健康管理的配置。

7）时间同步的配置。

8）可用硬件资源的文档（例如，有多少内存可用；有多少处理器内核可用）。

2.2 AP 的运行环境及操作系统

2.2.1 运行环境概述

操作系统（OS）负责自适应平台上所有应用程序的运行时调度、资源管理（包括管理内存和时间限制）和进程间通信。操作系统与执行管理协同工作，执行管理负责平台初始化，并使用操作系统执行应用程序的启动和关闭。

自适应平台没有为高性能处理器指定新的操作系统。它只是定义了自适应应用程序使用的执行内容和操作系统接口。AUTOSAR AP 规范包含的应用程序接口是自适应应用程序的标准应用程序接口 ARA 的一部分。操作系统本身可能会提供执行管理启动应用程序所需的其他接口，例如创建进程等。然而提供这种功能的接口不能作为 ARA 的一部分，它被定义为依赖于平台实现。AUTOSAR AP 规范提供 C 和 C++ 接口；对于 C 程序，应用程序的主要源代码由 POSIX 标准中定义的 C 函数调用，即 IEEE1003.13 中定义的 PSE51。在编译期间，编译器从平台的操作系统中确定哪个动态库提供这些 C 函数，并且应用程序可执行文件应该在运行时被链接；对于 C++ 程序，应用软件组件的源代码包括在 C++ 标准及其标准 C++ 库中定义的函数调用。

2.2.2 POSIX 操作系统需求

目前有很多操作系统，例如 Linux，都提供符合 POSIX 标准的接口。但是，与平台服务和平台基础相比，为了确保安全性，应用程序需要使用更受限制的应用编程接口。一般的假设是，用户应用程序应该使用 PSE51 作为操作系统接口，而平台应用程序可以使用完整的 POSIX 系统接口。如果在应用程序级别需要更多的特性，它们将取自 POSIX 标准，并且在可能的情况下不会被新指定。自适应平台基础和自适应平台服务功能的实现可以使用进一步的 POSIX 调用。特定调用的使用将留给 AUTOSAR AP 功能的实现者，而不是标准化的。

2.2.3 操作系统的调度需求

操作系统提供了多进程和多线程的支持。标准的调度策略是由 POSIX 标准定义的 SCHED_FIFO 和 SCHED_RR。如 SCHED_DEADLINE 或任何其他特定于操作系统的策略也是被允许的，但这可能导致无法实现跨平台的应用移植。

2.2.4 内存管理需求

能够支持多进程的原因之一是实现不同功能集群和 AA 之间的"无干扰"。操作系统的多进程迫使每个进程位于一个独立的地址空间中，与其他进程分开并受到保护。同一个可执行文件的两个实例在不同的地址空间中运行，这样它们可以在启动时共享相同的入口点地址和代码以及数据值，但是，数据将在内存的不同物理层当中。

2.2.5 设备管理需求

设备管理主要是特定于操作系统的。自适应平台基础有意支持创建服务来公开主要的系统功能。虽然目前没有计划标准化设备驱动程序本身的具体应用编程接口，但这些驱动程序实现的更高级功能可以通过自适应平台服务进行标准化。

2.2.6 车载网络需求

多台机器之间以及与其他传感器之间的主要互连机制是基于以太网的。因此，基于 TCP/IP 和基于 UDP/IP 协议的使用需要被清晰地描述，进而操作系统将提供这样的网络堆栈。通过使用通信管理，应用程序将明显受益于网络的支持。作为自适应平台基础的一部分，VLAN、IPSEC 等其他功能正在实现系统内部和系统之间的安全通信。

2.3 AP 标准规范功能集群

2.1 节初步介绍了功能集群的概念，本节将具体介绍每一个功能集群的作用。

2.3.1 执行管理

1. 概述

执行管理（Execution Management，EM）负责系统执行管理的所有内容，包括平台初始化和应用程序的启动／关闭。执行管理与操作系统协同工作，执行应用程序的运行时调度。

2. 系统启动

当机器启动时，首先初始化操作系统，然后作为操作系统的初始进程之一启动执行管理。自适应平台基础的其他功能集群和平台级应用程序随后由执行管理启动。自适应平台基础启动并运行后，执行管理会继续启动自适应应用程序，如图 2-3 所示。平台级应用程序和自适应应用程序的启动顺序由执行管理根据机器清单和执行清单信息确定。

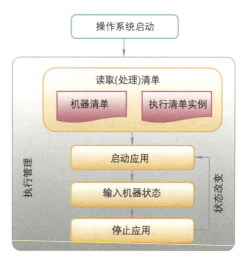

图 2-3　AP 启动顺序

执行管理可选地支持经过身份验证的启动，其中从信任锚启动自适应平台，同时保持信任链。在经过身份验证的启动期间，执行管理验证应用程序的真实性和完整性，如果检测到违规，则将（可选）阻止其执行。通过这些机制，可以建立一个可信的平台。

3. 执行管理职责

执行管理负责自适应平台执行管理和应用程序执行管理的所有方面，其中包括：

（1）平台生命周期管理

执行管理作为自适应平台启动阶段的一部分启动，负责初始化自适应平台和部署的应用程序。

（2）应用程序生命周期管理

执行管理负责已部署应用程序的有序启动和关闭。执行管理基于机器清单和执行清单中的信息确定部署的应用程序，并基于声明的应用程序依赖关系导出启动／关闭顺序。根据机器状态和功能组状态，部署的应用程序在自适应平台启动期间或之后启动，但是不期望所有应用程序都立即开始工作，因为许多应用程序将向其他应用程序提供服务，因此等待并"监听"传入的服务请求。

执行管理不负责调度运行时的应用程序，因为这是操作系统的责任。但是，执行管理负责操作系统的初始化配置，使其能够根据执行管理从机器清单和执行清单中提取的信息执行必要的运行时调度。

4. 确定性执行

确定性执行提供了一种机制，使得使用给定输入数据集的计算始终产生一致的输出而不受干扰。执行管理区分时间和数据确定性。前者表示输出总是在截止日期之前产生，而后者指的是从相同的输入数据集和内部状态生成相同的输出。

执行管理提供的支持侧重于数据确定性，因为时间确定性是通过提供足够的资源来处理的。对于数据确定性，执行管理提供了 DeterministicClient API 来支持进程内部循环、确定性工作池、激活时间戳和随机数。DeterministicClient 与通信管理交互以使数据处理与循环激活同步。确定性客户端（DeterministicClient）支持的 API 及其与应用程序的交互如图 2-4 所示。

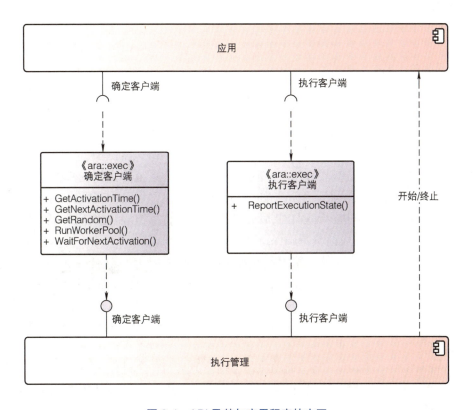

图 2-4　API 及其与应用程序的交互

除了流程本地 DeterministicClient 之外，执行管理还支持 Deterministic SyncMaster，它提供了多个 DeterministicClient 实例之间的协调，以确保它们的确定性执行是同步的。

5. 资源限制

自适应平台允许在同一台机器上执行多个自适应应用程序，确保不受干扰是系统属性。因此，行为不正确的自适应应用程序应限制其影响其他应用程序的能力，例如，应防止应用程序进程消耗比指定更多的 CPU 时间，因为这可能会影响其他应用程序的正确运行。

执行管理通过配置一个或多个分配应用程序进程的资源组来支持免于干扰，然后可以为每个 ResourceGroup 分配一个 CPU 时间或内存限制，以允许限制应用程序的可用资源。

6. 应用程序恢复

执行管理负责进程启动/停止的状态相关管理，因此它必须拥有启动和停止进程的特殊权限。平台健康管理监控进程，并在任何进程的行为不在指定参数范围内时触发恢复操作。恢复操作由集成商根据平台健康管理的软件架构要求定义并在执行清单中配置。

7. 可信平台

为了保证系统的正常运行，确保平台上执行的代码具有合法来源至关重要，保留此属性允许软件集成商构建可信平台。

实现受信任平台的系统的一个关键属性是信任锚（也称为信任根）。信任锚通常被实现为存储在安全环境中的公钥，例如在不可修改的持久内存或 HSM 中。

系统设计人员负责确保至少系统从信任锚开始，并且在启动执行管理之前一直保持信任。

根据系统设计者选择的建立信任链的机制，整个系统的完整性和真实性可能在系统启动时已经被检查。但是，如果系统设计者仅确保已检查已执行的软件的完整性和真实性，则执行管理在接管系统控制权时将承担继续信任链的责任。在这种情况下，系统集成商负责确保正确配置执行管理。

将信任从信任锚传递到操作系统和自适应平台（即建立信任链）的一个例子可能是这样的：信任锚在启动引导加载程序之前对引导加载程序进行身份验证。在引导过程的每个后续步骤中，首先应验证要启动的可执行文件。该真实性检查应由已经认证的实体进行，即真实性检查可以由先前启动的可执行文件或像 HSM 这样的外部实体进行。

在操作系统启动后，它将启动执行管理作为其第一个进程之一。在执行管理启动之前，操作系统应确保执行管理的真实性已经由一个已经过认证的可信实体进行了验证。

> 注意：如果信任锚本身的功能未检查身份验证（根据定义是真实的），则用于验证可执行文件真实性的软件必须在应用之前进行身份验证。例如，要使用 Crypto API 来进行 Executables 的身份验证，则 Crypto API 本身应在使用之前由某个受信任的实体进行身份验证。

执行管理现在接管了在启动自适应应用程序之前对其进行身份验证的职责。然而，存在不止一种可能性来验证可执行代码的完整性和真实性。SWS_Execution Management 提供了一个可能的机制列表来完成这项任务。

2.3.2 状态管理

状态管理（State Management，SM）是一个独特的功能集群，主要用于特定的 ECU 开发项目，一般来说，最终实施将由系统集成商执行。它负责 AUTOSAR 自适应平台运行状态的所有方面，包括处理传入事件、对这些事件/请求进行优先级排序以设置相应的内部状态。根据项目需要，状态管理可以由一个或多个状态机组成。

状态管理通过项目特定的 ara::com 服务接口与自适应应用程序交互，该接口由 "field"（会在下一节 CM 模块中进行介绍）组成。状态管理和其他功能群之间的交互应通过每个功能群定义的标准来完成。

状态管理可以请求以下事件：

1）可以请求将功能组设置为专用状态（部分）。
2）可以请求关闭/激活网络。
3）可以请求关闭或重新启动机器。
4）可以影响其他自适应（平台）应用程序的行为。
5）可以执行特定于项目的操作。
6）当平台健康管理或执行管理通知时，从（监督）错误中恢复。
7）根据诊断 FC 的要求，根据诊断地址执行项目特定复位。
8）根据更新和配置管理部门的要求，准备和验证要安装、更新或删除的软件集群。
9）影响正在运行的进程的行为，以实现机器（部分）内的同步行为（如电源模式）。

为了实现同步行为，状态管理提供定义的消息和回复消息，其中 ara::com event 和 field 在通信管理的通信组范围内生成。

状态管理通过 ara::com 提供了一组 "Triger" 和 "Notifier" field 接口。SM 本质上是监听 "Triger"，并在内部执行特定于实现的状态机处理。如果有 "Notifier" 字段，则为其提供仲裁结果。

由于状态管理功能至关重要,因此必须保护来自其他功能集群或应用程序的访问,如身份和访问管理(IAM)。状态管理由平台健康管理监控和监督。

状态管理功能是高度特定于项目的,AUTOSAR 决定暂时不为自适应平台指定像经典平台 BswM 这样的功能。计划只指定一组基本服务接口,并将实际的仲裁逻辑封装到项目特定的代码中。仲裁逻辑代码可以基于标准化配置参数单独开发或(部分)生成。

2.3.3 通信管理

1. 概述

通信管理负责分布式实时嵌入式环境中应用程序之间通信的所有方面。

背后的概念是从实际的机制中抽象出寻找和连接通信伙伴,这样应用软件的开发者就可以专注于他们应用的特定目的。

2. 面向服务的通信

想要了解通信管理的运作机制,首先需要了解面向服务的通信(Service Oriented Communication)架构。

服务的概念意味着提供给应用程序的功能超出了基本操作软件已经提供的功能。通信管理软件提供了为机器内通信和机器间通信提供或使用这种服务的机制。

一项服务一般包含 Event、Method 和 Field 三种通信方式,通信伙伴之间的通信路径可以在设计时、启动时或运行时建立。该机制的一个重要组成部分是服务注册中心,它充当代理实例,也是通信管理软件的一部分,如图 2-5 所示。

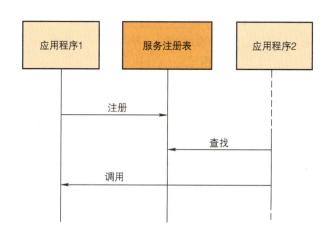

图 2-5　面向服务的通信

每个提供服务的应用程序都在服务注册中心注册这些服务。要使用服务，服务端应用程序需要通过查询服务注册表找到请求的服务，这个过程被称为服务发现。

3. 语言绑定和网络绑定

通信管理提供了如何将定义的服务呈现给应用程序实现者的标准化方法（上层，语言绑定），以及服务数据在网络上的相应表示（下层，网络绑定）。这确保了源代码的可移植性和编译服务跨平台实现的兼容性。

语言绑定定义了如何通过使用目标编程语言的便利特性，将服务的 Method、Event 和 Field 转换为可直接访问的标识符。性能和类型安全（只要目标语言支持）是主要目标。因此，语言绑定通常由服务接口定义提供的源代码生成器来实现，如图 2-6 所示。

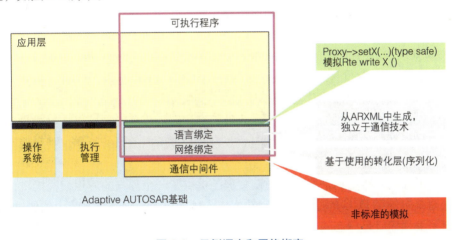

图 2-6 示例语言和网络绑定

网络绑定定义了如何将已配置服务的实际数据序列化并绑定到特定网络。它可以基于通信管理配置（AUTOSAR 元模型的接口定义）来实现，或者通过解释生成的特定于服务的方法，或者通过直接生成序列化代码本身。目前，通信管理支持 SOME/IP、DDS、IPC（进程间通信或任何其他自定义绑定）和 Signal PDU（基于信号的网络绑定），本地服务注册表也是网络绑定的一部分。

> 注意：语言绑定和网络绑定之间的接口被认为是通信管理软件内部的私有接口。因此，定义这个接口的规范目前超出了范围。然而，平台供应商被鼓励独立地为它们的软件定义这样一个接口，以允许除了 C++ 之外的其他语言绑定的容易实现，以及在它们的平台实现中的其他网络绑定。

4. 生成的 C++ 语言绑定的 Skeletons 和 Proxies

在使用通信管理的时候，还需要生成 Proxies 和 Skeletons 的 C++ 类。C++

语言绑定的上层接口为 AUTOSAR 元模型的接口描述中定义的服务提供了面向对象的映射。

作为通信管理软件开发工具一部分的生成器生成 C++ 类，这些类包含每个相应服务的 Field、Event 和 Method 的类型安全表示。在服务端，这些生成的类被命名为服务提供者 Skeletons 类。在客户端，它们被称为服务请求者代理 Proxy 类。

对于 Method 服务，客户端代理提供同步调用（阻塞调用者，直到服务器返回结果）和异步调用（被调用的函数立即返回）的机制。调用方可以并行启动其他活动，并在服务器的返回值通过 Core Type ara::core::future 的特殊功能可用时接收结果。

服务的实现应该继承生成的基类并实现各自的功能。ara::com 的接口还可以为安全相关的 E2E 保护通信提供代理和框架。无论 E2E 保护是打开还是关闭，这些接口的设计都确保了与应用程序的兼容性。

5. 服务合同版本控制

在 SOA 环境中，服务的客户和提供者依赖于一个包含服务接口和行为的契约。在服务的开发过程中，服务接口或行为可能会随着时间的推移而改变。因此，引入了服务契约版本化来区分服务的不同版本。AUTOSAR Adaptive 平台支持服务设计和部署阶段的版本控制。此外，客户端的服务发现可以被配置为支持版本向后回调。如果这些版本可以向后兼容客户端所需的服务版本，则意味着客户端服务可以连接到不同的提供的服务版本。

除了面向服务的通信之外，通信管理还提供了一个独立的应用编程接口，用于处理流向外部 ECU 的原始二进制数据流，例如自动数据采集系统中的传感器。该应用编程接口是静态的，实现了客户端应用程序建立到服务器的通信通道，以及服务器应用程序等待来自客户端的传入连接的功能。该应用编程接口为客户端和服务器提供了破坏通信信道以及通过通信信道读写原始数据（字节流）的功能。集成人员可以通过应用部署信息来配置原始数据流通道，部署信息包含例如网络端点信息和通信协议信息。目前采用 TCP/IP 套接字作为传输层，但未来可以增加其他替代方案。原始数据流接口在命名空间 ara::com::raw 中可用。

2.3.4 诊断管理

1. 概述

诊断管理（Diagnostic Management，DM）实现了基于 ISO 14229-1 和 ISO 13400-2（DoIP）的 ISO 14229-5。诊断管理代表基础层上自适应平台的功能集群，该配置基于经典平台的自动诊断提取模板（DEXT）。

支持的传输层是 DoIP。DoIP 是一种车辆发现协议，设计用于与诊断基础设施（诊断客户端、生产/车间测试器）的车外通信。车载或远程诊断通常使用其他传输协议，因此提供了一个应用编程接口来扩展具有自定义传输层的平台，UDS 通常用于车辆生产和维修，以便能够维修车辆。

2. 软件集群

诊断管理由一系列软件集群组成，原子可更新/可扩展部分由软件集群（SWCL）管理。软件集群包含与更新已安装或部署一组特定新功能/应用程序相关的所有部分。因此，自适应诊断管理器为每个软件集群提供特定的诊断地址。

> **注意**：该软件集群还与 UCM 软件包相结合，因此软件集群可以更新或新引入机器。

3. 诊断通信子集群

诊断通信子集群实现诊断服务器（像经典平台的 DCM）。目前，受支持的服务是有限的，但是在未来的版本中将扩展对更多 UDS 服务的支持。

除了 ISO 14229-1 的伪并行客户端处理之外，诊断管理器（DM）还被扩展为支持不同诊断客户端的默认会话中的完全并行处理。这可以满足现代车辆架构的需求，包括用于数据收集、后端访问以及一些经典维修和生产用例的多个诊断客户端（测试仪）。

4. 自适应应用中的诊断

作为诊断服务器的数据管理调度将传入的诊断请求（如例行控制或 DID 服务）发送到相应 AA 的映射提供端口。为了实现这一点，AA 需要提供一个专门的诊断接口。

5. 类型化接口与泛型接口

有不同抽象级别的诊断部分接口可用。

（1）路由控制消息

路由控制消息可以作为：

1）类型化接口：应用编程接口签名包括所有请求和响应消息参数及其基本类型。数据挖掘负责序列化。该应用编程接口对于特定的路由控制消息是独立的。

2）通用接口：应用编程接口签名只包括请求和响应消息的字节向量。应用程序负责请求和响应消息的序列化。同一个应用编程接口可以用于多个路由控制消息。

（2）数据标识符消息

数据标识符消息可以作为：

1）类型化接口：应用编程接口签名包括所有请求（用于写入）和响应消息（用于读取）参数及其基本类型。数据挖掘负责序列化。

2）通用接口：应用编程接口签名只包括请求和响应消息的字节向量。应用程序负责请求和响应消息的序列化。

（3）独立数据元素

每个请求和响应消息参数都有自己的接口。这是最高级别的抽象，即请求和响应消息结构的任何变化都不会对应用编程接口产生影响。此外，同一诊断消息的参数可以在不同的过程中。

6. 诊断对话

如上所述，由于数据挖掘需要并行处理，因此它支持诊断对话，以反映诊断客户端和诊断服务器之间的不同对话。诊断服务器由相应的用户数据服务请求的目标地址标识，并在运行时在自适应平台中动态分配。

7. 事件记忆子集群

事件内存子集群负责诊断故障码（DTC）管理（与经典平台的 DEM 一样）。

活跃的 DTC 代表车辆中肯定检测到问题（通常对生产或车间很重要）。DM 管理 DTC 及其配置的 SnapshotRecords（关于 DTC 发生时间的一组配置的环境数据）和/或 ExtendedDataRecords（属于 DTC 的统计数据，如重复发生的次数）的存储。

检测逻辑称为诊断监视器。这样的监视器正在向 DM 中的诊断事件报告其最近的测试结果。用户数据系统故障诊断码状态来自一个或多个诊断事件。

故障诊断码可分配给主存储器（可通过 19 02/04/06 访问）或可配置用户存储器（可通过 0x19 17/18/19 访问）。

诊断管理支持计数器和时基去抖。此外，数据管理提供关于内部转换的通知：感兴趣的各方被告知故障诊断码状态字节的变化，需要监控诊断事件的重新初始化，以及快照或扩展数据记录是否发生变化。

如果 DTC 在配置的操作周期数内未处于活动状态，则 DTC 可能会从 DTC 内存中消失。

DM 支持对启用条件的通用处理。启用条件可用于在特殊条件下控制 DTC 的更新，例如在欠电压条件下禁用所有与网络相关的 DTC。

2.3.5 持久化

1. 概述

持久化（Persistency）为自适应平台的应用程序和其他功能集群提供了在自适应机器的非易失性存储器中存储信息的机制。数据在启动和运行周期内可用。Persistency 提供了访问非易失性存储器的标准接口。

Persistency 应用程序接口将存储位置标识符作为应用程序的参数，以寻址不同的存储位置。可用的存储位置分为键值存储（Key-Value Storage）和文件存储

（File Storage）两类。

每个应用程序都可以使用多种存储类型的组合。

持久数据始终是一个应用程序的一个进程私有的。没有可用的机制可以使用 Persistency 在不同进程之间共享数据。做出此决定是为了防止在通信管理提供的功能之下出现第二条通信路径。

Persistency 准备好处理来自同一应用程序的多个线程的并发访问，这些线程在同一进程中运行。要创建对键值存储或文件存储的共享访问，可以将 OpenKeyValueStorage 和 OpenFileStorage 返回的 SharedHandle 传递（即复制）到另一个线程，也可以在独立的线程中分别调用 OpenKeyValueStorage 和 OpenFileStorage，用于相同的键值存储或文件存储。

Persistency 能够保证存储数据的完整性，它使用冗余信息来检测数据损坏。冗余信息包括循环冗余码、哈希值和"N 中选 M"模式。这些机制可以一起使用，也可以单独使用。

Persistency 也提供了安全的存储。这基本上是使用冗余来实现的，但是还有一个额外的特性，即让应用程序知道存储的数据是否有任何问题，即使有问题也可以使用冗余数据来恢复。Persistency 还为应用程序提供了已用资源数量的统计信息。此外 Persistency 还为存储的数据提供加密，以确保敏感数据在存储到物理设备之前会被加密。

2. 键值存储

键值存储提供了一种在一个存储位置存储和检索多个键值对的机制。键值存储直接支持以下三种数据类型：

1）在 SWS_AdaptivePlatformTypes 中定义的数据类型。

2）应用程序中复杂类型流产生的简单字节数组。

3）所有实现数据类型都通过"持久化关键值数据库接口"通过"数据类型化"引用，或者在应用程序设计中专门作为该接口的数据元素

对于每个键值数据库，键必须是唯一的，并且由应用程序使用持久性提供的方法来定义。

AUTOSAR AP 标准计划为应用程序设计中定义的 AUTOSAR 数据类型添加基于应用程序/平台特定序列化代码的序列化/存储支持。

3. 文件存储

并非所有与持久存储相关的数据都是以键值数据库是合适的存储机制的方式构建的。因此，针对这类数据，Persistency 引入了文件存储机制。文件存储端口允许应用程序访问存储位置，并在其中创建一个或多个访问器，这些访问器同样由字符串格式的唯一键来标识。

为了更好地理解这种机制，与文件系统进行比较会有所帮助：文件存储端口

可以理解为允许应用程序在其中创建多个文件（访问器）的文件系统目录。

4. 为 UCM 处理 Persistency 数据的用例

在 UCM 过程中，通过持久性来处理 UCM 用例的持久性数据/持久性文件完全取决于 Persistency 配置。

总体来说，在汽车 ECU 或自适应机器的生命周期中，UCM 支持三种主要的用例来处理自适应应用。

1）向自适应机器安装新的应用软件。

2）向自适应机器更新现有应用软件。

3）从自适应机器卸载现有应用软件。

在前两个场景中，持久性由 UCM 通过 EM 触发，以部署/更新应用程序的持久性数据。在第三种情况下，UCM 可能会使用 URIs 从持久性配置中删除剩余的持久性数据。

Persistency 应支持下述场景：

1）Persistency 应该能够将持久性数据部署到自适应应用程序安装期间由应用程序设计者定义的键值数据库或文件存储中。

2）Persistency 应该能够将持久性数据部署到由集成者更改的键值数据库或文件存储中。

3）Persistency 应该能够将持久性数据部署到集成者定义的键值数据库或文件存储中。

4）安装新版本的应用程序时，Persistency 应能够根据键值数据库或文件存储配置的更新策略，覆盖或保留键值数据库或文件存储的持久性数据。

一般来说，Persistency 层是在应用程序设计和部署期间配置的。Persistency 应该能够使用部署阶段配置来覆盖应用程序设计配置。如果缺少部署阶段配置，则应用程序设计中的配置将被考虑用于持久数据的部署。

2.3.6 时间同步

1. 概述

当需要跨分布式系统关联不同事件时，不同应用程序和/或 ECU 之间的时间同步（Time Synchronization，TS）至关重要，以便能够及时跟踪此类事件或在准确的时间点触发它们。为此，应用程序提供了时间同步 API，因此它可以检索与其他实体/ECU 同步的时间信息。然后通过预构建配置存在于系统中的不同"时基资源"（以下称为 TBR）提供时间同步功能。对于自适应平台，考虑了以下三种不同的技术来满足所有必要的时间同步要求：

1）经典平台的 StbM。

2）库 chrono -std::chrono（C++ 11）或 boost::chrono。

3）时间 POSIX 接口。

2. 设计架构

在分析了这些模块的接口和它们涵盖的时间同步特性之后，时间同步模块设计一个时间同步应用编程接口，该接口提供了一个围绕经典平台的 StbM 模块的功能，但是具有类似 std::chrono 的作用。

时间同步模块考虑以下功能方面：

1）启动行为。

2）构造器行为（初始化）。

3）正常操作。

4）错误处理。

未来版本中将考虑以下功能方面：

1）关闭行为。

2）错误分类。

3）版本检查。

应用程序将可以访问每个时基资源（TBR）的不同类来实现。

通过这个句柄，应用程序将能够查询所提供的时基类型（它应该是上面给出的五种类型之一），然后获得该类型时基的专用类实现。通过这个句柄，应用程序还可以直接创建一个计时器。终端服务模块本身不提供将终端服务与其他节点和/或 ECU 上的时基同步的方法，如网络时间协议或时间协议。

TBR 可以由专用的循环函数来实现，其从时间同步以太网等模块检索时间信息以同步 TBR，为应用程序提供和管理的时间信息。因此，TBR 充当时基代理，提供对同步时基的访问。通过这样做，终端服务模块从"真实的"时基提供者中抽象出来。

2.3.7 网络管理

1. 概述

网络管理（Network Management，NM）基于分散的网络管理策略，这意味着每个网络节点仅根据通信系统内接收和发送的 NM 消息独立执行活动。

NM 算法基于周期性的 NM 消息，由集群中的所有节点通过多播消息接收。接收到网络管理消息表明发送节点希望网络管理集群保持唤醒状态。如果任何节点准备进入睡眠模式，它将停止发送 NM 消息，但只要收到来自其他节点的 NM 消息，它就会推迟向睡眠模式的转换。最后，如果由于不再接收到 NM 消息而导致专用计时器超时，则每个节点执行到睡眠模式的转换。如果网络管理集群中的任何节点需要总线通信，则它可以通过开始传输网络管理消息来保持网络管理集群唤醒。

2. 架构

自适应平台规范描述了 AUTOSAR 自适应平台的功能、应用编程接口设计和网络管理配置，与所使用的底层通信介质无关。目前只考虑以太网，但架构保持总线独立。NM 旨在通过状态管理进行控制，因为部分网络的控制需要通过 SM 控制的 NM 的功能组状态与相关应用的设置进行协调，如图 2-7 所示。本节内容尚未反映网络管理是如何设计的。

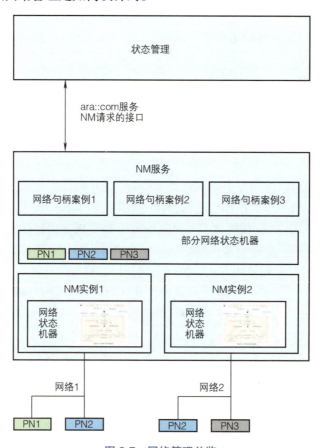

图 2-7　网络管理总览

其主要目的是在内部协调的状态机中协调底层网络（部分网络、虚拟局域网或物理信道）的正常操作和总线睡眠模式之间的转换。它为状态管理提供了一个服务接口，用于请求和释放网络以及查询它们的实际状态。它协调不同实例（网络句柄）的请求，并通过网络提供聚合的机器请求。

如果使用了部分网络功能，则网络模块消息可能包含部分网络（PN）请求，使 ECU 有可能忽略不请求任何与 ECU 相关的 PN 的网络模块消息。这使得关闭 ECU（或其一部分）成为可能，尽管其他部分网络仍在进行通信。

2.3.8 更新和配置管理

1. 概述

AUTOSAR 自适应平台宣布的目标之一是能够通过 OTA 灵活更新软件及其配置。为了支持自适应平台上软件的更改，更新和配置管理（Update and Config Management，UCM）提供了一个处理软件更新请求的自适应平台服务。

UCM 负责更新、安装、删除和保存自适应平台上的软件记录。它的作用类似于 Linux 中已知的包管理系统（如 dpkg 或 YUM），具有附加功能以确保以安全可靠的方式更新或修改自适应平台上的软件。UCM Master 提供标准的自适应平台解决方案，以通过无线方式或通过诊断测试仪更新车辆软件。它在多个 UCM 之间协调和分发车辆内的包裹。因此，UCM Master 可以被认为是一个 AUTOSAR 标准的 UCM Client。

UCM 和 UCM Master 服务旨在支持对车辆诊断的软件配置管理，并支持在安全、可靠和资源高效的更新过程中执行自适应平台的更改。为了满足支持来自多个客户端的更新和支持快速下载的要求，UCM 需要能够将软件包（UCM 输入）与其处理分开传输。

数据传输通过 ara::com 完成。这可以将数据传输到 UCM 或 UCM Master，而无需在从后端或诊断测试仪传输数据的过程中缓冲数据。UCM 可以将包存储到本地存储库中，可以按照 UCM 客户端或 UCM Master 请求的顺序处理包。传输阶段可以与处理阶段分离，UCM 支持无限制地从多个客户端接收数据。UCM Master 依赖于与 UCM 相同的传输 API，但可通过其自己的专用服务接口访问。它允许与 UCM 相同的功能，例如暂停或恢复并行传输。

作为 UCM 输入的安装单位是软件包。例如，该软件包包括（自适应）应用程序的一个或多个可执行文件、操作系统或固件更新，或部署在自适应平台上的更新配置和校准数据。这构成了软件包中的可更新新包部分，并包含要在自适应平台中添加或更改的实际数据。除了应用程序和配置数据之外，每个软件包都包含一个软件包清单，该清单提供了元数据，如软件包名称、版本、依赖关系以及可能的一些供应商的特定信息，用于处理软件包。

在 AUTOSAR AP 的规范中，软件包的格式没有指定，这使得能够使用不同类型的解决方案来实现 UCM。软件包由要在软件和元数据中执行的更新组成，该内容由 UCM 供应商工具打包，以生成一个软件包，该软件包将由目标 UCM 处理，如图 2-8 所示。

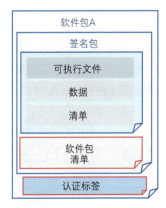

图 2-8 软件包总览

UCM 根据提供的元数据处理供应商特定的软件包。用户可以在下面找到软件包清单中必须包含的字段的描述，以供参考。

一般信息包括：

1）包名：完全限定的简称。

2）版本：软件集群模型的版本，必须遵循 https://semver.org 语义版本规范，除了版本号对于调试/跟踪目的是强制性的。使用的基本名称是 StrongRevisionLabelString。

3）增量包可应用版本：可应用此增量包的软件集群。

4）版本最低和最高支持的 UCM 版本：确保 UCM 能够正确解析软件包。

5）依赖性：清单规范文档包含一个必须遵循的模型，描述软件集群在更新或安装后的依赖性。

如果有足够内存的大小则允许检查：

1）解压缩软件集群大小：目标平台中软件集群的大小。

2）压缩软件集群大小：软件包的大小。

3）保存日志和跟踪（Log and Trace）的目的。

4）供应商：供应商 id。

5）供应商认证标签包装商：供应商 id。

6）包装商认证标签：用于包装一致性检查和安全目的（用于 UCM 检查软件包是否可信）。

7）类型批准：可选，认证信息。例如，可以是联合国欧洲经济委员会第 29 号工作文件中的 RXSWIN 版本。

8）注释：对该版本变更的描述。

9）许可：例如 MIT、GPL、BSD 等。

10）要将包装分发到车内正确的 UCM。

11）诊断地址：来自软件集群模型，用于诊断来自测试人员（例如通过 UDS）的情况。

12）操作类型：可以是更新、安装或删除。

为了让整车厂 OEM 后端了解来自多个包装供应商的包装内容，建议采用如图 2-9 所示的后端包装格式。

软件包格式是特定于供应商的。然而，由于后端包是独立于供应商的，所以软件包清单（图 2-9 中红色部分）必须使用 ARXML 文件格式。

车辆包通常由整车制造商后端组装。它包

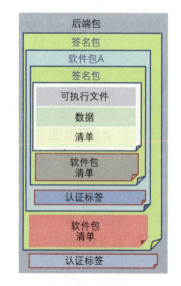

图 2-9 后端包装格式总览

含从存储在后端数据库中的后端包中提取的软件包清单的集合。它还包含一个 Vehicle Package Manifest，其中包括 UCMMaster 在车辆内分发更新包所需的其他字段，如图 2-10 所示。

用户可以在下面找到车辆包装清单中必须包含的字段的描述，以供参考：

1）存储库：uri、存储库或诊断地址，用于历史、跟踪和安全目的。

2）车辆描述，用于更新的更新流程：

① UCM 标识符：车辆架构内的唯一标识符，允许 UCM 主机识别车辆中的统一通信模块。

② 描述传输、处理和激活顺序的软件包关联。

③ 车辆驾驶人通知：与车辆驾驶人互动，征求其同意或在车辆更新的几个步骤中通知其更新期间要采取的可选安全措施。

图 2-10 车辆包总览

汽车修理厂可以使用车辆包来修复下载更新时出现问题的汽车。因此，与后端包一样，车辆包清单应该是 ARXML 文件格式，以实现互操作性目的的。

为了创建后端包，集成商必须使用与目标 UCM 兼容的打包程序。该软件包可以由自适应平台堆栈供应商提供，包括目标 UCM。在集成器组装可执行文件、清单、Persistency 等后，会使用打包程序使用 UCM 供应商特定的格式创建软件包。这个相同的软件包随后与 ARXML 软件包清单一起嵌入后端包中。软件包可以由打包者或集成者签名，并且验证标签包含在软件包清单中。由于后端软件包可能会通过互联网在集成商和原始设备制造商后端之间传输，因此软件包和软件包清单都应该与其身份验证标签一起签名到一个容器中，以避免任何软件包清单修改，如图 2-11 所示。

然后，由集成器组装的后端包可以放入后端数据库或存储库中。当车辆需要更新或新安装时，后端服务器将从后端软件包数据库中查询软件包，并将相关软件包清单合并到车辆软件包中。在这个包中，后端服务器嵌入了一个基于特定车辆电子架构选择的更新流程，例如从车辆识别号中扣除，如图 2-12 所示。

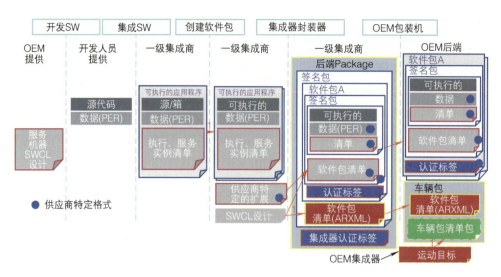

图 2-11 打包过程

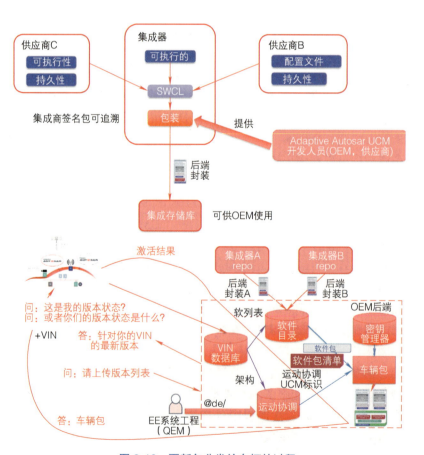

图 2-12 更新包分发给车辆的过程

2. UCM 处理和激活软件包

安装、更新和卸载操作通过 ProcessSwPackage 接口执行，UCM 从元数据中解析需要执行的操作，如图 2-13 所示。UCM 序列被设计为支持例如 A/B 更新场景或"就地"场景，其中如果需要，包管理器提供回滚到先前版本的可能性。

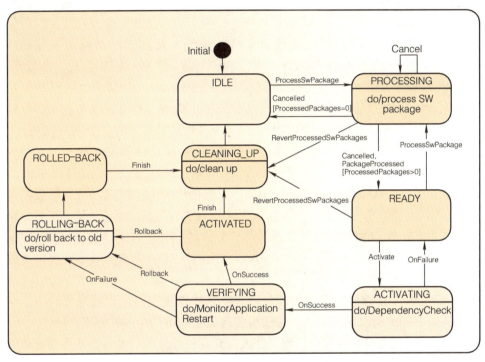

图 2-13　软件包的处理和激活流程图

为了使实现更加简单和稳健，一次只有一个客户端可以请求使用 ProcessSwPackage 方法处理软件包，将 UCM 状态切换到 PROCESSING。多个客户端可以请求按顺序处理传输的包。在 A/B 分区更新场景下，多个客户端可以处理正在更新的非活动 B 分区；在软件集群交叉依赖的情况下，每个客户端必须按顺序更新到"B 分区"；一旦处理完成，UCM 状态切换到准备激活或另一个处理。

无论请求的客户端如何，都使用 Active 方法激活所有已处理的包的更改。UCM Master 会协调这一多客户场景。UCM 可能不知道是否所有目标软件包都已处理，但它将执行依赖性检查，以查看系统是否符合"B 分区"中已安装软件的要求。如果不满足依赖性，则 UCM 应拒绝激活并切换回就绪状态。

当更新被激活时，UCM 通过 ara::com 在 SM 上打开一个 UpdateSession。对

于每个受影响的软件集群中的每个功能组，调用 PrepareUpdate 方法。它执行功能组特定的准备步骤。成功后，状态变为"VERIFYING"。UCM 然后请求机器重置或功能组重启，这是取决于通过 SM 接口的更新类型。例如，如果更新包括操作系统或功能集群更新，UCM 可能想要重置机器。然而，如果更新仅仅是关于一个低危急程度的功能，则仅重启功能组就足够了。在此阶段，UCM 请求 SM 验证目标功能组是否正常运行。一旦这些重启成功完成，UCM 就会切换到 ACTIVATED 状态。

当更新被激活时，其他处理请求将被拒绝，直到激活被结束。在此阶段，UCM 客户端或 UCMMaster 可以调用"Finish"来确认更改，或者调用"Rollback"来忽略更改并返回到软件的先前版本。例如，如果更新是由 UCMMaster 协调的全局更新活动的一部分，在此期间，另一个 ECU 的更新已经失败。调用"Finish"后，UCM 清理所有不需要的资源并返回"IDLE"状态。

在调用 Rollback 的情况下，UCM 切换到 ROLLING-BACK 状态，通过为每个受影响的 Software Cluster 中的每个 Function Group 调用 PrepareRollback 方法来重新激活旧版本的软件集群。例如，在这种状态下，在 A/B 分区场景的情况下，UCM 将准备"A 分区"以在下次重新启动时重新激活 / 执行。然后，当通过调用 SM 接口重新启动并重新激活"A 分区"时，UCM 切换到 ROLLED-BACK 状态。在这两种情况下，回滚和成功激活，UCM 都必须在 SM 完成更新会话。

UCM 设计支持边传输边处理，以避免将软件包存储在自适应平台中，从而降低成本和更新时间。例如，在仅包含自适应应用程序的软件集群的情况下，UCM 可以解压缩接收到的块，将文件放置到其目标位置，最后验证并检查软件包的完整性。

3. UCM Master 更新活动协调

由于 UCM 主控协调车辆内的几个元素，其状态机可从 CampaignState 或 TransferState 字段访问，从而降低了 UCM Maste 的应用编程接口复杂性，如图 2-14 所示。UCM Master 使用来自 ara::com 的服务发现，不断发现车辆中的 UCM 服务实例。

UCM Master 的状态机并不完全匹配 UCM 状态机，因为必须考虑特定的车辆方面。例如，车辆包传输、车辆和后端中可用软件的同步或更新后的车辆完整性检查，都是特定于 UCM Master 的。

车辆更新涉及 OEM 的特殊性，因此 OEM 的特定方面通过设计被推入自适应应用程序端。为了使这些应用程序与多个供应商平台具有互操作性和可交换性，UCM 主接口被标准化为平台服务，就像 UCM 一样。如下所述，UCM Master 假设有三个应用程序与其自身交互。

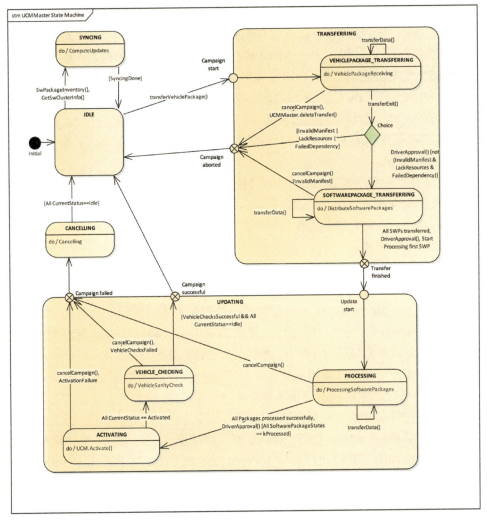

图 2-14　UCM 主机的状态机

1）OTA 客户端设置后端和 UCM Master 之间的通信通道。未指定后端和 OTA 客户端之间的通信协议。OTA 客户端可以包括一个定期触发数据库同步的调度程序（由后端或 UCM Master 管理），包含后端的可用软件和车辆中的现有软件。可更新的、可安装的或可移动的软件是通过后端或 UCM 主机中这两者之间的差异来计算的。如果一个 UCM Master 出现故障，则可以由车辆中的另一个代替。OTA 客户端应该包括选择与哪个 UCM Master 互动的决策机制。

2）在更新过程中，可能需要与车辆驾驶人互动，以便：

① 获得下载许可（影响数据传输成本）、处理或激活软件（安全措施确认）。

② 将车辆置于特定状态（为了保证关键更新期间的安全性，可能会要求其

停止车辆并关闭发动机)。

3)车辆状态管理器正在从所有车辆 ECU 收集状态，并向 UCM Master 提供一个可订阅的字段，以及一个针对车辆包中提及的安全策略的判断。如果不符合安全策略，则 UCM Master 可以决定推迟、暂停或取消更新。

4)Flashing Adapter 是一个自适应应用程序，它与 UCM 从属 UCM Master 具有相同的接口，但包括与通过诊断进行闪烁相关的 OEM 特定序列。它使用诊断协议数据单元应用程序编程接口(遵循 ISO 22900 的 D-PDU API)的实现与经典 ECU 进行通信。

UCM 提供的服务接口公开了检索自适应平台软件信息的功能，例如已处理但未提交的软件和最后提交的软件传输包的名称和版本。由于 UCM 更新过程具有明确的状态，因此 UCM 提供了每个软件包的处理状态信息。

4. 软件信息报告

UCM 主机还提供服务接口来公开软件信息，但在车辆级别，从几个 UCM 收集信息。该信息通过例如在线旅行社客户端与后端交换，以解决什么软件可以在车辆中更新。此外，UCM 主机提供了一种方法来访问其行动的历史，如激活时间和处理后的包的结果。后端可以使用该历史来收集车队的更新活动统计数据，或者使用诊断测试器对车库中的问题进行故障排除。

5. 软件更新一致性和身份验证

UCM 和 UCM 主机应使用覆盖整个包裹的认证标签来认证各自的包裹。自适应平台应提供必要的校验和算法、加密签名或其他供应商或 OEM 特定的机制来验证包，否则，UCM 或 UCM Master 将返回错误。实际上，一个包应该由来自同一个供应商的工具打包作为开发目标 UCM 或 UCM Master，以便具有身份验证算法兼容性。

由于身份验证算法使用哈希算法，因此在对包进行身份验证时也会检查一致性。可以在 TransferData、TransferExit 和 ProcessSwPackages 调用中检查包身份验证和一致性，以涵盖许多可能的用例和场景，但应在 UCM 或 UCM Master 处理任何包之前执行，以获得最大的安全性。

6. 保护更新过程

UCM 和 UCM Master 通过 ara::com 提供服务。在 UCM 和 UCM 主机更新协议中都没有客户端的身份验证步骤。相反，这取决于身份和访问管理，以确保通过 ara::com 请求服务的客户端是合法的。

7. 更新过程中的状态管理

UCM 正在使用来自状态管理的 UpdateRequest 服务接口来请求更新会话，该更新会话可能由于状态冲突或安全考虑而被拒绝。它还可以使用 PrepareUpdate 方法准备 FunctionGroup 以进行激活，并使用 VerifyUpdate 方法验证更新、安装或删除。如果验证失败，则 UCM 可以请求使用回滚方法更改 FunctionGroup 状态。如果需要，UCM 也可以向 SM 请求重置机器，否则在激活后需要重新解析清单以保持平台的配置一致。

2.3.9 身份和访问管理

1. 概述

身份和访问管理（Identity and Access Management，IAM）的概念是由日益增长的安全性需求驱动的，因为 AUTOSAR 自适应平台需要与其应用程序建立稳健且定义明确的信任关系。IAM 为自适应应用程序引入了权限分离，并在受到攻击时防止权限升级。此外，IAM 使集成商能够在部署期间提前验证对自适应应用程序请求的资源的访问。身份和访问管理为来自服务接口上的自适应应用程序、自适应平台基础的功能集群和相关建模资源的请求提供了访问控制框架。

为了理解框架是如何工作的，必须事先定义几个重要的概念。作为参考，另请参见 RFC3198 中的"基于策略的管理术语"（Terminology for Policy-Based Management）。

1）访问控制决策（Access Control Decision）：访问控制决策是一个布尔值，指示请求的操作是否被允许。它基于调用者的身份和访问控制策略。

2）访问控制策略（Access Control Policy）：访问控制策略用于定义访问特定对象（如服务接口）必须满足的约束。

3）策略决策点（Policy Decision Point，PDP）：由策略决策点做出访问控制决策。它通过检查访问控制策略来确定是否允许自适应应用程序执行请求的任务。

4）策略执行点（Policy Enforcement Point，PEP）：策略执行点通过向 PDP 请求访问控制决策，在自适应应用程序请求期间中断控制流，并执行该决策。

5）意图（Intent）：意图是自适应应用程序标识的属性。只有当发出请求的自动资源拥有该特定资源必需的所有已确认意向时，才能授予对自动资源（如服务接口）的访问权限。意向被分配给应用程序清单中的应用程序。

6）授权（Grant）：在自适应应用程序的部署过程中，应确认设计阶段请求的每个意图。元模型中提供了授权元素。资助将支持集成商审查意向，但不允许部分接受意向。

7）中间标识符（Intermediate Identifier，IntID）：一种标识符，能够识别正在运行的 POSIX 进程，并映射到已建模的 AUTOSAR 进程。IntID 的具体性质取决于用于验证正在运行的 POSIX 进程的机制。

8）自适应应用程序标识（Adaptive Application Identity，AAID）：自适应应用程序的模型标识由 AUTOSAR 流程表示。

9）自适应应用标识符（Adaptive Application Identifier）：AAID 的参考，即 AUTOSAR 进程，正好指向一个 AAID。

2. IAM 框架的范围和重点

IAM 框架为 AUTOSAR 自适应平台堆栈和自适应应用程序的开发人员提供了一种机制，用于对每个应用程序的意图进行建模，根据访问请求提供访问控制决策，并实施访问控制。IAM 专注于提供限制从自适应应用程序访问自适应平台基础、服务接口和与功能集群相关的明确资源（例如 KeySlots）的接口的方法。IAM 不包括对 CPU 或 RAM 等系统资源强制执行配额。

在运行时，IAM 的过程对自适应应用程序是透明的，除非请求被拒绝并发出通知。

该框架旨在程序运行时强制执行对 AUTOSAR 资源的访问控制。假设自适应应用程序将在启动期间进行身份验证，并且现有受保护的运行时环境可确保自适应应用程序被正确隔离并防止其权限升级（即绕过访问控制）。

3. IAM 框架的架构

IAM 体系结构在逻辑上将授权实体分为决定自适应应用程序是否被允许访问资源的实体和实施访问控制决定的实体。需要限制对其应用程序接口的访问的功能集群需要实现 PEP，该 PEP 实施由 PDP 提供的访问控制决策。为此，如果自适应应用程序请求访问这样的接口，PEP 将与 PDP 通信。基于请求和应用程序的意图，访问控制决策被发送回 PEP。访问控制决策所需的信息基于启动请求的自适应应用程序的应用程序清单中的意图以及策略。策略表示应用于接口的规则，即自适应应用程序为了收集访问必须完成的准备工作。对于每个受访问控制的资源，在功能集群的规范中定义策略。

在继续介绍之前，需要了解一些预备知识和假设：

1）应用程序被设计/配置为具有意图（允许它们访问某些资源的属性）。

2）每个意图都将在部署过程中得到确认。

3）部署的应用程序将被加密签名，以使真实性验证成为可能。

4）应用程序与包含意图的应用程序清单一起部署。

5）受 IAM 约束的自适应应用程序必须按顺序真实启动，并且其清单必须在部署期间经过身份验证。PEP 解释请求，并要求 PDP 做出政策决定（可以在同一进程中实施）。

为了向 PDP 请求策略决策，PEP 必须确定调用自适应应用程序的身份。由于每个调用都是通过进程间通信来传递的，中间件应该支持这种标识。身份本身是对模型化 AA 的引用。

意图绑定到端口原型，因此绑定到软件组件类型（参见清单规范）。

IAM 框架没有完全指定 AA 的标识。最合适的解决方案很大程度上取决于堆栈供应商选择的操作系统和平台。许多现代操作系统确实支持识别通信端点上的对等点，参见 Linux 中的 SO_PEERCRED、QNX 中的 getpeerid() 或消息传递。在不提供此类机制的平台上，在消息级别实现协议可能是合适的。

由于执行管理通过模拟的 AUTOSAR 进程创建自适应应用程序的运行实例，因此它负责跟踪运行进程的属性（即运行自适应应用程序的 PID），或者负责分配属性，如为消息级实现设置专用 UID 或分配密钥或 uuid。执行管理应使 PEP 能够为向 PEP 提出的每个有效请求找到模型化的自适应应用程序。

PEP 应在自适应基础上实施，并应与调用自适应应用程序适当隔离。PDP 不应由自适应应用程序提供，自适应应用程序本身受请求操作的访问控制。

如图 2-15 所示，IAM 的顺序如下：
1）自适应应用程序启动对资源的请求（例如服务接口）。
2）PEP 中断控制流。
3）PEP 通过 EM 解析请求进程的身份。
4）PEP 将调用者的身份和请求参数传递给 PDP。
5）PDP 检查访问控制意图是否足够，并将访问控制决策返回给 PEP。
6）PEP 通过阻止或允许请求来实施访问控制决策。

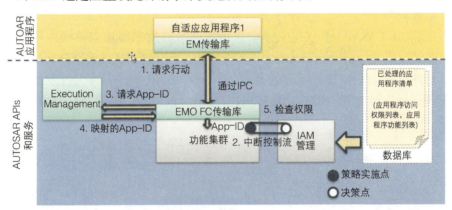

图 2-15　IAM 顺序

传输库与 EM 用于识别 AA 的机制保持一致。给出使用 POSIX-Process-IDs 的示例 EM 跟踪在调用 fork() 期间从操作系统检索到的 PID。EM 通过受保护的功能集群接口向 PEP 提供此信息。使用 UID 时，EM 应主动设置新 POSIX 进程的 UID。

2.3.10　加密模块

AUTOSAR 自适应平台支持用于常见加密操作和安全密钥管理的应用编程接口（Cryptography）。该应用编程接口支持在运行时动态生成密钥和加密作业，以及对数据流进行操作。为了降低存储要求，密钥可以存储在加密后端的内部，也可以存储在外部并按需导入。

该应用编程接口旨在支持将安全敏感的操作和决策封装在一个单独的组件中，例如硬件安全模块（HSM）。通过将密钥限制在特定的用途（例如，仅解密），或者根据 IAM 的报告将密钥的可用性限制在单个应用程序中，可以提供对密钥和密钥使用的额外保护。根据应用程序的支持，在处理加密协议（如 TLS 和 SecOC）时，该应用编程接口还可用于保护会话密钥和中间机密。

加密功能集群为应用程序和其他自适应 AUTOSAR 功能集群提供了一个标准化的接口，为加密和相关计算提供操作。这些操作包括加密操作、密钥管理和证书处理。

加密功能集群处理所有有关操作的实际的实现，包括所有必要的配置以及请求应用程序和堆栈提供的实现之间的操作代理。标准接口由 CryptoAPI 公开。

X.509 证书管理提供程序（CMP，命名空间 ara::crypto::x509）负责 X.509 证书的解析、验证、可信存储和不同属性的本地搜索。此外，CMP 还负责证书撤销列表和增量证书撤销列表的存储、管理和处理。CMP 支持在线证书状态协议（OCSP）的请求准备和响应解析。

1. 密码学

虽然 AUTOSAR AP 仅定义了向应用程序公开的高级加密堆栈应用编程接口，但该应用编程接口的定义考虑了安全架构，旨在满足上述安全和功能要求。

总体架构如图 2-16 所示。在最高层，AUTOSAR 应用程序，以及本地和混合应用程序，链接到 AUTOSAR 应用程序加密堆栈应用程序接口。应用编程接

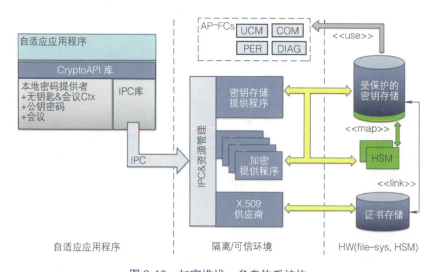

图 2-16　加密堆栈 – 参考体系结构

口实现可以指中央单元（加密服务管理器）来实现平台级任务，例如跨应用程序的一致访问控制和证书存储。该实现还可以使用加密服务管理器来协调将功能卸载到加密驱动程序，例如硬件安全模块（HSM）。事实上，卸载加密堆栈应用编程接口的功能这种方式预计将是一种典型的实现策略：加密驱动程序可能会实现全套的密钥管理和加密功能，以加速加密操作并保护受管密钥免受恶意应用程序的攻击。

为了实现这种分层的安全体系结构，加密堆栈应用编程接口不仅执行加密和解密等典型的加密操作，还为以下内容提供本机支持：

1）使用加密的密钥或密钥句柄进行操作。
2）安全地管理密钥，尽管可能会危及应用程序。
3）限制应用程序对密钥的访问并允许对密钥进行操作。

2. 密钥管理架构

为了在潜在的应用程序受损的情况下支持密钥的安全远程管理，Crypto Stack 集成了一个密钥管理架构，其中密钥和相关数据以端到端保护的形式进行管理。可以基于现有配置密钥以受信任的方式将密钥引入系统，也可以通过本地密钥生成以不受信任的方式将密钥引入系统，如图 2-17 所示。假设一个适当安全的加密后端/驱动程序，应用程序无法修改密钥，除非通过明确定义的授权请求，例如密钥更新或撤销。

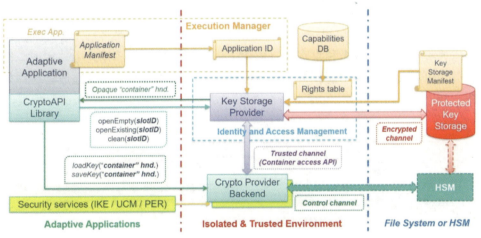

图 2-17　密钥管理架构主要管理层互动

3. API 扩展备注

需要引入新的或修改的权限/策略验证逻辑的重要新用法和交互应该与相应的新密钥用法策略标志相关联。例如，可以通过添加相应的新密钥使用策略并在涉及这些新密钥的所有密钥管理操作中实施新逻辑来引入具有不同所有权/权限检查的替代供应密钥。

2.3.11 日志和追踪

日志和跟踪功能集群负责管理和检测 AUTOSAR 自适应平台的日志功能。平台可以在开发过程中以及生产过程中和生产后使用日志记录和跟踪功能。这两个用例不同，日志和跟踪组件允许灵活地检测和配置日志，以便覆盖全部范围。日志信息可以转发到多个接收器，具体取决于配置，例如通信总线、系统上的文件和串行控制台。所提供的日志记录信息标有严重级别，日志和跟踪组件可以被检测为仅记录某个严重级别以上的信息，这使得能够在日志记录客户端对问题进行复杂的过滤和简单的故障检测。对于每个严重性级别，提供了一个单独的方法供自适应应用程序或功能集群使用。AUTOSAR 自适应平台和日志功能集群负责维护平台的稳定性，以免系统资源过载。

日志和跟踪依赖于 AUTOSAR 联盟内部标准化的 LT 协议。该协议确保日志信息被打包成标准化的交付和呈现格式。此外，LT 协议可以向日志消息添加附加信息，例如 ECU 标识。日志客户端可以使用该信息来关联、排序或过滤接收到的日志帧。

此外，还提供了实用方法，例如将十进制值转换成十六进制数字系统或二进制数字系统。这些对于使应用程序能够向日志和跟踪提供符合 LT 协议的标准化序列化格式的数据是必要的。

名称空间 ara::log 中提供了日志和跟踪接口，供应用程序将日志转发到上述日志接收器之一。日志和跟踪接口依赖于作为日志框架一部分的后端实现。日志框架可以使用其他功能集群来实现某些功能，例如时间同步或通信管理，如图 2-18 所示。

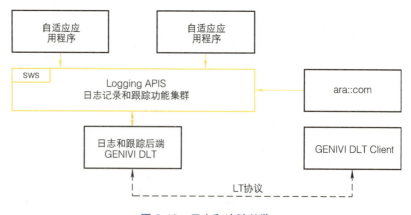

图 2-18 日志和追踪总览

2.3.12 安全管理

1. 功能安全架构

AUTOSAR 为自适应平台提供安全概述和安全要求,以支持自适应平台在安全项目中的集成。对于此版本,安全概述以解释性文档(AUTOSAR_EXP_SafetyOverview)的形式呈现,安全要求以需求文档(RS_Safety)的形式呈现。

这些文件将帮助功能安全工程师识别 AUTOSAR 自适应平台内与功能安全相关的主题。以下提供了如何将 RS_Safety 和 AUTOSAR_EXP_ 中的内容映射到 ISO 26262 的内容和结构的一般指南:

1)AUTOSAR 自适应平台假设、目标、场景和用例(AUTOSAR_EXP_Safety 概述)。

2)系统定义、系统上下文和故障考虑因素(AUTOSAR_EXP_Safety 概述)。

3)危险分析(AUTOSAR_EXP_Safety 概述)。

4)安全目标(AUTOSAR_EXP_Safety 概述)。

5)功能安全概念和功能安全要求(RS_Safety)。

6)技术安全要求(RS_Safety)。

安全概述文档(AUTOSAR_EXP_SafetyOverview)的目标是陈述顶级安全目标和假设用例或场景。解释性文档包含假设、示例性项目,例如参考模型和/或对示例性技术解决方案、设备、过程或软件的参考。本节中包含的任何此类假设或示例性项目仅用于说明目的。这些假设不是 AUTOSAR 标准的一部分。

需求规范(RS_Safety)详细阐述了用 RS_Main 编写的高级安全需求。它利用了 EXP_PlatformDesign 文档中描述的预期功能。功能安全要求源自 EXP_safety 概述中提到的安全目标和危险。AUTOSAR 功能集群和安全相关应用的技术安全要求源自功能安全要求。

以下内容计划在以后发布:

1)技术安全概念和技术安全要求。

2)安全要求的验证、安全分析和示例用例。

最后一点,使用 AUTOSAR 自适应平台并不意味着 ISO 26262 合规。使用 AUTOSAR 自适应平台安全措施和机制,仍然有可能构建不安全的系统。在最好的情况下,AUTOSAR 自适应平台的架构只能被视为内容外的安全元素(SEooC)。

2. 信息交换保护(E2E-Protection)

AUTOSAR 内的 E2E 配置文件将得到支持,以允许 AUTOSAR AP 和 CP 实例的所有组合之间的安全通信,无论它们在相同还是不同的 ECU 中。在有用的地方，将提供机制，允许在自适应平台中使用更多面向服务的方法来实现安全通信。所提供的功能提供了验证从发布者发送并由订阅者接收的信息在传输期间没有改变的可能性。根据 AUTOSAR CP 中的 E2E 机制，在 E2E 环境中不提供传输和传输安全性的确认。

当在发布者和订阅者之间的通信中使用 E2E 保护时，在发布者的过程中同步调用 E2E 保护。在用户侧，在用户进程内接收数据时调用 E2E 检查。

对于此版本，E2E 支持：

1）轮询模式下的周期性和混合周期性事件。

2）方法（有关限制，请参见接入点安全开关系统通信管理）。

E2E 保护周期性事件的原则是事件的发布者序列化事件数据并添加 E2E 报头。当接收到事件时，用户将运行 E2ECheck，它将返回一个结果，显示在传输过程中是否发生了任何可检测的故障（由 E2E 曲线定义）。检查之后，可以对消息进行反序列化。

目前尚不支持以下内容：

1）标注模式下的事件。

2）非周期性事件。

3）方法（无约束）。

可用于 E2E 保护的配置文件在 AUTOSAR 基础（AUTOSAR_PRS_E2EProtocol）中有所描述。

3. 平台健康管理

平台健康管理（Platform Health Management，PHM）监督软件的执行，它提供以下监督功能（所有监督功能都可以独立调用）：

1）实时监督。

2）期限监督。

3）逻辑监督。

4）健康通道监督。

实时监督检查受监督的实体运行得不是太频繁，也不是很少。期限监督检查受监督实体中的步骤是否在配置的最小和最大限制内的时间内执行。逻辑监督检查执行过程中的控制流是否与设计的控制流相匹配。

基于应用程序/非平台服务或功能集群通过应用编程接口报告检查点对检查点的报告，执行活动、截止日期和逻辑监督。健康通道监管提供了将外部监管结果（如内存测试、电压监控等）与平台健康管理挂钩的可能性。通过应用编程接口报告健康状态，基于健康状态报告执行健康渠道监督。

如果在受监督的实体中检测到故障，则平台运行状况管理会通知状态管理器。如果检测到执行管理或状态管理出现故障，则平台运行状况管理可以触发看门狗复位。

> 注意：此版本尚未定义对诊断管理器的依赖。

CP 和 AP 共享的功能在基础文档中有描述，并命名为"健康监控"（RS_HealthMonitoring 和 ASWS_HealthMonitoring）。仅适用于接入点的附加规范在接入点文档中有所描述，并命名为"平台运行状况管理"（RS_PlatformHealthManagement，SWS_PlatformHealthManagement）。

> 注意：架构元素 EM、SM 和 PHM 是高度安全相关的；安全执行管理和安全健康监控是自适应应用程序安全运行的基础。EM、PHM、SM 相互依赖并相互协调它们之间的活动，以确保 AUTOSAR 自适应平台内的功能安全。

4. 系统健康监测

系统健康监测（System Health Monitor，SHM）引入了与平台无关的健康监控。SHM 专注于在多个控制器和机器上跨多个平台的系统范围内的错误处理协调。

SHM 组件可以作为主实例或客户端实例进行实例化。SHM 客户端负责将平台级别的健康数据传递给主实例，而 SHM 主实例负责调试健康指标，健康指标可以在子系统级别、功能级别、域级别以及最终在车辆级别确定，如图 2-19 所示。这些健康指标可用于平台级别的恢复操作或通过服务健康参数来增强服务，类似于服务质量。

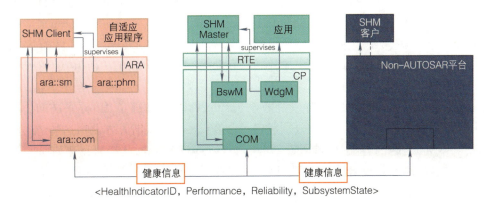

图 2-19　平台健康监测概述

2.3.13　核心类型

核心类型（Core Type）定义了多个功能集群使用的公共类和功能，作为其公共接口的一部分。定义核心类型的基本原理之一是包含接口定义中经常使用的常见复杂数据类型。

1. 错误处理

处理错误对于任何软件开发来说都是一个至关重要的话题。对于安全关键的软件来说，它甚至更重要，因为生命可以依赖它。然而，当前开发安全关键软件的标准对构建工具链施加了很大的限制，尤其是在 C++ 异常方面。对于 ASIL 应用程序，使用 C++ 异常通常是不可能的，因为 ASIL 认证的 C++ 编译器缺乏异常支持。

自适应平台引入了一个概念，可以在没有 C++ 异常的情况下进行错误处理，并定义了许多 C++ 数据类型来帮助实现这一点。从应用程序程序员的角度来看，实现这个概念的核心类型是 ara::core::ErrorCode 和 ara::core::Result。

ara::core::ErrorCode 的实例表示软件中的特定错误情况。它类似于 std::error_code，但在重要方面与它不同。

一个错误代码总是包含一个枚举值（类型擦除为整数类型）和一个对错误域的引用。枚举值描述了特定类型的错误，错误域引用定义了该错误适用的内容范围。

其他可选成员是用户定义的消息字符串和供应商定义的补充错误描述值。在自适应平台中，每个功能集群定义一个或多个错误域。例如，功能集群"核心类型"定义了两个错误域"Core"和"Future"，它们包含不同错误条件集的错误代码。

类 ara::core::Result 是包含值或错误的包装类型。由于其模板化的特性，值和错误可以是任何类型。但是，错误类型默认为 ara::core::ErrorCode，预计此分配将在整个自适应平台中保持不变。

因为错误类型有默认值，所以 ara::core::Result 的大多数声明只需要给出值的类型，例如，对于包含 int 或 ara::core::ErrorCode 的 Result 类型——ara::core::Result。

包含的值或错误可以通过成员函数 Result::Value 或 Result::Error 来访问。调用者需要确保只有当结果实例分别包含一个值或一个错误时，才调用这些访问函数。"Result"的内容类型，即值或错误，可以通过 Result::HasValue 来查询。这些成员函数都不会抛出任何异常，因此可以在不支持 C++ 异常的环境中使用。

除了上面描述的无异常工作流之外，类 ara::core::Result 还允许通过调用 ara::core::Result::valueortrow 将包含的 ara::core::ErrorCode 对象转换为 C++ 异常。此调用按原样返回任何包含的值，但通过引发相应的异常类型来处理包含的错误，该异常类型是从包含的 ara::core::ErrorCode 的内容自动派生的。

类似于 ara::core::Result 用作同步函数调用的通用返回类型，ara::core::Future 用作异步函数调用的通用返回类型。ara::core::Future 紧密仿照 std::future，但已扩展为与 ara::core::Result 互操作。

类似于 ara::core::Result，ara::core::Future 是一个包含值或错误的类。这个内容可以通过两种方式提取：

1）通过调用 ara::core::Future::get，返回包含的值（如果存在），否则抛出异常

2）通过调用 ara::core::Future::GetResult，返回一个 ara::core::Result 对象，该对象包含来自 Future 的值或错误。这两个调用都将被阻止，直到异步函数调用提供了该值或错误。

2. 高级数据类型

除了上述的错误处理数据类型之外，自适应平台还包含许多其他数据类型和帮助函数。其中一些类型已经包含在 C++11 标准中；但是，行为几乎相同的类型会在 ara::core 命名空间中重新定义，原因是 std:: types 的内存分配行为通常是不适合汽车应用的开发。因此，ara::core 定义了它们自己的内存分配行为。这种数据类型的例子有 Vector、Map 和 String。

ara::core 中定义的其他类型已经在较新的 C++ 标准中定义或提出，自适应平台将它们包括在 ara::core 命名空间中，因为它们对于支持清单的某些构造是必要的，或者因为它们被认为在应用编程接口中非常有用。这种数据类型的例子有 StringView、Span、Optional 和 Variant。

3. 原始数据类型

存在另一个文档 AUTOSAR_SWS_AdaptivePlatformTypes，它定义了可以在 ServiceInterface 描述中使用的原始类型。该文档将来可能会考虑与 Core Types 文档合并。

4. 全局初始化和关闭函数

以下函数可用于初始化和取消初始化自适应应用的 AUTOSAR 运行时的相应数据结构和线程：

1）ara::core::Initialize。

2）ara::core::Deinitialize。

ara::core::Initialize 初始化 AUTOSAR ARA 的数据结构和线程。在此调用之前，不可能与 ARA 进行任何互动。此调用必须在 main() 内部进行，即在保证静态内存初始化已经完成的地方进行。根据单个功能集群规范，调用应用程序可能必须提供额外的配置数据（例如，为日志设置应用程序标识）或进行额外的初始化调用（例如，在 ara::com 中启动查找服务），然后才能对相应的功能集群进行其他应用程序接口调用。此类调用必须在调用 Initialize() 之后进行。在静态初始化完成之前对 ARA APIs 的调用会导致未定义的行为。静态初始化完成后但在调用 Initialize() 之前进行的调用将被功能群集实现拒绝，并出现错误，或者，如果

未定义要报告的错误,则将导致未定义的行为。

　　ara::core::Deinitialize 销毁 ARA 的所有数据结构和线程。在这次调用之后,不可能与 ARA 互动。此调用必须在 main( ) 内部进行,即在保证静态初始化已完成且静态初始化数据的销毁尚未开始的地方进行。在调用 ara::core::Deinitialize( ) 之后,但在销毁静态初始化的数据之前,对 ARA APIs 的调用将被拒绝,并出现错误,或者如果没有定义错误,则将导致未定义的行为。静态初始化数据销毁后对 ARA APIs 的调用会导致未定义的行为。

Chapter 03

第 3 章
智能驾驶域控制器的安全规范

3.1 安全——智能驾驶汽车的最终目标之一

行车工作中,因技术设备不良或其他原因,在行车中造成人员伤亡、设备损害、经济损失、影响正常行车或危及行车安全的,均构成行车事故。安全关乎人命,应当是智能驾驶汽车最重要的目标之一。因此,智能驾驶汽车的安全是应当首要考虑的设计要素,并且应当将其作为控制器软硬件开发的最初设计需求。接下来将着重介绍功能安全和信息安全。

3.2 功能安全

安全在汽车研发中是关键要素之一,新的功能不仅用于辅助驾驶,也应用于车辆的动态控制和涉及安全工程领域的主动安全系统。将来,这些功能的研发和集成必将加强安全系统研发过程的需求,同时,也为满足所有预期的安全目的提供证据。

为了符合功能安全目标,功能安全概念给出了一些基本的安全机制和安全措施,以便于功能安全要求被很好地分配到系统架构的元素中去。这些主要的机制和措施如下:

1)故障检测和失效缓解措施。
2)安全状态转换。

3）故障容错机制，即故障不会直接导致违背安全目标，或者保持系统处于安全状态。

4）故障检测和为了将暴露时间减小到可接受的程度的驾驶人警示装置。

5）逻辑仲裁：不同功能触发的多任务请求应该通过逻辑仲裁来选择最合适的控制。

基于以上这些机制和措施，再根据之前的项目定义、危险分析和风险评估、安全目标的设定，以及考虑来自外部的一些预想架构、功能、操作模式及系统状态等，就可以开始考虑将功能安全要求进行适当的分配，指定 ASIL 等级，并将其合理地分配到子系统当中了。安全目标和功能安全要求的层次结构分别如图 3-1 和图 3-2 所示。

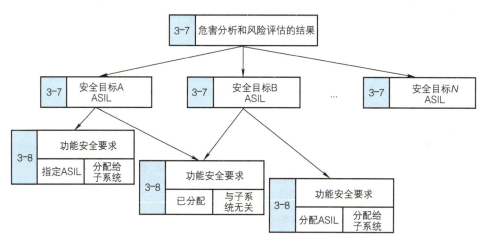

图 3-1　安全目标和功能安全要求的层次结构

随着系统复杂性的提高以及软件和机电设备的广泛应用，来自系统失效和随机硬件失效的风险也日益增加，ISO 26262（包括其导则）为避免这些风险提供了可行性的要求和流程。系统安全可以从大量的安全措施中获得，包括各种技术的应用（如机械、液压、气动、电力、电子、可编程电子元件）。尽管 ISO 26262 是相关于 E/E 系统的，但它仍然提供了基于其他技术的安全相关系统的框架：

1）提供了汽车生命周期（管理、研发、生产、运行、服务、拆解）和生命周期中必要的改装活动。

2）提供了决定风险等级的具体风险评估方法（汽车安全综合等级、ASILs）：使用 ASILs 方法来确定获得可接受的残余风险的必要安全要求；提供了确保获得足够的和可接受的安全等级的有效性和确定性措施。

功能安全受研发过程（包括具体要求、设计、执行、整合、验证、有效性和配置）、生产过程、服务流程以及管理流程的影响。

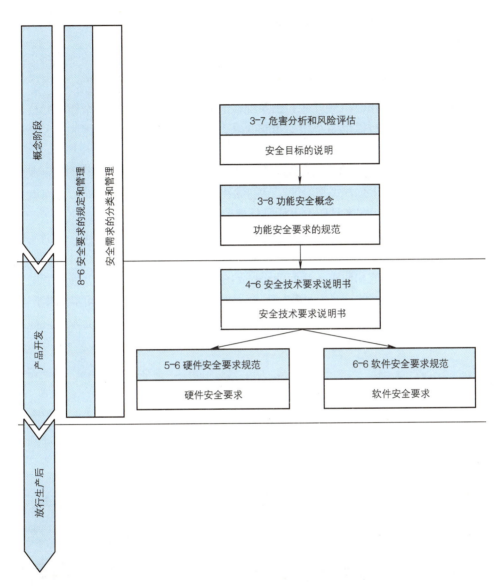

图 3-2 安全要求结构

安全事件总是与功能/质量相关的研发活动和产品伴随在一起。ISO 26262 强调了研发活动和产品的安全相关方面。

ISO 26262 主要用于安装在最大毛重不超过 3.5t 的乘用车上的一个或多个 E/E 系统的安全相关系统。ISO 26262 不适用于为残疾人设计的特殊用途车辆的 E/E 系统。系统研发早于 ISO 26262 出版日期的，也不在标准的要求之内。ISO 26262 表述了由 E/E 安全相关系统（包括这些系统的互相影响）故障导致的可能的危险行为，不包括电击、火灾、热、辐射、有毒物质、可燃物质、反应物质、腐蚀性物质、能量释放及类似的危险，除非这些危险是由于 E/E 安全相关系统故障导致的。

3.2.1 功能安全管理

ISO 26262 是 IEC 61508 对 E/E 系统在道路车辆方面的功能安全要求的具体应用。它适用于所有提供安全相关功能的电力、电子和软件元素等组成的安全相关系统在整个生命周期内的所有活动。

那么，为什么遵照 ISO 26262 就能设计出符合功能安全要求的产品呢？ISO 26262 是通过什么方式来保证产品能够符合功能安全的要求的呢？下面就来具体介绍 ISO 26262 在产品研发上的具体思路。

ISO 26262 系列标准分为 10 本，从 ISO 26262-1 ～ ISO 26262-10，分别从功能安全管理、概念、系统级研发、软硬件的研发、生产和操作等方面对产品的全生命周期进行了规范和要求，从而使得产品在各个生命周期都比较完善地考虑了其安全功能。一个好的产品，要靠一整套好的管理体系来实现，并可靠地生产出来。ISO 26262 给出了一套这样的管理方法、流程、技术手段和验证方法，称为安全管理生命周期，框架如图 3-3 所示。

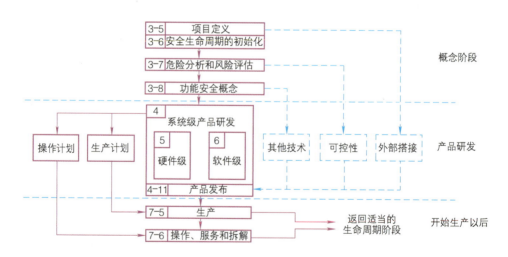

图 3-3　项目安全管理生命周期

那么各部分又有什么具体含义和措施呢？下面就来分别说明。

（1）项目定义

项目定义，是对所研发项目的一个描述，是安全生命周期的初始化任务，其包括了项目的功能、接口、环境条件、法规要求、危险等内容，也包括项目的其他相关功能，以及系统和组件决定的接口和边界条件等。

（2）安全生命周期的初始化

基于项目定义，安全生命周期要对项目进行区分，确定是新产品研发，还是既有产品更改。如果是既有产品更改，影响分析的结果可以用来进行安全生命周期的拼接。

（3）危险分析和风险评估

安全生命周期初始化之后，便要按照 ISO 26262-3 的第七条款来进行危险分析和风险评估。危险分析和风险评估的流程要考虑暴露的可能性、可控性和严重性，以便确定项目的 ASIL 等级。接下来需为每一个风险设立安全目标，并确定合适的 ASIL 等级。

（4）功能安全概念

基于安全目标，功能安全概念就要考虑具体的基本架构。功能安全概念就是对定位到每个项目元素中的功能安全要求的具体化和细化。超出边界条件的系统和其他技术可以作为功能安全概念的一部分来考虑。对其他技术的应用和外部措施的要求不在 ISO 26262 考虑的范围之内。

（5）系统级产品研发

有了具体的功能安全概念之后，接下来就是按照 ISO 26262-4 进行的系统级研发了。系统级研发的过程基于技术安全要求规范的 V 模型。左边的分支都是系统设计和测试，右边的分支是集成、验证、确认和功能安全评估。

（6）硬件级产品研发

基于系统的设计规范，硬件级的产品研发要遵循 ISO 26262-5 的要求。硬件研发流程应符合 V 模型概念左侧分支的硬件设计和硬件要求。硬件的集成和验证在右侧分支。

（7）软件级产品研发

基于系统的设计规范，软件级的产品研发应遵循 ISO 26262-6 的要求。软件研发流程应符合 V 模型概念中左侧分支的软件需求规范和软件设计架构设计的要求。软件安全需求中的软件集成和验证在右侧分支中。

（8）生产计划和操作计划

生产计划和操作计划包括相关的需求规范，系统级产品研发的开始等。ISO 26262-7 的第 5 条款和第 6 条款给出了生产和操作的具体要求。

（9）产品发布

产品发布是产品研发的最后一个子阶段，该项目也将完成，具体要求在 ISO 26262-4 的第 11 条款中。

（10）产品的操作、服务和拆解

产品的操作、服务和拆解应符合 ISO 26262-7 的第 5 条款和第 6 条款中对产品的生产、操作、服务和拆解的相关要求。

（11）可控性

在危险分析和风险评估中，要考虑驾驶人和处于危险中的其他人可以采取措施来控制危险情况的能力。如何提供对可控性的有效性证明不在 ISO 26262 的范围之内。

（12）外部措施

参考项目以外的、在项目定义中被描述的措施（参考 ISO 26262-3 的第 5 条款），用以减小项目的危险结果值。外部危险降低措施不但可以包括附加的车载设备，如动态稳定控制器防爆轮胎等，也可以包括非车载装置，如护栏、隧道消防系统等。这些外部措施在进行危险分析和风险评估的时候应该被考虑到，但如何为这些外部措施的有效性提供证明不在 ISO 26262 的范围之内，除非是 E/E 设备。

> 注意：没有明确安全例证的外部措施是不完整的。

（13）其他技术

其他技术是指那些不在 ISO 26262 范围之内的、不同于 E/E 技术的设备，如机械和液压技术。这些都要在功能安全概念的规范中加以考虑或者在制定安全要求时加以考虑。

通过以上这些具体的生命周期的各个阶段和标准中对每个阶段所必须考虑的措施、方法和具体技术的要求，将各个阶段的要求和如何满足要求的措施都进行逐一落实，这样才能设计出、制造出满足功能安全要求的安全产品。

3.2.2 系统级产品研发

有了具体的功能安全概念之后，接下来就是按照 ISO 26262-4 进行系统级研发了。系统级研发的过程基于技术安全要求规范的 V 模型。左边的分支都是系统设计和测试，右边的分支是集成、验证、确认和功能安全评估。

系统开发的必要活动如图 3-4 所示，产品开发启动和技术安全需求说明之后是系统设计。在系统设计过程中，系统体系结构建立以后，技术安全要求被分配到硬件和软件部分，如果合适的话，再分配到其他技术。从系统架构所增加产生的需求，包括硬件、软件接口（HSI），对技术安全要求进行细化，依据体系结构的复杂性，对子系统的需求依次地导出。之后，硬件和软件部分进行集成和测试，然后进行装车测试。一旦达到装车测试的水平，就执行安全确认，以提供达到安全目标的功能安全证据。系统级产品开发启动的安全活动是计划设计和集成过程中适当的方法和措施。

系统设计和基于项目技术安全需求规范的技术安全概念来源于功能安全概念。为了开发一个系统架构设计，需要满足功能性安全要求、技术安全要求和非安全相关的要求。因此，安全和非安全相关的要求都在这个过程中处理。

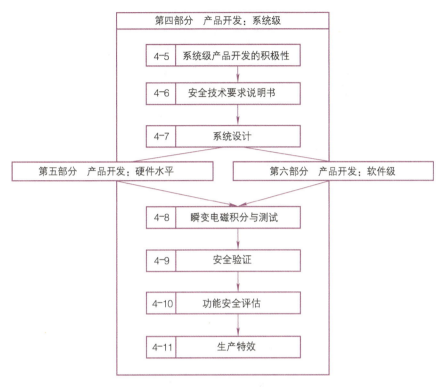

图 3-4 系统开发必要活动

1. 系统设计规范和技术安全概念

技术安全要求应分配给系统设计要素,同时系统设计应完成技术安全要求。关于技术安全要求的实现,在系统设计中应考虑如下问题:

1) 系统设计的可验证性。
2) 软件硬件的技术实现性。
3) 系统集成中的执行测试能力。

2. 系统架构设计约束

系统和子系统架构应该满足各自 ASIL 等级的技术安全需求,每个元素应实现最高的 ASIL 技术安全需求,如果一个系统包含的子系统有不同的 ASIL 等级,或者是安全相关的子系统和非安全相关的子系统,那么这些系统应该以最高的 ASIL 等级来处理。

安全相关的内部和外部接口应该被定义,避免其他因素影响安全相关的接口。

3. 系统失效的避免措施

在系统设计安全分析阶段,根据表 3-1 和 ISO 26262-9:2011 第 8 条款,找出系统故障的原因和系统故障的影响。

表 3-1 系统设计安全分析

方法		ASIL			
		A	B	C	D
1	因果分析（Deductive analysis）①	○	+	++	++
2	预测分析（Inductive analysis）②	++	++	++	++

注：++ 表示强烈推荐，+ 表示一般推荐，○表示可选。ASIL 等级越高，对这些方法的推荐度也越高。
① 包括故障树（FTA）、可靠性方框图（reliability block diagrams）、石川图（Ishiawa diagram）。
② 包括 FMEA 事件树（ETA）和马尔科夫模型（Markov modeling）。

这些分析的目的是协助设计。因此，在这个阶段，定性分析很可能是足够的，在需要时可以执行定量分析。这些分析从细节的角度来识别、确定和排除系统故障的原因和影响。从内因和外因进行系统性故障识别来消除或缓解其影响。

为了减少系统故障，应采用良好的值得信赖的汽车系统的设计原则。这些包括以下内容：

1）可重用、可靠的技术安全概念。
2）可重用、可靠的软件、硬件设计单元。
3）可重用、可靠的检测控制故障机制。
4）可重用、可靠的标准化接口。

为了确保可靠的设计原则在新的项目单元的适宜性，重用之前应进行影响分析和潜在的假设条件。影响分析包括所确定的诊断、环境的约束和可行性限制、时间限制、所确定的资源的兼容性，以及在系统设计的鲁棒性。

ASIL D 规定：可靠的设计原则不再重用应该是有一定理由的。

ASIL A、B、C、D 规定：为避免高复杂性带来的故障，架构设计应该根据表 3-2 中的原则来展现下列的属性：模块化、层次化、简单化。

表 3-2 模块化系统设计属性

	属性	ASIL			
		A	B	C	D
1	分层设计（Hierachical）	+	+	++	++
2	清晰定义的接口（Precisely defined interfaces）	+	+	+	+
3	避免不必要的复杂软硬件组件（Avoidance of unnecessary complexity of hardware components and software components）	+	+	+	+
4	避免不必要的复杂接口（Avoidance of unnecessary complexity of interfaces）	+	+	+	+
5	后期服务的可测试性（Maintainability furing service）	+	+	+	+
6	开发运行过程中的可测试性（Testability during development and operation）	+	+	++	++

4. 运行过程中随机硬件失效的控制措施

检测、控制、减轻随机硬件故障的措施在系统设计规范和技术安全概念中给出。例如，硬件诊断功能及其软件这些措施可以用来检测随机硬件故障，直接导致随机硬件故障的情况下硬件设计即使没有检测也是失败的。

ASIL（B）C、D 规定要求：对于单点故障和潜点故障的目标值（见 ISO 26262-5：2011 第 8 条款），应在项目级指定最终评估。ASIL（B）C、D 规定要求：由于随机硬件故障违反安全目标的评价应该作为替代方法之一（见 ISO 26262-5：2011 第 9 条款），目标值应在项目级别中指定为最终评估。

ASIL（B）C、D 规定要求：对于故障率和诊断覆盖率的目标值应在单元级中指定以满足下列要求：

1）ISO 26262-5：2011 第 8 条款中的目标值矩阵。

2）ISO 26262-5：2011 第 9 条款的流程。

ASIL（B）C、D 规定要求：分布式发展（见 ISO 26262-8：2011 第 5 条款），派生目标值应送交各相关方。

在 ISO 26262-5：2011 第 8 和 9 条款描述中的架构限制，不能直接适用于检测设备（COTS）零部件。这是因为供货商通常不能预见在最终产品中产品的使用和潜在的安全问题。在这种情况下，基本数据，如故障率、故障模式、每故障模式下的故障率分配、内置诊断等都是为了让零部件供应商估算在整体硬件架构层的架构限制。

5. 硬件和软件配置

技术安全要求，应直接或通过进一步细化到硬件、软件或两者兼有。如果技术安全要求被分配到定制的硬件单元包括可编程的行为充足的开发过程（诸如 ASIC、FPGA 或其他形式的数字硬件）有足够的发展，应结合 ISO 26262-5 和 ISO 26262-6 的要求来制定和实施。遵照分配的硬件单元的安全性要求可以依据 ISO 26262-8：2011 第 13 条款。

系统的设计应符合分配和分区决策，为了实现独立，避免故障的传播，系统设计时可进行功能和组件的划分。

6. 硬件和软件接口规范（HSI）

软硬件接口规范应规定的硬件和软件的交互，并与技术安全的概念保持一致，它应包括组件的硬件设备，软件和硬件资源控制共同支持软件运行。软硬件接口规范应包括下面属性：

1）硬件设备的工作模式和相关的配置参数。硬件设备的操作模式有系统默认模式、初始化、测试或高级模式等，配置参数有增益控制、带通频率或时钟分频器等。

2）确保单元之间的独立性和支持软件分区的硬件特性。

3）共享和专用硬件资源，如内存映射、寄存器、定时器、中断、I／O端口的分配。

4）硬件设备的获取机制，如串口、并口、从、主／从。

5）每个涉及技术安全概念的时序约束。

硬件和其使用的软件的相关诊断功能应在软硬件接口规范中规定：

1）硬件诊断功能应定义，如检测过电流、短路或过热。

2）在软件中实现的硬件诊断功能。

软硬件接口规范在系统设计时制定，在硬件开发和软件开发时被进一步细化。

7. 产品运行、维护和关闭要求、维护和关闭要求

诊断功能规定应保存现场运行过程中项目或单元的监测数据，以考虑到安全结果分析和安全机制运行。

为了保持安全功能，诊断功能应规定允许故障识别可以由车间员工进行服务时获得。

产品运行、维护和关闭要求应包括如下功能：

1）安装说明要求。

2）安全相关的特殊说明。

3）确保系统或元件正确识别的要求，如标签。

4）产品的核查方法和措施。

5）诊断数据和售后服务要求。

6）关闭要求。

8. 系统设计验证

系统设计应遵守和具备安全概念，使用表3-3中列出的验证方法进行验证。

表3-3　系统设计验证

方法		ASIL			
		A	B	C	D
1a	系统设计审查（System design inspection）[1]	+	++	++	++
1b	系统设计走查（System design walk-through）[1]	++	+	○	○
2a	仿真（Simulation）[2]	+	+	++	++
2b	系统原型和车辆测试（System prototyping and vehicle test）[2]	+	+	++	++
3	系统设计分析（System design analysis）[3]	见表3-1			

[1]：方法1a和1b作为完整和正确执行技术要求的检查技术。

[2]：方法2a和2b中可以作为故障注入技术。

[3]：进行安全分析，见ISO 26262-9：2011第8条款。

按照技术安全概念要求，将异常和不完整的情况汇总形成系统设计检测报告。在安全目标下，系统设计未覆盖的新识别的危险，应写入危险分析和风险评估报告，按照 ISO 26262-8：2011 第 8 条款的变更管理要求来进行。

3.2.3 硬件级产品开发

在硬件产品开发的启动阶段的目的是确定和规划在硬件开发的各个子阶段功能安全活动。规定的硬件安全活动计划包含在项目的安全计划中。

在硬件层面必要的活动和产品开发过程包括：技术安全概念的硬件实现、潜在的硬件故障及影响分析、与软件开发的协调。

与软件开发子阶段相比，这部分的 ISO 26262 包含两个条款描述项目的总体硬件结构定量评估。第 8 条款介绍了两个指标来评估该项目的硬件架构和实施安全机制的有效性来面向随机硬件故障。作为第 8 条款的补充，第 9 条款描述了两种备选方案，以评估违反安全目标行为的残余风险是否足够低，或者通过使用一个全局性的概率方法或使用割集分析，研究确定违反安全目标的每个硬件元件故障的影响。

根据 ISO 26262-2 的安全计划，详细说明应包括，确定适当的方法和措施、硬件级别的产品开发活动，与 ISO 26262-6 中策划的活动一致。

项目硬件的开发过程包括方法和工具，应与整个硬件开发的各个子阶段相一致，并与系统和软件子阶段相一致，使有关规定保持其在硬件开发过程中的准确性和一致性。

硬件开发的安全生命周期应符合 ISO 26262 的规定。硬件单元的复用或合格硬件单元的使用应在安全活动中进行说明和确认。

1. 硬件架构设计

硬件架构应实现硬件的安全要求，每个硬件单元应根据硬件安全要求实现最高的 ASIL。硬件安全要求和实现之间的可追溯性应保存到硬件单元的最底层，但不需要到硬件详细设计，ASIL 不会分配到硬件元件。

为了避免高复杂性产生的故障，硬件体系架构设计应根据表 3-4 列出的属性来具有以下特征：

1）模块化。
2）粒度适当。
3）简易性。

对于安全相关的硬件组件故障，无论是从硬件结构的硬件组件还是从其他的环境的串扰源来看，在硬件设计过程中的非功能性条款都应考虑以下的影响：温度、振动、湿度、灰尘、电磁干扰。

表 3-4 模块化硬件设计属性

	属性	ASIL			
		A	B	C	D
1	分层设计（Hierachical）	+	+	+	+
2	清晰定义的接口（Precisely defined interfaces）	++	++	++	++
3	避免不必要的复杂接口（Avoidance of unnecessary complexity of interfaces）	+	+	+	+
4	避免不必要的复杂软硬件组件（Avoidance of unnecessary complexity of hardware components）	+	+	+	+
5	可维护性（Maintainability service）	+	+	++	++
6	开发运行过程中的可测试性（Testability during development and operation）	+	+	++	++

2. 硬件详细设计

1）为避免设计缺陷，相关的经验教训应该遵循组织的安全文化。

2）与安全相关的硬件部分失效时应考虑硬件详细设计过程中的非功能性原因（从硬件组件的其他部件或环境的串扰源），包括以下几方面的影响，如温度、振动、湿度、灰尘、电磁干扰、噪声系数。

3）硬件部分的操作条件应满足其环境和操作限制的规范。

4）应该考虑稳健设计原则和稳健设计原理，可以基于 QM 方法列出清单，例如保守的组件规范。

3. 安全分析

在硬件设计上找出故障原因和故障影响的安全性分析依据表 3-5 和 ISO 26262-9：2011 第 8 条款。安全分析的最初目的是满足硬件设计规范。随后，安全分析可用于硬件设计验证。

本要求适用于安全目标 ASIL（B）C，D。每一个与安全相关的硬件部件或零件，在确定的安全目标下，安全分析应考虑以下因素：

1）安全故障。

表 3-5 硬件设计安全分析

	方法	ASIL			
		A	B	C	D
1	因果分析（Deductive analysis）①	○	+	++	++
2	预测分析（Inductive analysis）②	++	++	++	++

注：NOTE 分析的详细程度与设计的详细程度是相对应的。在某些情况下，这两种方法可以在不同的细节级别上进行。

①：典型的分析方法是 FTA。

②：典型的分析方法是 FMEA。

2）单点故障或残留故障。

3）多点故障（感知、检测或潜在的）。

在大多数情况下，可以将分析限于双点故障，但多点故障可以比多个双点故障（两个以上的）体现更高的技术安全概念（例如当实现冗余安全机制时）。

双点故障的识别目的是不需要对每一个可能的两个硬件组合的故障进行系统分析，但是，至少，从安全技术概念考虑到组合。例如：两个故障达到或维持一个安全的状态，一个故障影响安全相关的元素，另一故障影响相应的安全机制。

4. 单点故障

单点故障，是在一个单元中，未被安全机制覆盖且直接会导致违反安全目标的硬件故障。这项规定是应用于安全目标 ASIL（B）C 和 D 的、避免单点故障的有效性安全机制证据。

应当提供：

1）保持安全状态的安全机制，或安全地切换到安全状态的能力（特别是恰当的缓解故障的容错时间间隔内的能力）。

2）关于残余故障的诊断覆盖率评估。

> **注意 1**：如果诊断测试间隔加上相关安全机制的故障响应时间超过有关容错的时间间隔，则可以发生在任何时候（例如不仅在上电时）的故障不能被认为是有效地覆盖。

> **注意 2**：如果故障是可以描述为仅发生在上电时刻，则在车辆行驶过程中接通电源后，对故障执行测试。

> **注意 3**：采用诸如 FMEA 或 FTA 等方法来分析基本原理。

> **注意 4**：依据硬件组件和其相关层的失效模式的知识，评价可以是硬件组件的任一个全局范围的诊断，或更详细的故障模式覆盖的评价。

5. 潜在故障

潜在故障，是在多点故障检测时间间隔内不能被安全机制检测出来的也不能被驾驶人识别的多点故障。这项规定是应用于安全目标 ASIL（B）C 和 D 的、避免潜在故障的有效性安全机制证据，应当提供：

1）故障检测并通知到驾驶员的能力，对潜在故障可接受的多点故障检测的时间间隔内，应当确定哪些故障是潜伏的，哪些故障是不能潜伏的。

2）对潜在故障的诊断覆盖率进行评价。

> **注意 1**：故障不能被认为是覆盖，如果它的诊断测试间隔加上相关的安全机构的故障响应时间，比潜在故障相关的多点故障检测时间间隔长，则认为故障不能被覆盖。

> **注意 2**：采用诸如 FMEA 或 FTA 等方法用来分析基本原理。

6. 硬件设计验证

硬件设计应按照 ISO26262-8 第 9 条款，针对硬件安全要求合理性和完整性进行验证。为了实现这一目标，应考虑表 3-6 列出的方法。

表 3-6　硬件设计验证

方法		A	B	C	D
		\multicolumn{4}{c}{ASIL}			

	方法	ASIL A	ASIL B	ASIL C	ASIL D
1a	硬件设计走读（Hardware design walk-through）①	++	++	○	○
1b	硬件设计检查（Hardware design inspection）①	+	+	++	++
2	安全（Safety analysis）	○	+	+	+
3a	仿真（Simulation）②	○	+	+	+
3b	硬件原型开发（Development by hardware prototyping）	○	+	+	+

① 该方法 1a 和 1b 用于硬件设计中完整、正确执行硬件安全要求的检查。
② 该方法 3a 和 3b 用于检查分析方法 1 和 2 不能完全覆盖的硬件设计的特定点（例如，作为故障注入技术）。

注意此验证审查的范围是硬件设计的技术正确性。

①方法 1a 和 1b 作为在硬件设计过程中硬件安全要求的完整和正确实施的检查②方法 3a 和 3b 作为硬件设计特别点的检查（例如，引入一个故障注入技术），因为分析方法 1a，1b 和 2 被认为是不够的。

在硬件设计中，如果发现哪个硬件的安全要求的实施是不可行的，则应当按照 ISO26262-8 的变更管理流程发出变更请求。

7. 生产、运行、服务和关闭

如果安全分析已经表明，它们是与安全有关的特殊特性相关的，那么这些特殊特性应被指定。特殊特性的属性应包括：

1）生产运行的核查措施。
2）这些措施的验收标准。

3.2.4　软件级产品开发

这个子阶段的目标是计划和启动软件开发的功能安全活动。软件开发的启动是计划活动，其中软件开发子阶段及其支持过程（见 ISO26262-8 和 ISO26262-9）是根据项目发展的程度和复杂性决定和计划。软件开发子阶段和支持流程是通过确定适当的方法启动，以符合有关规定和各自的 ASIL。方法是指通过指南和工具对于每个子阶段的支持。

1. 软件安全需求规范拟定

这个子阶段的第一个目标是拟定软件安全需求，它们是来自技术安全概念和系统设计规范。第二个目标是细化软硬件接口要求，依据 ISO26262-4：2011 第 7 条款。第三个目标是验证该软件的安全要求和硬件的软件接口要求与技术安全概念和系统设计规范一致。

要求和建议：软件的安全要求应满足每个基于软件的功能，其故障可能违反相应的软件技术安全要求。

例如，功能故障可能导致违反安全规定可以是：

1）使系统达到或保持安全状态的功能。
2）与检测、显示和处理安全相关的硬件元件故障的功能。
3）相关的检测、通知和缓解在软件本身的故障功能。

这些可以使用包括在操作系统和应用程序特定的自我监测的软件来检测，诊断处理系统故障的应用程序。

1）与车载和非车载测试相关的功能。

车载的测试可以由系统本身或所述车辆的运行前和运行后阶段的车载网络内的其他系统进行。非车载测试指在生产或服务中与安全有关的功能或性能测试。

2）软件生产和服务过程中进行修改的功能。
3）有关性能或时间要求严格的操作功能。

2. 软件体系设计

这个阶段的第一个目标是设计软件体系结构以实现软件安全需求，第二个目标是校验软件体系结构。为了确保软件体系设计获取正确和有效的必需的信息来进行后续的开发活动，软件体系结构设计使用的符号应具有适当的抽象水平，见表 3-7。

表 3-7 用于软件架构设计的符号

	Methods	ASIL			
		A	B	C	D
1a	非正式符号（Informal notations）	++	++	+	+
1b	非正式符号（Semi-formal notations）	+	++	++	++
1c	正式符号（Formal notations）	+	+	+	+

在软件体系开发的过程中，应该考虑下列因素：

1）软件架构设计的可验证性。
2）配置软件的适用性。
3）软件单元的设计和实施的可行性。
4）软件集成测试中的软件体系结构的可测试性。

5）软件体系结构设计的可维护性。

为了避免高复杂性造成的故障，软件体系结构设计应具有以下性质：

1）模块化。

2）封装性。

3）简单化。

3. 软件单元设计和实现

这个子阶段的第一个目标是规定软件单元按照软件体系设计并满足相关的软件安全要求。第二个目的是实现所指定的软件单元。第三个目标是静态验证软件单元设计和实现。

根据软件体系结构设计开发软件单元的详细设计方案。该设计将被实现为一个模型或直接为源代码（根据建模或编码准则）。在进行软件单元测试阶段之前，详细设计和开发是静态验证。如果代码是手工开发，在源代码级别实施相关的属性是可以实现的。如果基于模型的开发与自动代码生成，则这些属性应用到模型，无须应用到源代码。

开发一个软件单元，需要实现软件的安全要求以及所有非安全要求，安全相关和非安全相关的要求都在这个子阶段的过程中处理。软件单元的实现包括源代码的生成和编译成目标代码。

本阶段应符合软件单元安全相关的要求。为确保该软件单元设计允许后续的开发活动获取正确和有效地进行所必需的信息，该软件单元的设计应采用表 3-8 所列的符号说明。

表 3-8 用于软件单元设计的符号

	Methods	ASIL			
		A	B	C	D
1a	自然语言（Natural language）	++	++	++	++
1b	非正式符号（Informal notations）	++	++	+	+
1c	非正式符号（Semi-formal notations）	+	++	++	++
1d	正式符号（Formal notations）	+	+	+	+

在基于模型的开发与自动生成代码的情况下，以该方法为代表的软件单元设计作为基础代码生成的模板。软件单元的规范应描述功能行为和内部设计，以达到必要的细节实施水平。例如，内部的设计可以包括使用寄存器和数据存储的限制。软件单元源代码级的设计与实现应采用如下所列的设计原理，达到以下属性：

- 软件单元的子程序和函数的正确执行顺序基于软件架构设计
- 软件单元之间的接口的一致性
- 软件单元内部的数据流和控制流的正确性

- 简约化
- 可读性和可理解性
- 鲁棒性
- 软件修改的适用性
- 可测试性

软件单元的设计与实施应按照 ISO26262-8：2011 第 9 条款进行验证，并通过使用以下列出的验证方法来证明：

- 遵守软硬件接口规范（根据 ISO26262-5：2011，6.4.10）
- 软件安全要求分配给软件单元的实施的可追溯性
- 源代码和设计规范的一致性
- 源代码与编码指南一致性
- 软件单元实现与目标硬件的兼容性

4．软件单元测试

这个子阶段的目标是证明软件单元实现满足软件单元的设计规范且不含有不需要的功能。依据软件设计规范建立软件单元设计的测试流程，并依照流程来执行。该条款要求如果软件单元是与安全相关的，软件单元测试必须按照 ISO26262-8：2011 第 9 条款计划、规定和执行。如下列出软件单元测试方法应适用于验证软件单元的实现：

- 遵守软件单元设计规范
- 遵守软硬件接口规范
- 指定的功能
- 不存在非计划的功能
- 鲁棒性
- 足够的资源支持功能

5．软件集成和测试

这部分的第一个目的是集成软件元素，第二个目的是要证明，软件体系结构设计是由嵌入式软件实现。软件集成的计划应说明整合各个软件分层单元到软件组件的步骤，直到嵌入式软件完全集成，并应考虑：

1）相关的软件集成的功能依赖关系；
2）软件集成和软硬件整合之间的依赖关系。

> **注意**：对于基于模型的开发，该软件集成，可以在模型层和随后的自动代码生成集成的模型替换为集成。

软件集成测试应根据 ISO26262-8：2011 第 9 条款计划、规定并执行。在以下列出的软件集成测试方法应用来证明软件组件和嵌入式软件的实现：

- 遵守 ISO26262-8：2011 第 7 条款的软件架构设计
- 符合 ISO26262-4：2011 第 7 条款的软硬件接口规范
- 规定的功能
- 鲁棒性
- 充足的资源来支持功能

测试用例为了按照 10.4.3 软件集成测试规范，应采用表 3-9 中列出的方法得出。

表 3-9　为软件集成测试派生测试用例的方法

方法		ASIL			
		A	B	C	D
1a	需求分析（Analysis of requirements）	++	++	++	++
1b	等价类产生和分析（Generation and analysis of equivalence classes）①	++	++	++	++
1c	边界值分析（Analysis of boundary values）②	+	++	++	++
1d	错误预测（Errorguessing）③	+	+	+	+

① 可以根据输入和输出的划分来识别等价类，这样就可以为每个类选择一个具有代表性的测试值
② 这种方法适用于参数或变量接近和跨越边界的值和超出范围的值
③ 错误猜测测试可以基于通过"经验教训"过程和专家判断收集的数据

等价类可以基于对输入和输出选择一个有代表性的试验值，试验值识别每个类别的边界。此方法适用于变量参数、接近值、范围值和超过界限值选定。错误预测测试是基于通过"经验教训"的过程和专家判断收集到的数据，评估测试用例的完整性，并证明其没有额外功能，确定软件集成级别要求的覆盖范围。如果实现的结构范围被视为是不够的，那么应指定额外的测试用例或提供理由。为了评估测试用例的完整性，并证明没有额外功能，应确定软件集成级别要求的覆盖范围，结构范围应按照表 3-10 列出的指标进行测定。如果实现的结构范围被视为是不够的，那么应指定额外的测试用例或提供理由。

表 3-10　软件架构级的结构覆盖率度量

方法		ASIL			
		A	B	C	D
1a	功能覆盖（Function coverage）①	+	+	++	++
1b	调用覆盖（Call coverage）②	+	+	++	++

① 方法 1a 中是指所执行的软件功能的百分比，这方面的证据可以通过适当的软件整合战略来实现。
② 方法 1b 是指所执行的软件功能的回调的百分比。

6. 软件安全需求验证

本节的目的是验证嵌入式软件完成软件安全需求。软件安全要求的验证应按照 ISO26262-8：2011 第 9 条款计划、指定和执行。为了验证嵌入式软件满足软件安全要求，应满足：

软件安全需求实施的试验应在目标硬件系统上执行。

软件安全需求验证结果应进行评估：
- 符合预期的结果
- 覆盖的软件安全需求
- 通过（成功）或失败的标准。

3.3 信息安全

随着汽车的互联化和智能化，汽车不再孤立，越来越多地融入互联网中。与此同时，汽车也慢慢成为潜在的网络攻击目标，汽车的网络安全已成为汽车安全的基础，受到越来越多的关注和重视。如何实现汽车网络安全，汽车行业进行了很多探索，也取得了很多成果。为了降低成本和提高质量，将已有的成果规范化、标准化势在必行。

3.3.1 汽车信息安全规范介绍

1. SAE J3061（Cybersecurity Guidebook for Cyber-Physical Vehicle Systems）

SAE J3061 提供了车辆网络安全的流程框架和指导，旨在帮助企业识别和评估网络安全威胁，导入网络安全到在车辆的整个开发流程内。SAE J3061 主要内容为：

1）定义了完整的生命周期流程框架。企业可以裁剪、利用这个框架，将网络安全导入车辆的开发流程，包括概念到生产、运行、维护、报废。

2）提供指导原则。

3）提供了车辆网络安全相关的工具和方法论。

2. ISO 21434（Road Vehicle - Cybersecurity Engineering）

基于 SAE J3061，参考 V 字模型开发流程，讨论德国和美国 SAE 关于信息安全标准的立项建议，主要包括：信息安全相关的术语和定义；信息安全管理，包括企业组织层面和具体项目层面；威胁分析和风险评估（TARA）；信息安全概念阶段开发；架构层面和系统层面的威胁减轻措施和安全设计；软硬件层面的信息安全开发，包括信息安全的设计、集成、验证和确认；信息安全系统性的测试及其确认方法；信息安全开发过程中的支持流程，包括需求管、可追溯性、变更管理和配置管理、监控和事件管理；信息安全事件在生产、运行、维护和报废阶段的预测、防止、探测、响应和恢复等。

ISO 21434 主要从风险评估管理、产品开发、运行/维护和流程审核四个方面来保障汽车信息安全工程工作的开展，目标是通过该标准设计、生产、测试的产品具备一定信息安全防护能力。

3. SHE（Security Hardware Extension）

SHE 的含义是安全硬件扩展。SHE 是一个对硬件的网络安全规范，它已经被广泛接受。

4. Evita

Evita 是欧盟组织的一个项目，目标是研究 V2X 应用场景的网络安全。

Evita 的规范中定义了 HSM 的功能。HSM 是 Hardware Security Module 的缩写。

Evita 把 HSM 分为三个等级：High、Medium、Light。Light 版本的 HSM 近似 SHE 的功能。

3.3.2 其他标准、规范

下面介绍的 NIST FIPS 140（National Institute of Standards and Technology Federal Information Processing Standards 140）和汽车行业不直接相关，但是很有影响力，值得了解一下。

FIPS 140 标准适用于软件和硬件模块。FIPS 140 把网络安全等级分为 4 级，网络安全等级从低到高：

等级 1：不考虑物理攻击，密码模块需要满足基本的网络完全要求（比如：密码模块至少使用一种被批准的算法或被批准的网络安全功能）。等级 1 的例子是电脑的加密功能。

等级 2：在等级 1 的基础上增加了基本的防物理攻击的保护机制，需要显示被物理攻击的痕迹，比如只有破坏防拆封（tamper-evident）的涂层或密封条才能获取密码模块的密钥等。

等级 3：在等级 2 的基础上加强防物理攻击的保护机制。等级 3 要求比较高概率地防止入侵者获取密码模块内的关键的网络安全相关的参数（比如密钥）。保护机制可能包括密码模块，有很强的封装和物理攻击响应机制，当检测到物理攻击时会擦除内部的密钥等。

等级 4：是最高的网络安全等级，物理机制必须提供全方位的保护，能够极高概率地检测到各种物理攻击。当检测到物理攻击时，需要删除内部的密钥等。等级 4 也要求密码模块不能因为外部环境（比如温度、电压）变化而被破解。故障注入（fault injection）是通过控制外部环境来破解密码模块的一种方法。

3.3.3 硬件安全

安全硬件是作为"信任锚"实现其功能。它提供了存储密钥的安全区域和所有安全相关操作的安全运行环境。"信任锚"中包含了不同的硬件组件和对应的固件。硬件组件提供了基础的芯片子模块,而固件结合硬件则为更高层的应用提供了抽象的密码算法服务,同时提供典型的芯片实现方案以供参考。除此之外,本文还介绍了一些 PCB 硬件强化措施用于优化 ECU 硬件设计。

受保护的存储器只能被专门的安全 CPU 或者安全逻辑访问(取决于是否有独立的安全 CPU),任何来自外部的访问都必须被阻止。

随机数生成器需要提供高熵值的随机数据,因为安全依赖于由此产生的独特且随机的秘密(通常是密钥),而攻击者无法猜出该秘密。通常来说,需要一个密码学安全随机数生成器(CSRNG),可以是真随机数生成器(TRNG),也可以是标准的伪随机数生成器(PRNG),当然需要满足相应标准如 NIST 定义的 SP 800-90A 或者 BSI 定义的 AIS31。

安全运行环境需要为上述硬件组件不被主处理器端运行的代码访问提供保障。它需要为执行密码运算和密钥操作提供受保护的环境,通过受限的接口或者数据交互通道输出结果而不会暴露秘密数据。

HSM 是一种在 ECU 内的 MCU 内嵌的通用硬件安全模块,典型的架构如图 3-5 所示,主要的特性如下:

- 专有的 HSM 内核 CPU(同时带有相应的受保护的 RAM/ROM)
- 对称和非对称等加密算法加速器
- 安全存储 FLASH 用于存储 HSM 代码和数据
- 真随机数生成器

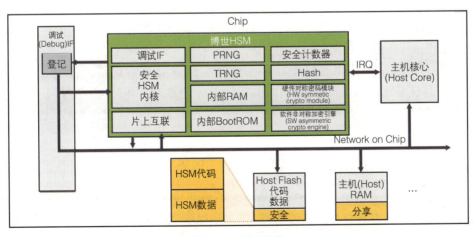

图 3-5 HSM 架构

3.3.4 安全启动

安全启动（及其变种）是提供全面 ECU 安全性的主要部分。它用于确保 ECU 固件（可执行的程序代码）的真实性和完整性，并且可以按照 OEM 的意图运行。安全启动旨在保护存储在 ECU 闪存中的数据。但是，安全启动不保护 RAM 中处理的应用程序数据。如果攻击者能够从 RAM 执行代码或修改 RAM 内容，则无法通过安全启动检测到。如果没有安全启动，攻击者将有更大的攻击面来恶意操纵 ECU 硬件。在这种情况下，攻击可以通过车辆网络将攻击扩展到整个车辆。

> **注意**：如安全硬件规范所述，对安全启动功能的核心要求要求是，保护所有硬件调试接口不受未经授权的访问。否则，具有对 MCU 的物理访问权限的攻击者可以轻松绕过安全启动提供的保护。

安全启动在系统启动引导固件之前使用身份验证机制检查固件是否有篡改。一般情况下固件的代码和配置文件会被检查，常用方法为检查固件散列值的签名，如图 3-6 所示。

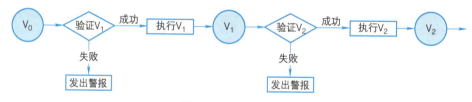

图 3-6　安全启动流程

在串行启动模式下，将依次验证相应的代码段，并在验证所有部分之后启动第一部分，并依次启动第二、第三部分。图 3-7 显示了 Secure Boot（左侧）和 Authenticated Boot（右侧）的行为。

在并行启动模式下，每个软件部分均在经过验证后执行。首先 BL 被验证，并且在验证之后立即被执行。BL 触发 BM 的验证，并且在验证 BM 开始之后执行 BM。最后，BM 触发 FW 的验证，并在验证成功后执行 FW，如图 3-8 所示。

3.3.5 数据安全存储

为了确保敏感数据（如隐私相关的用户数据）、密钥等不被泄露和篡改，这类数据需要被保存在受保护的存储空间，例如微控制器的内部存储器、硬件安全模块或者用密码学算法进行保护的外部存储器（EEPROM）。

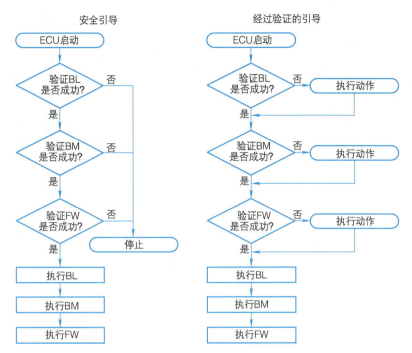

图 3-7　在顺序串行模式下的 Secure Boot（左侧）和 Authenticated Boot（右侧）

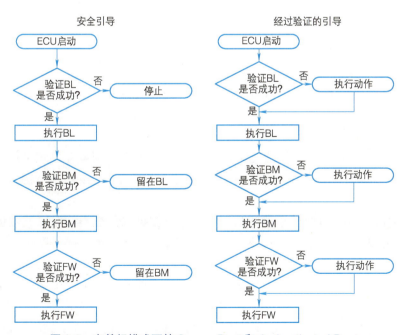

图 3-8　在并行模式下的 Secure Boot 和 Authenticated Boot

如今，有各种各样不同种类的数据被保存在车辆 ECU 中。所谓的敏感数据，就是指此类数据需要被保护，不能被随意篡改和泄露，从而导致数据安全或车辆安全问题。总体来说，有以下三类数据类型：
- 隐私相关数据信息
- 车辆数据信息
- 密钥数据信息

一个常用的隐私数据的例子就是个人信息。个人信息是指任何能够用来指认个体或者与被指认个体相关的个人数据，也可能是一组数据，把它们组合到一起也能辨认个体的数据。

个人信息的例子有：
- 名字和姓氏
- 家庭住址
- Email 地址，如 name.surname@company.com
- 身份证件号码
- 定位信息（比如手机上的定位信息）
- IP 地址、MAC 地址和车辆识别号码
- Cookie ID
- 电话合同号
- 存在医院和医生那里的可以用来辨别个体的信息

某些个人信息是被认识是敏感数据，以下是敏感个人信息的例子：
- 揭示种族或民族血统、政治见解、宗教或哲学信仰的个人信息
- 工会会员
- 遗传数据，能用于识别个人身份的生物识别数据
- 与健康相关数据
- 关于个人性生活的数据

在车辆中，车载远程信息处理器（TBOX）和车载信息娱乐系统是最常见的存储个人信息的 ECU。对此类数据，特别是敏感数据就需要考虑到隐私保护，比如加密。

车辆信息是所有有关车辆的数据。这些数据可以是能辨认车辆的数据，如 VIN，或者是车辆功能需要的数据、如配置数据、操作数据、记录数据等。

大多数的车辆数据需要保证完整性。篡改此类数据可能会导致车辆不正常运行。因此，车辆数据的完整性必须得到保护。这些数据可能被保存在不同的 ECU 中，如 CGW、IVI 和 TBOX。

密码材料是敏感信息，通常是密钥本身，对称性密钥或非对称性的私钥。安全方案强烈依赖于密钥信息的保密性和真实性。

安全数据存储能够防止非法篡改和非法读取敏感数据。数据的完整性和真

实性可以通过对称或非对称密码学来实现。对此,一个参考值(验证码)需要被计算。而数据的机密性则可以通过对数据进行加密来实现。通常会使用对称性加密。

有一些微控制器是可以提供密码学算法的,比如 HSM,主要有两个目的:加速密码算法的运行以及对密钥信息进行保护。这类模块支持 AES 128 加密算法、哈希算法、消息认证码 HMAC、CMAC 算法以及 AES GCM 认证加密算法。

另外,还有些微处理器能够提供信任区架构,可以让软件在一个可被信任的环境中运行。它通过隔离被信任的应用已经定义有潜在危险被篡改的软件的接口,从而减少被篡改代码所带来的影响。

3.3.6 车内安全通信

一个车辆平台需要多种安全相关功能,包括高级驾驶员辅助系统(ADAS)功能、远程控制等。实现这些功能需要多个 ECU 相互交换各种数据和命令。因此,如果攻击车辆的车载通信系统成功,就会产生严重后果。例如,被恶意操纵的执行器指令可能会损坏车辆,甚至可能导致人身伤害,针对其他数据的操纵(例如传感器数据)可能会导致类似的风险。

出于安全原因,车载通信的防护至关重要。因此应使用安全车载通信(Secure Onboard Communication,SecOC)保护车内通信的完整性和真实性。

对于每个远程控制用例,应有不同的 SecOC 密钥。考虑到存在不同的远程控制用例,建议对不同的远程控制用例使用不同的专用 SecOC 密钥。因此,建议使用以下专用 SecOC 密钥:

1)A dedicated SecOC key for PDUs included in remote climate control use case 为包含远程温度控制用例的 PDU 使用专用的 SecOC 密钥。

2)A dedicated SecOC key for PDUs included in remote door control use case 为包含远程车门控制用例中的 PDU 使用专用的 SecOC 密钥。

只要网关不是 SecOC 通信最终目标,那么网关应当只中继消息,不保留这些 SecOC 密钥。

有必要评估如果系统遭到破坏时会发生什么,并且评估使用 SecOC 密钥组的情况下,危害是否会受到足够的限制。

在车辆生产结束之前,用于安全车载通信的 SecOC 密钥必须在参与安全车载通信的所有 ECU 中可用。生产过程可以被视为信任的环境,自然必须得到相应的保护。

供应商将在生产阶段注入传输密钥。每个 ECU 的传输密钥都应当是不同的,它将保护 SecOC 密钥注入和更新期间的传输过程,如图 3-9 所示。

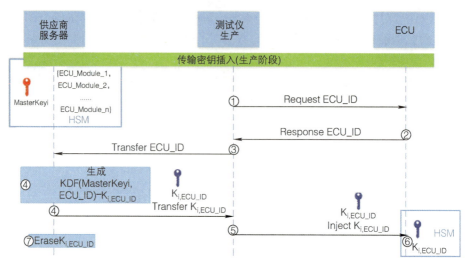

图 3-9　供应商生产过程中传输密钥的生成与注入

1）在生产阶段，诊断仪向需要注入传输密钥的 ECU 发送 ECU_ID 请求，传输密钥用于保护在 SecOC 密钥注入过程中的机密性。

2）ECU 将响应并将其 ECU_ID 发送给诊断仪。

3）诊断仪将 ECU_ID 转发到负责传输密钥生成和分发的供应商服务器。

4）后台服务器使用 KDF（密钥派生函数）功能生成 ECU 传输密钥：KDF（MasterKeyi，ECU_ID）。MasterKeyi 是每个 ECU 的特定密钥。传输密钥生成后，供应商服务器将通过诊断仪密钥发送到 ECU。

5）诊断仪将 ECU 传输密钥转发到 ECU。

6）当从供应商服务器接收传输密钥时，ECU 会将密钥注入其安全存储系统，例如 HSM。

7）在密钥成功注入 ECU 后，供应商服务器应擦除传输密钥（K_{i,ECU_ID}，ECU_ID）。

3.3.7　安全刷写

安全刷写负责对写入闪存的更新数据进行验证。验证基于非对称密码算法，即通过使用数字签名和公钥。设备首次执行更新后的软件之前必须完成验证。

为了改善更换或注销密钥时的灵活性，一种两级签名的机制被使用。每一个等级的签名被命名为初级签名和二级签名。签名还被赋予了其他重要的属性，即信息容器，此容器中包含必要的信息用于验证完整性和真实性。签名用于保障升级包的真实性，另外在容器中还包含重要的信息用于保障升级包的完整性，即升级包的摘要信息。

初级签名的目的是验证软件签发者的真实性并且获取签发者的公钥,这个公钥将用于二级签名的验证。二级签名的目的是保障升级包的真实性和完整性。因此,在这个二级签名中,两个重要的信息包含其中:一个是升级包的摘要信息;另一个是签发者签署该摘要信息的签名。目标升级 ECU 可以验证签名来确认真实性,同时通过获取的升级包摘要信息来验证其完整性,如图 3-10 所示。

3.3.8 安全诊断

外部诊断仪与中央网关的认证检查将被改进,以此来保障传统 ECU 的安全诊断用例。OBD 接口不直接接入车内网络,所有的诊断消息由网关模块在车内转发;在此基础上提出本方案,仅在网关模块上进行适当的工程变更,来实现整车 OBD 的安全防护。总体而言,中央网关进行 UDS 服务过滤来平衡 OBD 诊断口保护和平台的工程变更。如图 3-11 所示,本方案具体为:

1)中央网关直接转发除 session control 之外的所有诊断消息给车内网络节点。如果没有完成诊断仪认证,中央网关将阻断 session control 服务。

2)更高权限的服务只能在非默认会话中支持。中央网关要求认证外部设备,以便保障非默认会话只能被可信的外部设备访问。

3)中央网关将检查外部诊断仪的身份来确认其真实性。

4)为了减少其他 ECU 的工程变更,其原有的安全访问机制将维持不变。

图 3-10 签名流程

3.3.9 日志安全

通常,日志记录系统存储事件和信息,以此进行正确的故障分析和调试分析,例如,在维护期间或通过入侵检测系统(IDS)。特别是安全相关事件,应安全存储。在本文档中,存储的数据集(事件及其相关信息)被称为"条目"或

"日志条目"。存储的日志条目应受到保护，以防止任何操纵、未经授权读出或删除。存储与安全相关的日志条目的目的包括：

1）检测该系统是否受到破坏。
2）识别、分析该系统如何受到破坏。
3）追溯攻击者的行为。

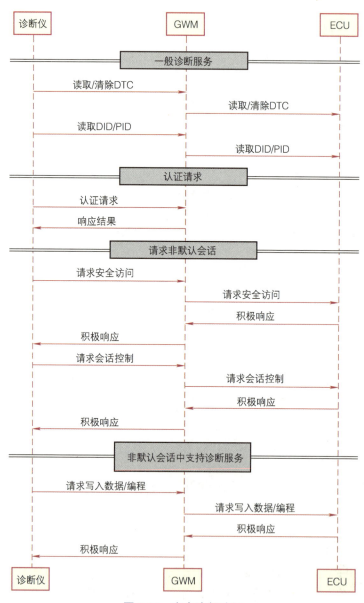

图 3-11 安全诊断过程

从安全和产品责任的角度来看，日志条目用于审核设备功能，例如，必须证明车辆在事故中所执行的操作（例如，制动命令）是否由 ECU 自动触发、是哪个 ECU 自动触发的，或者是否由驾驶员触发。

除了与安全相关的事件外，日志条目还可以记录应用程序数据，但是很大程度上取决于特定的 ECU 及其要求。例如，具体使用情况的统计信息可以作为应用程序数据。

3.3.10 预期功能安全

多起因自动驾驶汽车引发的致命交通事故表明，依靠传统的以质量保障（关注失效风险的预防、探测和消除，例如：国家标准 GB/T 34590—2022《道路车辆 功能安全》关注并解决的是因电控系统故障而导致的整车行为危害）为中心的车辆安全体系，已经不能完全满足自动驾驶车辆的安全保障需求，全球汽车工业领域亟需建立全新的自动驾驶安全评判准则体系，以指导正向设计开发和测试评价工作。

为此，国际标准化组织下设的功能安全工作组（ISO/TC22/SC32/WG8）于 2018 年正式启动了全球首个自动驾驶安全国际标准 ISO 21448《道路车辆预期功能安全》（Road VehiclesSafety of The Intended Functionality）的制定工作，旨在为全球自动驾驶车辆的安全开发和测试评价提供技术指导。

ISO 21448《道路车辆预期功能安全》立足对自动驾驶安全影响更广泛的非故障安全领域，重点关注自动驾驶汽车的行为安全，解决因自身设计不足或性能局限在遇到一定的触发条件（如环境干扰或人员误用）时导致的整车行为危害。

预期功能安全（Safety of The Intended Functionality），重点关注"预期的功能"的安全性，即满足预期设计要求的功能所具有的安全水平。

因自动驾驶车辆运行场景条件的复杂性和未知性，自动驾驶功能即使满足设计要求，仍可能存在大量的安全运行风险。如何避免预期的功能所引发的安全风险，即为预期功能安全。

预期功能安全的定义：不存在因设计不足或性能局限引起的危害而导致不合理的风险，也就是将设计不足、性能局限导致的风险控制在合理可接受的范围内。

这些设计不足、性能局限在遇到一定的场景触发条件（如环境干扰或人员误用）时，将导致整车行为危害，如图 3-12 所示。

与传统车辆重点关注系统失效预防、探测与减轻不同，自动驾驶车辆因替代了人类驾驶员的部分或全部驾驶操作行为，更需要关注运行过程中自身功能和性能的行为安全，由于使用场景的复杂性和随机性，自动驾驶系统安全相关的很多问题在设计阶段无法预见。

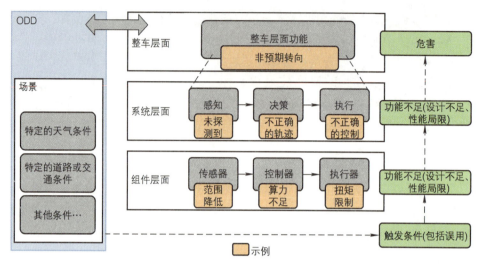

图 3-12　功能不足、触发条件、整车行为危害的关联

如图 3-13 所示，从安全性角度，将车辆运行场景分为已知安全场景、已知不安全场景、未知不安全场景和未知安全场景 4 个区域。在开发之初，区域 2 和区域 3 的比例较高，SOTIF 技术通过对已知场景及用例的评估，发现系统设计不足，将区域 2 转化为区域 1，并证明区域 2 的残余风险足够低；针对区域 3，SOTIF 技术基于真实场景及用例测试、随机输入测试等，发现系统设计不足，将区域 3 转化为区域 2，同时基于统计数据和测试结果，间接证明区域 3 的风险控制到合理可接受的水平。由此实现对已知和未知风险的合理控制，完成自动驾驶车辆系统的安全提升和发布演进。

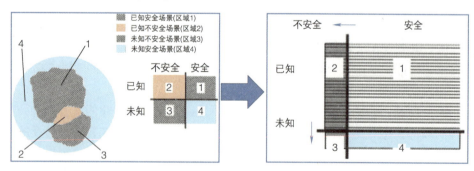

图 3-13　自动驾驶运行场景分类及 SOTIF 开发、验证和发布演进

3.3.11　ISO 21448 制定过程和计划

2016 年 2 月，国际标准化组织（ISO）下设的功能安全工作组（ISO/TC22/SC32/WG8）启动了 ISO 21448 的制定工作，参与成员来自法国、德国、美国、

英国、中国、以色列、比利时、意大利、瑞典、日本、荷兰、韩国、芬兰、卢森堡、瑞士、爱尔兰、立陶宛、奥地利等18个国家。中国汽车技术研究中心汽车标准化研究所（简称中汽中心标准所，也是全国汽车标准化技术委员会秘书处）组织国内专家组成中国代表团全程参与了该标准的研究制定工作。

经WG8功能安全工作组组内起草、协商一致，于2019年1月，以PAS（可公开提供规范）形式发布了ISO/PAS 21448。

在完成ISO/PAS 21448草案、尚未发布前，于2018年6月正式启动了ISO 21448的制定工作，如图3-14所示。

2019年12月，形成了ISO 21448 CD版草案，征集各国建议。中国提出了132项建议，其中96项获得通过。

2020年11月，形成了ISO 21448 DIS版草案，征集各国建议。

ISO 21448于2022年6月正式发布。

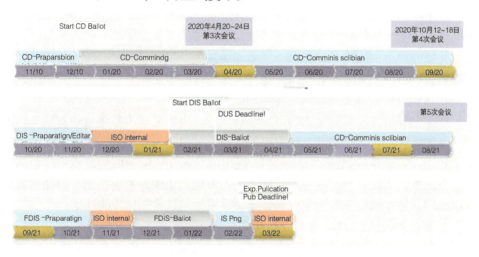

图 3-14　ISO 21448 制定计划

3.3.12　应用实例

1. 基于场景优先度子集（Subsets）的自动驾驶测试方法

自动驾驶的安全评价需要基于目标市场场景。对于无事故里程数，如果场景差异较大，其展现的安全水平也不相同。目前自动驾驶实际道路测试耗时久、成本高、针对性不强，为了提升自动驾驶测试的时效性，更好地为量产开发服务，对已知场景进行分析和管理，建立关键场景因素子集，将场景构成因素按照暴露频次、严重度、敏感性进行评级，并据此生成优先度顺序，进而建立优先场景库，在同等投入下，提升自动驾驶里程测试的时效性，如图3-15所示。

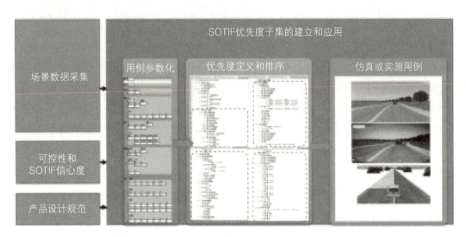

图 3-15　SOTIF 场景优先度子集的建立和应用

基于场景优先度子集开展自动驾驶测试，可大幅提升自动驾驶测试的效率，实现用更少的里程达到更大的场景覆盖效果。基于优先度子集开展仿真测试，可基于关键因素衍生出更多的用例（含未知场景），以更快发现相关未知危害场景，在缩短累积里程测试的同时，避免建立大量无效的场景库。

2. 自动驾驶公共道路测试用车辆的安全

作为全球最具发展竞争力的汽车市场之一，中国已成为各个自动驾驶车辆测试的主战场，但对于处在开发过程中的自动驾驶汽车，由于其安全水平还未达到量产状态，安全风险很高。ISO 21448 提出应对未知风险领域的有效手段包括实际道路测试，为此，也需要应对由此带来的风险。中国专家组提出了自动驾驶公共道路测试用车辆安全的提案，具体反映在未知场景残余风险的评估。

3. 量化思想的 SOTIF 双层安全接受准则

由于自动驾驶的高度复杂性以及其安全风险的一个主要来源是未知不安全场景区域，为验证并确认其安全性，当前行业主要采用大量的里程累积测试方法，但不断推高的里程数字仍然无法杜绝安全风险，如何科学评价 SOTIF 安全水平成为行业痛点。中国代表团从预期功能安全的目的出发，即将自动驾驶因设计不足、性能局限而导致的风险控制在合理可接受的范围内，提出了量化思想的 SOTIF 双层安全接受准则：

第一层安全接受准则：自动驾驶危害行为事件接受准则。

自动驾驶运行过程由一系列驾驶行为组成，如果相关行为不当，将可能产生危害风险，最终导致事故的发生。建立自动驾驶过程中危害行为事件的评价准则，包含定量准则和定性准则。其中，可控性指标和 SOTIF 信心度指标是定量准则的重要组成部分。

第二层安全接受准则：自动驾驶总体安全风险接受准则。

在自动驾驶全部累积行驶里程中，可能发生不止一次的危害行为，特别是里程越高，危害行为的数量及影响可能越大。为了将总体安全风险控制在合理可接受的水平，建立总体安全确认目标，即自动驾驶总体安全风险接受准则，以评价真实道路累积全部行驶里程过程中的安全风险，如图3-16所示。

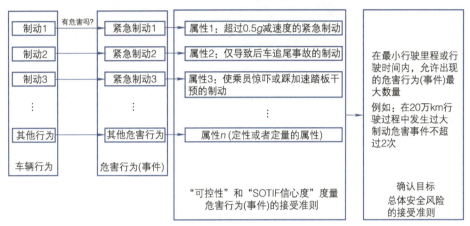

图 3-16　双层安全接受准则示例

4. 可控性准则及其评价

按照国家标准 GB/T 34590—2022《道路车辆　功能安全》中给出的可控性定义，即为确定一个给定危害的可控性等级，需要预估具有代表性的驾驶员或其他涉及人员为避免伤害发生而能对场景施加影响的可能性。这种可能性预估包括：如果给定的危害将要发生，具有代表性的驾驶员能够保持或者重新控制车辆的可能性，或者在危害发生范围内的个体能够通过他们的行动避免危害的可能性。这种考量基于的假设为：危害场景中的个体为保持或者重新控制当前情况采取必要的控制行为，以及所涉及的驾驶员采取有代表性的驾驶行为。可控性预估可能受到很多因素的影响，包括该目标市场的驾驶员概况，如个体年龄、手眼配合、驾驶经验、文化背景等。因此，可控性表征驾驶员、乘员或其他涉险人员对车辆电控系统危害风险控制的难易程度，是衡量车辆行为是否构成危害的关键指标。

该研究针对可控性的衡量对象，即车辆行为危害，包括侧向、纵向、垂向运动相关危害，开展安全分析，结合测试结果及行业经验，对整车危害进行分类。通过分析车辆侧向、纵向、垂向运动功能特点，定义危害发生的典型场景，并组织大量代表中国目标市场的普通驾驶员开展实车危害行为的评估测试，定义出表征中国典型驾驶员对车辆侧向、纵向、垂向运动行为控制能力的客观度量指标。通过调整测试条件及被测人员响应的及时性，兼顾传统汽车、新能源汽车和自动驾驶汽车相关控制系统，从整车侧向、纵向、垂向3个维度建立相关危害的可控性度量指标,如图 3-17 所示。为判断车辆行为是否构成危害提供了合理的量化准则,相关成果为自动驾驶系统的正向设计开发与测试评价,以及强制性国家标准和推荐性国家标准的落地实施提供了有效支撑,例如 GB 17675—2021《汽车转向系　基本要求》、GB 21670—2008《乘用车制动系统技术要求及试验方法》等。

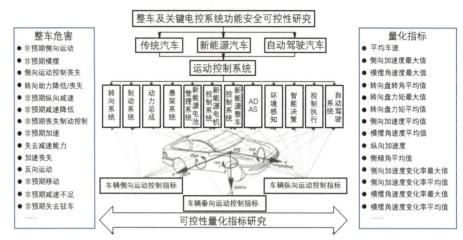

图 3-17　可控性安全度量指标体系

5. SOTIF 信心度准则及评价

可控性衡量的是车辆行为的安全边界,例如车辆制动减速度达到 0.5g 时,可能发生追尾事故。但对于自动驾驶汽车,如果发生了一次 0.3g 减速度的制动,就可能造成乘员的紧张甚至恐慌。如果乘员对自动驾驶汽车预期行为感到安全担忧,将导致功能开启率低和误干预等一系列问题,这对自动驾驶的发展非常不利。为此,在现有安全和舒适评价维度的基础上,需要建立针对自动驾驶预期功能行为的"SOTIF 信心度"评价指标体系,如图 3-18 所示,在已有可控性安全边界的基础上,引入乘员对车辆行为的安全感受评价,以更加全面地评判自动驾驶安全性。

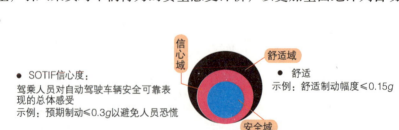

图 3-18　自动驾驶安全、舒适和"SOTIF 信心度"评价指标体系

SOTIF 信心度指标受人、车、环境多因素影响,通过分析其影响因素,挑选

典型场景，开展实车主、客观对标测试，针对不同车辆行为的安全主观评价结果开展数据学习，找出可以代表乘员信心度的客观指标值。

6. 可控性准则、SOTIF 信心度准则试验

2016 年起，中汽中心联合泛亚、博世华域、捷太格特、海拉等行业企业，先后开展了 6 轮研究测试，确定了可控性准则和 SOTIF 信心度准则的试验方案，为当前开展的大规模试验研究奠定了坚实基础，如图 3-19 和图 3-20 所示。表 3-11 为典型的整车侧向行为危害、安全目标、安全度量、验证确认方法及部分结果举例。

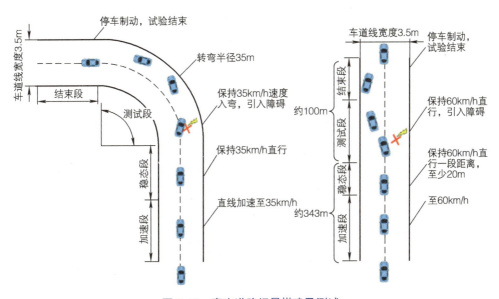

图 3-19 真实道路场景搭建及测试

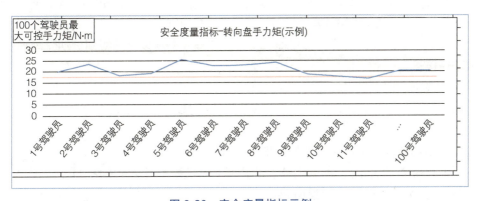

图 3-20 安全度量指标示例

表 3-11　整车侧向行为危害、安全目标、安全度量、验证确认方法

序号	整车危害	安全目标	安全度量		验证确认方法（V&V）
			可控性准则	SOTIF 信心度准则	
1	非预期的侧向运动	车辆非预期的侧向运动应满足非预期侧向运动的安全度量	侧向加速度变化小于一定值；转向盘手力矩小于一定值	依据情况待定	依据情况待定
2	非预期地失去侧向运动控制	应确保驾驶员对车辆侧向运动的控制能力，相应转向操纵力应满足非预期失去转向控制的安全度量	转向盘手力矩小于一定值	依据情况待定	依据情况待定
3	失去助力情况下的转向沉重	转向操纵力应满足转向沉重的安全度量	转向盘手力矩小于一定值	依据情况待定	依据情况待定

注：安全度量应基于目标市场来确定。

表 3-12 为典型的整车纵向行为危害、安全目标、安全度量、验证确认方法。

表 3-12　整车纵向行为危害、安全目标、安全度量、验证确认方法

序号	整车危害	安全目标	安全度量		验证确认方法（V&V）
			可控性准则	SOTIF 信心度准则	
1	非预期的减速	依据情况待定	依据情况待定	依据情况待定	依据情况待定
2	非预期的丢失减速能力	依据情况待定	依据情况待定	依据情况待定	依据情况待定
3	非预期的纵向运动	依据情况待定	依据情况待定	依据情况待定	依据情况待定
4	非预期的制动踏板下沉影响人员对车辆的操作	依据情况待定	依据情况待定	依据情况待定	依据情况待定

注：安全度量应基于目标市场来确定。

从 2019 年开始，通过社会公开招募的方式，选取中国目标市场具有代表性的驾驶员（100 个样本量以上），在典型驾驶场景下，当系统发生故障、预期功能不足、性能存在局限的情况下，确定 2 项整车最高层面的安全接受准则及其量化指标：可控性和信心度。该安全接受准则对于 L3 及以上高级别自动驾驶功能如车辆接管、误用等具有重要指导意义。

所选取的样本量将覆盖中国目标市场的 7 个主要区域：华北、华东、华中、华南、西南、东北、西北。针对车辆侧向行为危害，已完成天津、上海、盐城 3 站的试验研究。

7. 自动驾驶危害行为事件的泊松分布规律

泊松分布适合描述单位时间（或空间）内随机事件发生的次数。根据 ISO 21448，真实场景中自动驾驶功能导致的危害行为事件数量也可以用泊松分布规律来描述。泊松分布的概率函数为

$$P(X=k) = \frac{\lambda^k}{k!}e^{-\lambda} \qquad k=0,1,2,\cdots$$

式中，λ 为单位里程（或单位时间）内危害行为事件的平均发生次数；k 为危害行为事件发生次数。

通过转化，可得危害行为事件发生的平均里程或时间间隔（即无事故里程或时长）为

$$\tau = -\frac{\ln(1-\alpha)}{\lambda}$$

式中，α 为置信度水平。

例如，当无危害行为事件里程数达到 100 万 km 时，具有 99% 置信度水平认为该系统在同等驾驶场景中的危害事故率能达到 4.6×10^{-6} 次 /km。

8. 自动驾驶总体安全风险接受准则

对自动驾驶系统总体安全水平的评估，应考虑其是否带来了不合理的安全风险，即与同等驾驶场景下人类驾驶员的安全驾驶能力指标（如平均无事故里程）相比，引入自动驾驶系统后，相关指标不应变差。因此可以认为，如果自动驾驶系统没有带来明显的不合理风险，则其总体安全风险是可以接受的。

总体安全风险接受准则的定义和确认需要基于目标市场情况，假设驾驶安全水平较高的乘用车驾驶员平均每年行驶 2 万 km，每 10 年发生 1 次交通事故。以此作为目标，选择 95% 置信度，则 $\tau \approx 60 \times 10^4 \mathrm{km}$。即为了证明在 95% 置信度下认为自动驾驶车辆事故率能达到上述驾驶员的驾驶安全水平，需要累积测试 60 万 km 无危害事故。通过基于目标市场的统计研究，可以得到危害行为事件的平均行驶里程，再考虑合理的设计余量，作为自动驾驶总体安全风险的接受准则。

9. 自动驾驶里程累积测试终止原则

在自动驾驶里程累积测试过程中，通常会伴随危害行为事件的出现，特别是随着新功能、新设计的实施，发生危害行为事件的平均里程数会出现先下降后逐步上升的情况，如图 3-21 所示。从统计规律定性描述了引入新功能后，由于该新功能应对各种场景的能力较低，因此安全行驶里程相对较短，但通过预期功能安全的迭代开发、功能改进，危害事件发生率下降，从而无危害事件发生的安全平均行驶里程增加。也就是说，通过预期功能安全的迭代开发，车辆发生危害事件的次数降低，安全行驶里程增加，安全能力得到提升。

如果在达到累积测试里程目标前出现了危害行为事件，在修复后为了继续确认自动驾驶系统是否可以满足初始设定的安全目标（相同危害行为事件发生率和置信度水平），后续测试里程数会比无危害行为事件发生时更长。假设在里程达到 τ_1 时发生危害行为事件，当修复后，验证达到同等置信度水平 α 的危害行为事件发生率目标 λ_0 所需要的总里程 s 可由下式确定：

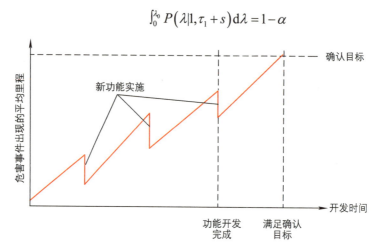

图 3-21　自动驾驶危害行为事件出现的平均里程

例如，定义危害行为事件发生率为 λ_0 = 0.001 次 /km，置信度水平 α = 99%，则发生 j 次危害行为事件后，需要测试的总里程 s 见表 3-13。

表 3-13　自动驾驶危害行为事件发生次数与测试里程

危害行为事件发生次数 j	测试总里程 s/km
0	4605.17
1	6638.35
2	8405.95
3	10045.12
4	11604.63

自动驾驶整车行为危害的安全接受准则（第一层安全接受准则）的得出，应基于具体可行的试验方案。试验方案中场景的选取和搭建、试验车辆条件、试验条件如车速 / 车距等条件的建立，关键在于基于中国目标市场的交通场景数据统计分析，而自动驾驶总体安全风险接受准则（第二层安全接受准则）的得出，关键在于交通事故数据统计分析。

Chapter 04

第 4 章
ETAS Adaptive AUTOSAR 解决方案

4.1 ETAS 解决方案——RTA-VRTE

过去 30~40 年里，在汽车领域的各类软件中，无论是以功能的数量还是功能的复杂性来衡量，都已经从简单的管理软件发展到车辆平台系统级别的应用。其中，Classic AUTOSAR 平台是针对汽车软件日益复杂的需求而开发的。该平台的特点是支持硬实时、高安全性、低资源可用性的 ECU，因此非常适合传统的汽车使用案例。Classic AUTOSAR 平台仍然是功能性汽车 ECU 的首选，这些 ECU 依赖于 Classic AUTOSAR 的低资源使用和实时特性，直接连接到传感器和执行器。然而，有许多明显可预见的趋势推动着 ECU 未来的发展方向，因此也推动着电子/电气架构的未来增长，这些趋势具有以下几个特点：

1）连接性——连接车辆需要高带宽的动态数据连接，以进行故障管理、与路边基础设施互动、实时更新前方道路状况的自动驾驶和辅助系统（ADAS）、空中软件更新（Over-the-Air，OTA）等。

2）自动驾驶——ADAS 旨在减少驾驶员的工作量。ADAS 要求电子/电气（E/E）架构集成先进的传感器和支持算法，涉及高性能计算机处理（High Performance Computing，HPC），如计算机视觉、传感器融合的对象模型等。

3）共享所有权——支持除简单所有权之外的获取车辆的新方式，如车云服务或"移动服务"（Mobility as a Service，MaaS）等。此类功能需要灵活的平台架构，在 OTA 时保持安全，以修复问题、支持新的功能或新的法规要求。

4）电气化——支持新型动力系统的需求，例如电池管理、电源分配、增程式驱动等。非内燃机动力系统可以要求对车辆进行实质性的改变，因此在平台上意味着更加强调支持变化，以允许一个单一的架构来考虑传统内燃机、混合动力和全电动汽车的差异。

总的来说，这些需求被称为 CASE，即连接性（Connectivity）、自动驾驶（Autonomy）、共享所有权（Shared Ownership）、电气化（Electrification）的首字母缩写。推动下一代汽车电子/电气架构发展的 CASE 要求正在以越来越快的速度推动汽车 ECU 的变革：

① 自动驾驶要求处理大型数据集，例如用于计算机视觉的基于多传感器输入推导真实世界的对象模型。大数据的处理需要应用程序内部的并行性，并及时产生解决方案。高性能计算要求平台支持新颖的硬件架构，如异构处理器、图形处理器、多核架构、高性能处理器网格架构等。如果要扩展应用程序，使其能够受益于新的硬件和动态环境，则此类硬件需要平台和编程语言的支持。

② 无论是从车辆到外部的连接，还是从外部到车辆的连接，都需要动态通信和大数据的高效分发。ADAS 会产生大数据集，例如用于图像处理的数据集，必须并行高效处理这些数据集，并与临时合作伙伴进行通信。

③ 以太网等新技术带来的动态高通信带宽意味着通信带宽不是限制因素。

④ 移动服务（Maas）需要更灵活的软件，既安全又可更新，以反映新的功能或法规要求。

许多厂家已经尝试使用 Classic AUTOSAR 来满足 CASE 要求。例如，使用 Classic AUTOSAR 已经成功实现了相对简单的驾驶员辅助系统，如车道跟随和自适应巡航控制。然而，当在一辆车内定义多个这样的系统时，许多 ECU 需要共同负责做出车辆安全或动态的决策，例如是走得更快还是停下来？协调多个决策 ECU 以确保不发生冲突所需的开销导致系统复杂性和所需测试的工作量大幅增加。因此，急切需要一种新的高性能、高度灵活的平台，支持高性能计算、动态通信和增量更改，能够在代替 Classic AUTOSAR 平台的车辆内执行集中决策角色，以满足功能性 ECU 的实时性和安全性要求。

针对上述难题，Adaptive AUTOSAR 应运而生，Adaptive AUTOSAR 旨在连接两个系统，提供具有灵活软件和高资源可用性的实时执行环境。自适应平台 ECU 的特点是软实时（截止期限（Deadline）可能在毫秒范围内，偶尔错过 Deadline 不是灾难性的）和一些安全要求——AUTOSAR 打算为自适应平台提供中等水平的汽车安全完整性等级（Automotive Safety Integrity Level，ASIL）。尽管可以选择符合更高的 ASIL，或者可以使用安全分解等架构技术来实现更高的水平，如图 4-1 所示。然而，与 Classic AUTOSAR 不同的是，它适用于基于 POSIX 标准的多核动态操作系统的高资源环境。

  Adaptive AUTOSAR 的实现可以使用有计划的动态规划来限制平台的动态运行，以利于可预测的执行或资源消耗。动态规划可能会将动态内存分配限制在启动阶段，预先确定服务发现过程，将应用程序分配给特定的内核，或者确保只能访问文件系统中预先存在的文件。

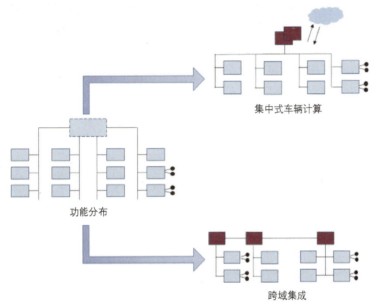

图 4-1　Adaptive AUTOSAR 架构

4.1.1　ETAS Adaptive AUTOSAR 应用工具——RTA-VRTE

  AUTOSAR Adaptive Platform 的开发受到即将到来的汽车系统所需的高性能计算和高带宽通信需求的推动。自适应平台填补了深度嵌入式（Classic AUTOSAR）和软/非实时（信息娱乐）ECU 之间的空白。自适应平台还引入了"动态规划"的概念，以提供对系统动态的约束，从而更好地适应汽车 CASE 应用。

  Adaptive Platform（以下简称 AP）是一个出色的构建模块，通过支持灵活的高性能计算，推动汽车电子电气架构从当前的功能分布式架构发展到支持集中决策和跨域集成计算的未来架构。针对 Adaptive Platform AUTOSAR 的开发，博世集团旗下的子公司 ETAS 推出了一款名为 RTA-VRTE 的开发工具，RTA-VRTE

SK 提供了一个"随时可用"的 AUTOSAR AP 环境，该环境由运行在主机上的一个或多个主机虚拟机组成。在主机虚拟机中，多个目标 ECU 使用自适应平台的多个实例执行自适应应用程序。

RTA-VRTE SK 支持可用于构建和部署自适应应用程序的主机虚拟机中，以及支持部署自适应应用程序并支持在多台主机上分布功能的辅助主机虚拟机。主机虚拟机包含 RTA-VRTE 初学者工具包的配置工具 Adaptive Studio，以及 RTA-VRTE 构建脚本、头文件和 SDK 库。

每个虚拟机还包含对多个目标 ECU 的支持，每个目标 ECU 都实现为虚拟机。每个目标 ECU 支持自适应应用程序的执行文件，以便使用 QNX 或 Linux 操作系统进行实验。使用多个目标 ECU 可以编写使用标准网络协议进行通信的自适应应用程序。RTA-VRTE SK 构建系统在主机虚拟机内执行，可以创建 AUTOSAR 自适应应用程序并将其部署到主/辅助主机虚拟机内的一个或多个虚拟目标 ECU 或目标硬件上。

每个虚拟目标 ECU 在主/辅助主机虚拟机中执行，并提供一个单独的 AUTOSAR 自适应平台实例。因此，每个目标 ECU 包含独立的平台软件，包括独立的 AUTOSAR 自适应功能集群，如执行管理和通信管理。此外，不同的目标 ECU 可以支持不同的目标操作系统，例如 QNX 或 Linux。

4.1.2 软件安装及使用

RTA-VRTE SK 提供了一个"随时可用"的自适应 AUTOSAR 环境，该环境由一个在主机上的 VirtualBox 内运行的主机虚拟机组成。

1. VirtualBox

需要 VirtualBox 来执行 RTA-VRTE SK 的主机虚拟机。如果尚未安装在主机上，则需要从 https：//www.virtualbox.org 下载 VirtualBox 基础软件包。VirtualBox 的安装可以通过通常的计算机安装机制进行。

2. 主机虚拟机

当 VirtualBox 安装好后，要启动并使用 RTA-VRTE SK，只需双击 Vbox 文件，例如：

```
rta_vrte_sk_v*.Vbox
```

对虚拟机的后续访问可以在 Oracle 虚拟机虚拟箱管理器应用程序中进行。

当虚拟机启动时，它将自动登录默认用户（developer）并呈现一个 xfce 桌面。如果需要，初始密码设置为"dev12345"。

至少需要 8GB 内存和 35GB 的备用磁盘空间，以及双核处理器。如果用户有更多内存或处理器内核可用，请重新配置 VirtualBox，因为性能会提高，尤其是在使用 AdaptiveStudio 时。需要注意的是，默认主机虚拟机配置有 2GB 内存和两个处理器内核，以便在笔记本计算机上"开箱即用"，但这对于追求最佳性能的用户来说还不够理想，为了减少编译时间和提高目标仿真速度，可以重新配置虚拟机内存和处理器内核。

（1）创建新的主机虚拟机

主机虚拟机包含 RTA-VRTE SK 的配置和构建工具。不仅可以使用分发中包含的默认虚拟机，还可以创建一个新的虚拟机，并将主机虚拟机虚拟磁盘映像导入 VirtualBox。ETAS 将主机虚拟机作为虚拟磁盘映像分发（例如 rta_vrte_sk_v*.vdi）文件。

在虚拟机管理器中，选择 File → New 或单击新建图标创建新虚拟机，如图 4-2 所示。

在下一个对话框中，为虚拟机选择一个合适的名称，并将类型设置为 Linux，版本设置为 Debian（64 位），单击"Next"按钮继续，如图 4-3 所示。

图 4-2　新建虚拟机

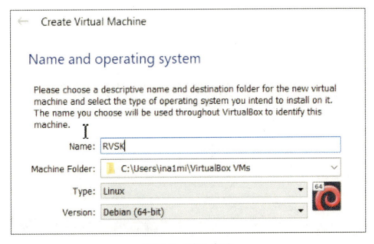

图 4-3　输入名称

为新虚拟机设置内存大小。要分配的内存量取决于主机的能力；VirtualBox 建议该设置不超过主机中内存的 75%。单击"Next"按钮继续。ETAS 提供 RTA-VRTE SK 作为虚拟磁盘映像，适合在 VirtualBox 中直接使用，如图 4-4 所示。

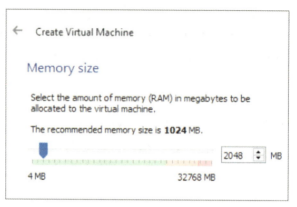

图 4-4 设置内存

当提示"Create a virtual hard disk now"时,将选择更改为"Use an existing virtual hard disk file",并选择 RTA-VRTE SK 发行版中 rta_vrte_sk_v*.vdi 的文件。单击"Create"按钮继续,如图 4-5 所示。

RTA-VRTE SK 现已可以使用;主机虚拟机在 VirtualBox 管理器中显示为"PoweredOff",如图 4-6 所示。

图 4-5 设置硬盘

图 4-6 点击创建的硬盘

1)启动。首先,启动 VirtualBox,并使用 VirtualBox 启动导入的虚拟机。

显示主机虚拟机桌面后,右键单击主机虚拟机桌面并选择"Open Terminal Here",打开一个新终端,如图 4-7 所示。

第 4 章　ETAS Adaptive AUTOSAR 解决方案

图 4-7　启动虚拟机

在终端内切换到用户个人文件夹内的项目文件夹：

```
cd /<user>/vrte
```

然后发出以下命令，构建测试应用程序并将其部署到目标电子控制单元虚拟机，如图 4-8 所示。

```
confidence-test
```

该脚本将为客户机和服务器构建代码，在 Linux 目标上运行客户机，并检查与同一目标、不同 Linux 目标和不同 QNX 目标上的客户机的通信。除了检查虚拟机基础架构和工具链，这些程序还展示了：

① Adaptive Applications 实例的 AUTOSAR 执行清单配置（带有依赖项、环境变量和向已启动的应用程序传递启动参数）。

② 面向服务的本地和远程通信（通过 SOME/IP），包括服务发现和事件消息。

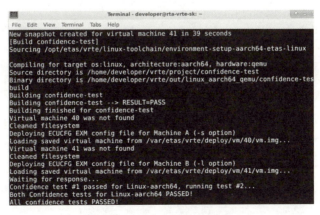

图 4-8　运行 confidence-test

如果一切运行正常,那么测试控制台输出的最后一行应该显示置信度测试已经通过。

2)键盘设置。可以使用 setxkbmap 命令更改主机虚拟机中使用的键盘设置:

```
setxkbmap<countrycode>
```

其中 <countrycode> 是 de、fr、gb、it、dk、gr 等 ..
该命令还可用于指定键盘类型和许多其他选项。有关完整的描述类型:

```
man setxkbmap
```

要查看当前设置的键盘,请输入:

```
setxkbmap -query
```

3)主机虚拟机桌面。主机虚拟机包含 RTA-VRTE SK 的配置和构建工具。一旦安装到 VirtualBox 中,主机虚拟机就可以正常启动。主机虚拟机基于带有 Xfce 桌面环境的 Debian Linux。当第一次启动时,它呈现出一个清晰的桌面,带有用于访问一些基本文档、文件系统、主文件夹和 Adaptive Studio 的图标,如图 4-9 所示。

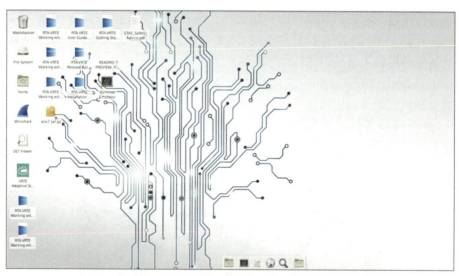

图 4-9 主界面

(2)打开终端

RTA-VRTE SK 开发环境包括构建、部署和与目标 ECU 交互的脚本。从终端访问脚本。

通过单击桌面中的 Terminal 图标打开一个新终端,如图 4-10 所示。

(3) Adaptive Studio

RTA-VRTE SK 包括 Adaptive Studio AUTOSAR 编辑器。可以从主机虚拟机桌面上的图标启动编辑器。Adaptive Studio 包括在定义接口、组件等时对高级抽象的高级支持,而不是直接使用 AUTOSAR ARXML。Adaptive Studio 还包括多个"编辑器"和"生成器",可以自动化和简化 AUTOSAR 配置的创建,例如:

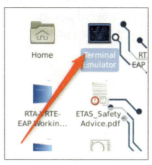

图 4-10　终端位置

① Adaptive Studio 编辑器自动化并简化了 AUTOSAR 清单的创建,该清单描述了系统机器、执行、通信、持久性和诊断配置:

- Application Design Editor,为接口、组件抽象 AUTOSAR ARXML,支持简单的基于文本的配置和等效 ARXML 的自动创建。
- Execution Editor,用于创建 AUTOSAR 机器和执行清单配置,描述可执行文件和进程以及它们如何与自适应平台交互。
- Instance Manifest Editor,用于创建 AUTOSAR 服务实例清单网络配置,支持服务实例到 SOME/IP 的映射,以及创建 SOME/IP 部署。
- Persistency Deployment Creation Wizard,用于根据自适应软件组件的设计为持久性数据的存储创建持久性部署。
- DEXT Editor 用于创建诊断配置和添加诊断。
- S2S Mapping Editor,用于在通信矩阵中表示的 AUTOSAR 经典信号和 SOME/IP 实例配置中描述的服务之间创建映射。

② Adaptive Studio 生成器将来自 ARXML 的 AUTOSAR 清单处理成适合在目标 ECU 上使用的形式,例如二进制或源代码形式:

- Proxy/Skeleton 代码生成器,读取 AUTOSAR 服务描述并生成通信基础设施类。
- Execution Management 代码生成器,用于从 AUTOSAR 执行清单中自动创建 RTA-VRTE 的执行管理预编译配置和 ECUCFG 配置。
- Configuration Management 生成器,用于将 AUTOSAR 服务实例清单处理成为 RTA-VRTE 网络配置,以部署到目标 ECU 上。
- Interoperability 生成器,用于根据配置的 Signal-2-Service 映射创建适配器代码。

(4) 工作空间

Adaptive Studio 定义了一个默认工作空间,其中包括 RTA-VRTE SK 中包含的所有示例应用程序。第一次运行 Adaptive Studio 时，项目浏览器将为空，并且有必要导入 RTA-VRTE 示例应用程序项目，如图 4-11 所示。否则，项目浏览器显示为可用的应用程序。

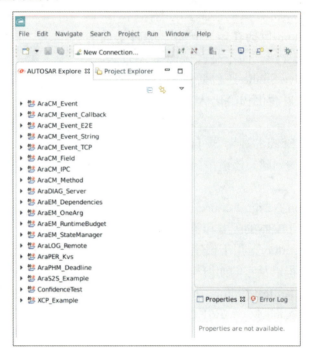

图 4-11 项目工作区

1）关闭主机虚拟机。完成后，主机虚拟机通过"PowerOff"命令关闭，就像普通计算机一样，如图 4-12 所示。

单击 VirtualBox 窗口左上角的图标，并选择正常关闭菜单项以启动关机，如图 4-13 所示。

图 4-12 虚拟机状态

图 4-13 关机

"Close"菜单项可以选择是保存（虚拟）机器状态而不是关机，还是发送关机信号来启动机器关机，或者只是关闭虚拟机的电源。除非用户需要保存状态，否则首选第二个选项。

2）多个主机虚拟机和外部硬件。RTA-VRTE SK 支持可用于构建和部署自适应应用程序的主机虚拟机，以及支持部署自适应应用程序的辅助主机虚拟机。脚本 rvwin 将针对不在同一主机虚拟机上运行的目标以及使用相同方案的硬件目标运行。同样，gdb 可以连接到网络上任何地方运行的服务器，因此辅助虚拟机上的应用程序可以正常调试。

为受支持的外部硬件构建的应用程序被部署到 NFS 共享，例如，IP 地址为 192.168.56.49 的硬件的 /var/etas/vrte/export/49，就像部署到辅助主机虚拟机中的目标 ECU 的应用程序一样。对于外部硬件，没有模拟目标来装载该共享，因此目标必须具有适当的 IP 地址，即 192.168.56.49，并连接到纯主机网络（例如，通过将网卡与 VirtualBox 纯主机适配器桥接），最后，以 192.168.56.2：/var/etas/vrte/export/49 将 NFS 共享装载到 mount-Point/opt。未来版本支持的硬件将符合这些规则，并且遵循适当的网络设置，重置版将运行以与仿真目标几乎相同的方式部署的应用程序。

4.1.3　RTA-VRTE 功能集群简介

RTA-VRTE SK 包括对 RTA-VRTE 产品开发版本的访问。因此，不同的目标可能支持不同的功能集群和/或不同的功能成熟度级别。下面总结了可用的功能集群和支持的功能。

（1）执行管理（Execution Management）

执行管理是自适应平台的核心功能集群之一。RTA-VRTE 包括支持应用程序启动/停止和生命周期控制、执行关联、将应用程序分配给功能组状态、资源管理和运行时预算、支持非自动应用程序等。RTA-VRTE 支持基于机器和执行清单中信息的执行管理的 ECU 数据驱动配置。执行管理与日志和跟踪是集成的，包括配置过程标识和日志级别，以及自动传输到日志和跟踪。

（2）支持的操作系统（Operating System）

AUTOSAR AP 是建立在 POSIX 操作系统之上。RTA-VRTE 支持 QNX v7.0（x86-64，ARMv8）和 Linux（x86-64，ARMv8）。RTA-VRTE SK 支持硬件和仿真目标 ECU。仿真支持 QNX v7.0（x86-64）和 Linux（x86-64，ARMv8）。

（3）状态管理（State Management）

AUTOSAR AP1803 引入了功能集群状态管理。RTA-VRTE 支持机器状态和集成器定义的功能组，以及用于用户状态管理器实现的状态客户端类。RTA-VRTE 支持状态改变时的应用程序终止和启动。

（4）持久性存储（Persistency）

持久性功能集群支持文件和数据库对文件系统的访问。RTA-VRTE 支持键值数据库和文件代理访问。对于数据库，支持简单（原始）和复杂的数据类型。

（5）通信管理（Communication Management）

通信管理是自适应平台的核心功能集群之一。Adaptive Studio 支持代理/框架生成以及机器间（以太网，SOME/IP）和机器内（IPC）通信的配置。RTA-VRTE 使用 events、methods 和 fields 支持自适应平台面向服务的通信。支持 SOME/IP 网关和 SOME/IP 串行器（有一些限制；序列化例如值类型的事件和值类型的结构/数组）。

（6）S2S（Signal-2-Service）

RTA-VRTE 支持信号到服务和服务到信号。Adaptive Studio 支持 S2S Mapping 的配置和适配器应用程序的生成。

（7）日志和追踪（Log and Trace）

RTA-VRTE 支持日志和跟踪，包括支持本地和远程日志记录（使用 AUTOSAR DLT 协议）。日志和跟踪与执行管理集成，允许配置进程标识和日志级别，并在自适应应用程序启动时自动传输到日志和跟踪。

（8）平台健康管理（Platform Health Management）

RTA-VRTE 包括支持平台健康管理，使用静态（手动）配置的本地/全局状态的截止日期监督。错误反应包括根据监管评估和健康通道条件评估触发已配置的 DLT 日志记录操作项目。

> **注意**：这是一个 RTA-VRTE 特定的解决方案，用于记录"操作"，而不执行实际的错误恢复"操作"健康通道。

（9）诊断（Diagnostics）

RTA-VRTE 支持 UDS 服务如表 4-1 所示。

表 4-1　RTA-VRTE 支持的 UDS 服务表

服务	解释
0x10	诊断会话控制
0x11	ECUReset（复位前的正响应；支持的子功能：硬复位、软复位、按键复位）
0x14	ClearDiagnosticInformation（仅适用于组故障诊断码 = 所有组（所有故障诊断码））
0x19	ReadDTCInformation（仅适用于子功能 0x2，其他功能将紧随其后实现）
0x22	ReadDataByIdentifier（仅支持请求中的单个 DID）
0x27	SecurityAccess（不支持安全性访问数据记录；没有调度计数器的持久存储）
0x28	CommunicationControl
0x2E	WriteDataByIdentifier
0x31	RoutineControl
0x34	RequestDownload
0x36	TransferData
0x37	RequestTransferExit
0x3E	TesterPresent
0x85	ControlDTCSetting

（10）密码学（Cryptography）

RTA-VRTE 密码学支持 AES-CBC、AES-ECB、基于 TRNG 的伪随机数生成（PRNG）、签名（ED25519）、CVC 和 x509 证书解析器、临时证书的导入、验证（ECC P-256）。出于性能原因，加密功能集群实现高度针对特定的硬件加速，因此不包含在通用软件开发工具包中。

4.1.4　AP AUTOSAR 编辑器

Adaptive Studio 是一个 AUTOSAR 编辑器，支持多个项目，每个项目可以包含多个 Adaptive Applications。除了 ARXML 配置，Adaptive Studio 还支持通信基础设施、执行管理配置、S2S 适配器等的配置和代码生成。Adaptive Studio 包括高级编辑器，支持在定义接口、组件等使用高级抽象，而不是直接使用 ARXML。

4.1.5　构建系统

RTA-VRTE SK 构建系统包括创建自适应应用程序和操作目标 ECU 的脚本。RTA-VRTE 构建和目标 ECU 操作脚本安装在 /usr/local/etas/vrte/bin 文件夹中的主机虚拟机中，该文件夹包含在路径中，因此只需在命令行中输入它们的名称就可以执行这些脚本。

（1）rvbuild

构建一个项目，并将其部署到目标 ECU。使用 CMake 控制项目构建。rvbuild 脚本假设所有项目都位于用户的 vrte/project 文件夹中。

（2）rvproject

从一个示例项目的 CMakeLists.txt 文件中创建一个 Eclipse 项目。

（3）rvcreate

从模板创建目标 ECU 虚拟机。通常由 rvbuild 在第一次使用虚拟目标 ECU 时自动调用。

（4）rvdeploy

将代码或文件系统部署到虚拟或基于硬件的目标 ECU，并运行部署的应用程序（仅限虚拟目标 ECU）。对于硬件目标 ECU，rvdeploy 脚本无法启动硬件，这需要单独启动。

（5）rvkill

终止目标 ECU 虚拟机。

（6）rvrun

运行 / 重启目标 ECU 虚拟机。

（7）rvwin

在新的控制台窗口中启动与虚拟或基于硬件的目标 ECU 的 SSH（终端）会话。SSH 会话可用于与自适应应用程序交互，并且可以启动多个会话来分离不同应用程序的输出。

4.1.6 文件系统

由 rvbuild 脚本和项目文件夹中包含的 CMakeLists.txt 文件定义的构建过程，假设 RTA-VRTE 产品安装的目录结构如下。

（1）产品文件夹

主机虚拟机中的 RTA-VRTE SK 安装分为三个文件夹：

1）/opt/etas/vrte-RTA-VRTE 软件开发工具包（SDKs）。

2）/usr/local/etas/vrte：RTA-VRTE 构建系统脚本、命令行代码生成器和产品文档。

3）/var/etas/vrte：部署的自适应应用程序和虚拟目标 ECU 映像。

（2）/opt/etas/vrte 文件夹

文件夹 /opt/etas 是所有 ETAS AUTOSAR 自适应平台相关产品的根文件夹。vrte 子文件夹包含与 RTA-VRTE 相关的文件。如果安装，其他 ETAS 产品，如 ISOLAR-A_ADAPTIVE，将有自己的子文件夹。vrte 文件夹的内容是只读的，因此在 RTA-VRTE 的日常操作中不会被修改，如图 4-14 所示。

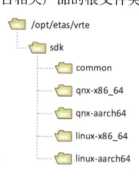

图 4-14　sdk 目录

在 /opt/etas/vrte 中，子文件夹 sdk 是 RTA-VRTE SDK 的根文件夹。软件开发工具包包含每个受支持的目标 ECU 的区域贸易协定 - 虚拟现实技术构建文件，即自适应平台功能集群头文件和库文件。sdk 文件夹中有以下 SDK：

1）qnx-x64 _ 64– 使用 x86-64 架构的 QNX。

2）qnx-aarch 64–QNX 使用 ARMv8/64 位 / 体系结构。

3）linux-aarch 64– 使用 ARM v8/64 位 /LE 架构的 Linux。

（3）/usr/local/etas/vrte 文件夹

文件夹 /usr/local/etas/vrte 包含 RTA-VRTE 构建系统（脚本和可执行文件）和文档。在日常 RTA-VRTE 操作中，文件夹的内容不会被修改，如图 4-15 所示。

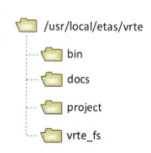

图 4-15　生成目录

在 /usr/local/etas/vrte 中，文件夹 bin 包含用于构建和部署自适应应用程序以及操作虚拟目标 ECU 的 RTA-VRTE 脚本。构建自适应应用程序时，该文件夹应包含在路径中。文件夹文档包含 RTA-VRTE 文档，包括 RTA-VRTE 入门套件用户指南和 RTA-VRTE 入门套件，与硬件配合使用。文件夹项目是示例应用程序的源文件夹。使用 rvinstall.sh 脚本将这些文件复制到用户的主文件夹中。

（4）/var/etas/vrte 文件夹

文件夹 /var/etas/vrte 包含由 RTA-VRTE 在构建自适应应用程序和虚拟目标 ECU 时创建的信息，如图 4-16 所示。文件夹导出包含虚拟机的 NFS（Net File Works）共享。在导出文件夹中为每个目标 ECU 创建一个子文件夹。文件夹部署包含虚拟机数据，例如使用 rvcreate 创建的磁盘映像。

（5）主文件夹

用户主文件夹 /home/ 包含项目特定的工具链、AUTOSAR 配置（ARXML 清单）、源代码等，如图 4-17 所示。

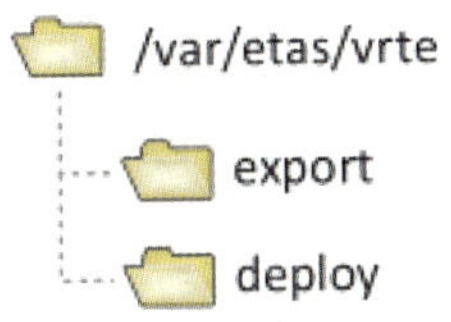

图 4-16　var 下的 vrte 目录 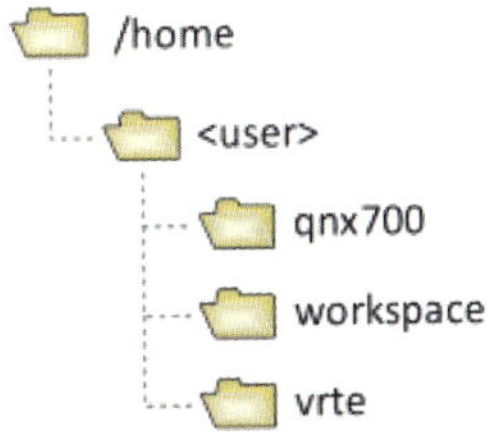　　　图 4-17　home 目录结构

文件夹 qnx700 包含 qnx 的编译器工具链（如果安装了，需要单独的许可证）。文件夹工作区包含 ISOLARA_ADAPTIVE 或 Adaptive Studio 文件。

文件夹 vrte 是示例应用程序、构建工件、项目配置清单和源代码的主要用户项目文件夹。该文件夹为用户开发人员预先安装在 RTA-VRTE 主机虚拟机中，也可以使用 rvinstall.sh 脚本为任何用户创建。/home/<user>/vrte 文件夹包含 RTA-VRTE 项目文件和构建的应用程序，如图 4-18 所示。

out 文件夹包含来自构建脚本的日志文件、部署前构建可执行文件的存储等。该文件夹仅在应用程序构建完成后才存在。它将包含每个操作系统/体系结构组合的子文件夹。

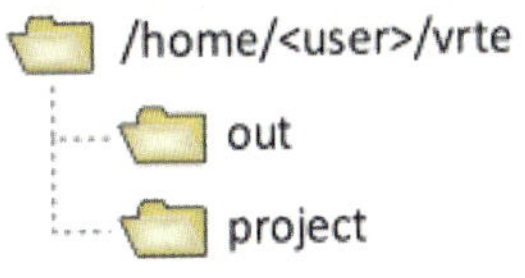

图 4-18　home 下的 vrte 目录

（6）工程文件夹

项目位于 /home/<user>/vrte/project 文件夹，如果不存在，可以使用 rvinstall.sh 脚本为特定用户创建，如图 4-19 所示。项目文件夹包含每个单独项目的子文件夹和一个公共测试文件夹。

vrte/project 文件夹包含每个自适应应用程序项目 <NAME> 的子文件夹。
rvbuild 脚本调用的每个项目文件夹 < NAME > 中总是有一个特定于项目的 CMakeLists.txt。test 文件夹包含一个头文件 test.hpp，每个示例项目都使用它来为 RTA-VRTE 质量保证系统的验收测试提供一致的报告方法。如果根据用户自己的目的修改示例应用程序，则不需要使用此名称。文件夹 build_< NAME > 是项目的 Eclipse 项目文件夹，如果用户已经使用了项目 < NAME > 的 rvproject 脚本，则会创建该文件夹。

< NAME > 的所有子文件夹都不是必需的，但是 RTA-VRTE 配置和生成使用了一些子文件夹：

1）comd——机器间通信网关。在以前的版本中使用过。

2）gen——生成的代码，例如 Skeleton 和 Proxy Classes。

3）exm_config——预编译执行管理配置，涵盖自动生成的执行管理配置。

4）JSON——如果出现，包含自动生成的一些 /IP 配置，从自适应工作室创建。一个单独的 JSON 文件定义了一台机器的网络配置。每台机器的 JSON 文件通常在生成后被复制到项目特定的文件夹中。

5）arxml——特定于项目的 ARXML 文件、DSL 文件等。

6）××××——表示可能存在的任何其他项目相关文件夹，例如 src，等。

（7）vrte/project/<NAME>/gen 文件夹

gen 文件夹是为 RTA-VRTE 工具自动生成的配置数据和代码保留的，或者是用户放在那里的代码，如图 4-20 所示。它由通信网关（comd_sip_gateway）构建和执行管理配置库（libExMConfig.so）构建引用。如果可选文件

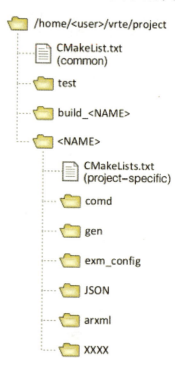

图 4-19 工程文件夹

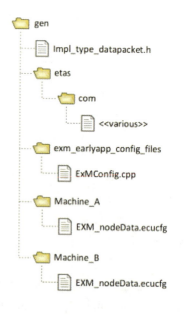

图 4-20 gen目录结构

夹 exm_earlyapp_config_files 存在，则构建系统将尝试使用给定的文件以及下一节中描述的 exm_config 文件结构中的其他文件来构建执行管理配置库。

Adaptive Studio Execution Editor 支持将自适应应用程序进程映射到机器。ECU 生成程序为每台机器创建一个文件夹，其中包含必须部署到相关目标 ECU 的节点数据文件。

在 RTA-VRTE 的早期版本中，SOE/IP 网关是由构建脚本基于配置重新创建的，即在 comd/cfg、comd/cfg_s 和 comd/cfg_l 文件夹中提供和要求的服务的头文件列表。使用头文件的手动过程已被 Adaptive Studio 在 gen 文件夹中生成的基于 ECUCFG 数据的配置和预构建的 SOME/IP 网关 someip_domain_gateway 可执行文件所取代。

Adaptive Studio 中的实例清单编辑器用于定义和配置所提供/所需的服务、它们的类型和实例标识符等。Adaptive Studio 中的 ECUCFG 生成器用于根据定义的服务实例配置创建基于数据的配置文件 EXM_nodeData.ecucfg。生成的 ecucfg 文件在项目 gen 文件夹中创建。

在部署生成的 ECUCFG 数据文件期间，必须通过 CMakeLists.txt 在 Target ECU 文件夹 /opt/vrte/usr/bin 中安装 gen/COM_nodeData.ecucfg，然后通过 rvdeploy 构建脚本将其复制到目标 ECU 的 ecucfg 默认配置文件夹 /opt/vrte/etc/config/ar-19-11 中。

/opt/vrte/etc/config/ar-19-11 是所有功能集群的默认 ECU 配置文件位置。目标 ECU/opt/vrte/etc/config/ar-19-11 还包含定义生成的 ECU 数据结构的 COM_nodeStructure.ecucfg。该文件以及其他功能集群的类似文件作为 RTA-VRTE SDK 的一部分提供，但也必须与生成的 ECUCFG 数据文件 EXM_nodeData.ecucfg 一起部署。

生成的 ECUCFG 数据文件（以及关联的结构文件 COM_nodeStructure.ecucfg）能够为 SOME/IP 网关提供配置信息。由于现在所有的配置都是由数据提供的，所以 SOME/IP 网关现在是一个称为 someip_domain_gateway 的通用可执行文件（而不是 RTA-VRTE 构建过程的一个构建文件），可以由执行管理启动。为了加载 ECUCFG，RTA-VRTE 的早期版本使用了 rb-ecucfg 守护进程。这个版本不再需要守护进程，取而代之的是函数集群使用一个共享库 libb-ecucfg，从 ECU CFG 文件中加载信息。

（8）vrte/project/<NAME>/exm_config 文件夹

如果 exm_config 文件夹存在，那么公共的 CMakeList.txt 将创建执行管理配置库 libExMConfig.so，如图 4-21 所示。在构建 libExMConfig.so 时，通用的 CMakeList.txt 将使用文件夹 gen/exm_earlyapp_config_files 文件夹中的 RTA-VRTE 工具生成的 ExMConfig.cpp 文件。如果生成的文件不存在，那么构建系统将使用

文件夹 src/exmd 中的 ExMConfig.cpp 文件。ErrorHook.cpp 文件包含用户应用程序错误挂钩 ErrorApp 和 ErrorCritical 的示例实现。通常，这些挂钩会根据项目的具体要求进行定制。最后，文件夹 src/exmd 包含头文件 ExMConfig.hpp，它定义了指定执行管理界面的 ILoaderControl 子类。

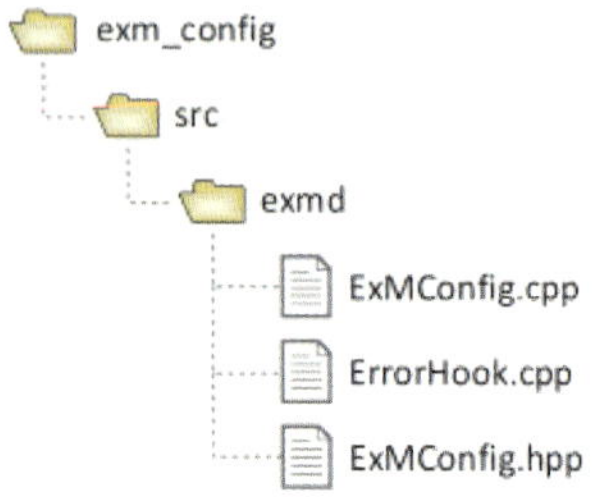

4.1.7 目标 ECU

目标 ECU 是一个单独的自适应平台实例，用于执行用户自适应应用程序。RTA-VRTE SK 在主机虚拟机和辅助主机虚拟机中提供了多个虚拟机，每个虚拟机都是一个独立的目标 ECU。

图 4-21 exm_config 目录

RTA-VRTE 构建系统脚本用于构建自适应应用程序，并将可执行文件部署到虚拟或硬件目标 ECU 上执行。RTA-VRTE 为每个虚拟目标 ECU 使用一个单独的虚拟机（在主 / 辅助主机虚拟机内），并且还可以部署到外部目标硬件上。

> **注意**：确保目标虚拟机始终从相同的状态启动。这是通过使用未更改的根文件系统来完成的；每个虚拟机都有一个单独的副本，在每次运行目标 ECU 时都会重置该副本。但是，每台机器的 NFS 共享在两次运行之间仍然存在，并且在部署中有一个选项（'-a'）可以替换文件系统或对其进行扩充；默认值是替换它。

还要注意的是，虚拟机被保存为快照是为了提高速度——不需要等待机器启动。表 4-2 总结了可用的目标版本以及相关的自适应平台和操作系统 / 架构支持。

表 4-2 自适应平台和操作系统 / 架构支持

目标	AUTOSAR 版本	自适应平台目标 ECU	操作系统和架构
R20-08	AP18-10/AP19-11	Virtual ECUs 10-14	QNX x86-64
R20-08	AP18-10/AP19-11	Virtual ECUs 10-14	Linux x86-64
R20-08	AP18-10/AP19-11	Target HW using ARMv8	QNX ARMv8,LE,64-bit
R20-08	AP18-10/AP19-11	Virtual ECUS 40-44	Linux ARMv8,LE,6-bit

（1）目标 ECU 识别

每一个目标 ECU 都有唯一的"ECU 标识符"。标识符的第一个数字决定了相关的目标操作系统和体系结构。第二位数字表示位置；主或辅助主机虚拟机或硬件目标 ECU。RTA-VRTE 在主机虚拟机中为每个虚拟目标 ECU 使用一个单独的目标虚拟机。

1)标识符为 10、11 或 12 的目标 ECU 支持 x86 的 QNX。

2)标识符为 20、21 或 22 的目标 ECU 支持 x86 的 Linux。

3)标识符为 39 的目标 ECU 支持带有 ARM-64 的 QNX。QNX / ARM-64 不支持虚拟目标。

4)标识符为 40、41 或 42 的大型 ECU 支持带有 ARM-64 的 Linux。

同样,辅助主机虚拟机中的每个单独的目标虚拟机都有一个唯一的目标标识符:

1)标识符为 13 或 14 的目标 ECU 支持 x86 的 QNX。

2)标识符为 23 和 24 的目标 ECU 支持 x86 的 Linux。

3)标识符为 43 和 44 的目标 ECU 支持带 ARMv8、LE 和 64 位的 Linux。

在主机虚拟机中,QEMU 将每个目标 ECU 模拟为 64 位 ARM 或 x86 架构,参见表 4-3。辅助主机虚拟机的仿真遵循类似的规则。

表 4-3 目标 ECU 标识符

ECU 标识符	操作系统或架构	IP 地址
1x	QNX x86-64	192.168.56.1x
2x	Linux x86-64	192.168.56.2x
3x	QNX ARMv8, 64-bit,LE	192.168.56.39
4x	Linux ARMv8,64-bit,LE	192.168.56.4x

qnx700 工具包安装在 /<user>/qnx700 上,当目标是 qnx 时,rvbuild 脚本会自动调用必要的环境设置脚本。对于目标 ECU10-14,目标硬件是 x86-64 平台。默认情况下,不会安装 QNX 工具链,因为需要单独的许可证。

对于标识符为 2x 的目标 ECU,Linux 交叉编译器是作为 VRTE SDK 的一部分安装的。当目标系统是 Linux 时,通过从构建脚本中调用相关脚本来自动设置环境。Linux 目标 ECU 映像在 RTA-VRTE SK 中提供,并自动使用。出于许可考虑,系统不包括 QNX 目标 ECU 镜像。

(2)通过 IP 地址或非标准标识进行识别

除了如上所述的两位数的 ECU 标识符,可以通过完整的地址"192.168.nnn.xxx"或者通过使用最后的数字 xxx 来为硬件目标指定一个 IP 地址,其中它们不与上一段中描述的标准标识符冲突。在这种情况下,它将是:

A. 有必要使用 -w 和 -o 选项将架构和操作系统规范提供给 rvbuild 或 rvdeploy 脚本。

B. 手动启动和停止硬件,因为系统只知道标准的"支持"目标。

例如,要为 IP 地址为 192.168.56.100、运行 Linux 的 x86-64 目标构建和部署"myProject",请使用以下命令:

```
rvbuild -wx86_64 -olinux -dmyProject 100
```

或者：

```
rvbuild -wx86_64 -olinux -dmyProject 192.168.56.100
```

在第一种情况下，目标文件系统将以 /var/etas/vrte/export/100 导出，在第二种情况下，它将以 /var/etas/vrte/export/192.168.56.100 导出。

（3）目标以太网

主机和辅助主机包括一个目标以太网，主机和所有目标 ECU 都连接到该网络，如图 4-22 所示。主机虚拟机中的目标以太网可以桥接到物理以太网，从而桥接到目标硬件或辅助主机虚拟机。

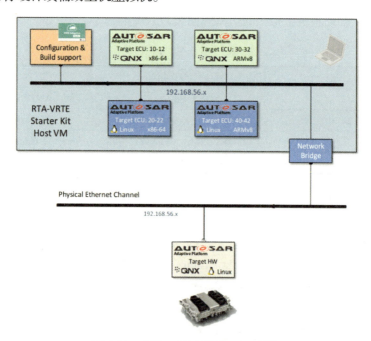

图 4-22　RTA-VRTE 目标 ECU 网络

目标以太网是静态的 -TAPs 在主机虚拟机中使用，无论目标机器是否运行，TAP 都保持不变，并且不使用 DHCP。有一个 TAP 分配给每个目标 ECU，并以该机器命名（tap10，tap11 等），它们都被放置在一个网桥中，其 IP 地址为 192.168.56.2。每个目标 ECU 在主机虚拟机中都是可见的，并且每个目标 ECU 都可以装载由主机虚拟机提供服务的 NFS 共享。如果设置正确，192.168.56.xx 网络可以通过"VirtualBox 主机虚拟机适配器"从主机上看到，但不能从计算机外部看到（除非用户桥接适配器）。为了在 VirtualBox 上使用"纯主机网络"，用户必须正确设置 VirtualBox 纯主机以太网适配器。

（4）目标子网

如上所述，目标以太网使用 192.168.56.xx 子网的静态 IP 地址。子网 IP 地址的选择是任意的，静态 IP 地址的选择避免了 DHCP 和主机虚拟机内动态分配地址的复杂性。此外，通过使用 IP 地址的最后一个字节，构建脚本可以选择目标操作系统和体系结构。

然而，在将 RTA-VRTE 与现有系统集成时，选择 192.168.56.xx 子网可能不合适。以下步骤可用于更改构建脚本假定的子网 IP 地址。请注意，192.168 通常被认为是"特殊的"，因为它是本地使用的 /16 子网，10.xxx 是本地使用的 /8 子网。因此建议只选择 192.168.xxx 或 10.xxx；默认情况下，其他地址可能会被路由到外部。

首先，脚本中嵌入的子网地址必须从 192.168.56 全局更改为新子网的地址，例如 XX.YY.ZZ，以下命令必须在主机虚拟机的上下文中运行，并将对旧子网的所有引用更改为新子网地址：

```
sed -i s/192.168.56/XX.YY.ZZ/g ~/bin/*
sudo sed -i s/192.168.56/XX.YY.ZZ/g /etc/qemu-ifup.sh
```

如果需要外部访问，计算机上网桥的地址也必须更改。同样，如果使用辅助主机虚拟机，则需要在该虚拟机中重复这些命令。接下来，ECU 虚拟机将需要重新创建。如果想要强制重新创建 ECU 虚拟机，只需删除现有镜像：

```
rm -rf /var/etas/vrte/deploy/vm/*
```

IP 地址的最后一个字节到目标操作系统和体系结构之间的映射在脚本中是固定的，在 RTA-VRTE 的这个版本中不能轻易更改。

4.1.8 工程部署

目标 ECU 被认为是一台独立的计算机，其文件系统与主机虚拟机的文件系统不同，即使目标 ECU 是虚拟的，并且是在主机虚拟机内部执行的。因此，RTA-VRTE 必须采取特殊步骤，以确保由主机虚拟机上的构建系统创建的文件（如可执行文件）部署到正确的目标 ECU。

RTA-VRTE 构建系统在主机虚拟机中使用一组共享文件夹，每个目标 ECU 一个文件夹，而不管该 ECU 是主机本地的、辅助主机虚拟机内的，还是基于硬件的。部署项目时，主机虚拟机构建系统会更新相应共享文件夹中的文件，然后可以从目标 ECU 访问该文件夹。

主机和虚拟机上可以通过 NFS 共享文件夹进行访问。虚拟机为每个目标

ECU 共享一个文件夹（即每个目标 ECU 一个单独的文件夹）。然后，相应的目标 ECU 使用 NFS 使主机虚拟机导出的文件在其自己的文件系统中可见。在主机虚拟机上，为每个虚拟或基于硬件的目标 ECU 自动创建 /var/etas/vrte/export 内的共享文件夹，而不管目标 ECU 相对于主机虚拟机位于何处，如图 4-23 所示。导出的共享文件夹的名称是目标 ECU 标识符。导出的共享文件夹特定于目标 ECU，它是 RTA-VRTE 构建系统为该目标 ECU 部署构建的自适应应用程序的位置。

在 /var/etas/vrte/export 中为每个目标 ECU 创建的文件夹结构遵循一个定义的模式，该模式反映了 RTA-VRTE 构建系统对它们的调用。对于每个目标 ECU 文件夹 < ID >，都有一个根文件夹 vrte，其中包含该目标 ECU 的导出 RTA-VRTE

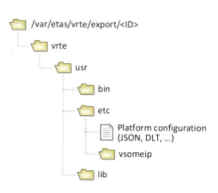

图 4-23　工程部署目录

文件系统。在导出的 vrte 文件夹的顶层有一个 usr 子文件夹。其中有用于 bin 等的文件夹和用于二进制文件、脚本、库等的 lib。对于目标 ECU，目标特定共享文件夹通过 192.168.56.xx 网络上的 NFS 导出。然后，目标 ECU 在挂载点 /opt 使用 NFS 在其自己的文件系统中挂载导出的文件夹，因此导出的文件夹可在目标上作为 /opt/vrte/usr/bin、/opt/vrte/usr/lib 等进行访问。

对于虚拟目标 ECU，每当目标 ECU 启动时，共享文件夹 /var/etas/vrte/export/（其中 < ID > 是目标 ECU 标识符，例如 QNX/x86 为 10）的 NFS 挂载都会自动作为 /opt 出现在目标 ECU 文件系统上。但是，对于基于硬件的目标 ECU，可能需要将 NFS 安装命令添加到 ECU 启动中。部署项目时，RTA-VRTE SK 构建系统会更新主机虚拟机上目标 ECU 的共享文件夹，即 /var/etas/vrte/export/。请注意，部署不需要目标 ECU 安装文件夹；RTA-VRTE 构建系统即使在目标 ECU 不运行时也可以构建和部署应用程序。由于映射到导出的 NFS 共享，演示 RTA-VRTE 不同方面所需的所有文件都可以放在目标 ECU 虚拟机中，只需在 /var/etas/vrte/export/ 中操作主机虚拟机上的文件，即可修改其行为。

4.1.9　在 RTA-VRTE 运行程序

自适应平台的逻辑架构包含聚合平台功能需求的功能集群。根据需求，功能集群可以在运行时由库、守护进程或两者的组合来表示。RTA-VRTE 为使用通信的自适应应用程序使用消息队列。此类应用程序必须使用 GetInstance API 访问 RTA-VRTE 的运行时，该 API 传递一个机器范围的应用程序名称作为参数。

（1）GetInstance

GetInstance 应用编程接口实例化了一个单一类，它是通信背后的实现，例如事件和字段。该应用编程接口使用参数作为队列名称创建一个命名队列（用于应用程序和 RouDi 之间的 IPC 通信）。通过这个队列，实现可以确切地知道由 RouDi 分配和管理的共享空间的地址空间，在那里，它可以存储/读取数据内容，如表 4-4 所示。

表 4-4　GetInstance 函数

名称：	ara::runtime::GetInstance
实体类型	函数
参数	const char*QueueName
返回类型	ara::Runtime&
功能描述	实例化应用程序对 RTA-VRTE 运行时的访问，以便使用消息队列进行通信 调用时，应用编程接口创建一个命名队列，即 /dev/mqueue/，用于应用程序和 RTA-VRTE 路由守护进程 RouDi 之间的 IPC 通信 QueueName 参数用作队列名。该名称可以选择以正斜杠作为前缀
例程	ara::runtime&l_runtime = ara::runtime::GetInstance（"/app_name"）;
注释	这个应用编程接口为与 RTA-VRTE 运行时的应用程序通信创建一个命名的消息队列。所有应用程序都应该使用唯一的名称

（2）进程

在 RTA-VRTE 中，并非所有的功能集群都有需要单独处理的运行时。表 4-5 列出了带有守护进程的功能集群、进程名称以及需要它的环境。

表 4-5　RTA-VRTE 运行程序的进程

功能集群	守护进程	说明
ECUCFG	rb-ecucfg	此版本不需要。在之前的 RTA-VRTE 版本中，该进程的一个实例向其他功能集群（如执行管理）提供了配置数据
Execution Management	rb-exmd	由 RTA-VRTE 构建过程通过共享库和可选的 ECU 配置。启动自适应应用程序和进行状态管理需要此过程的一个实例
Communication Management	someip_domain_gateway RouDi	通信网关守护程序；将应用程序与 SOME/IP 实现分离。机器间通信所需。预构建可执行文件，由 ECU 配置 RTA-VRTE 路由守护进程。基于消息队列的通信所需
Persistency Log and Trace	rb-permd rb-dltd	提供数据库支持 DLT 测试守护进程。当应用程序使用自适应日志和跟踪时需要
Platform Health Management	rb-phmd	为 PHM 提供全局监管状态。在自适应应用程序中使用受监督的实体时需要
Diagnostic Manager	rb-dm	诊断管理器守护程序；预构建可执行文件，由 ECUFG 配置

4.2 工具组成

Adaptive Studio 是 RTA-VRTE SK 附带的 AUTOSAR 编辑器。Adaptive Studio 通过高级抽象支持所有 Adaptive AUTOSAR ARXML 元素的配置,简化了与 Adaptive Platform 的合作。此外,Adaptive Studio 通过代码生成和 AUTOSAR Manifest 处理器支持 RTA-VRTE 开发,这些处理器将这些 ARXML 人工产物转换为在 Adaptive 平台上运行时使用的部署。

Adaptive Studio 包括对多个 AUTOSAR 项目的支持。每个项目都汇总了目标 ECU 的配置,并且可以包含一个或多个自适应应用程序。当使用项目时,称为编辑器的高级抽象简化了 ARXML 的使用:

1)一个执行编辑器,用于定义可执行文件和进程的执行管理配置(在 ARXML 中)以及后续自动生成 RTA-VRTE 的预编译配置或基于数据的配置。

2)一个用于定义通信管理配置的实例清单编辑器。它配置网络(inc. SOME/IP)参数和相关的服务实例标识符,用于机器间通信(在 ARXML 中)以及后续自动生成 RTA-VRTE 的预编译配置。

3)一个持久化部署创建向导,用于将持久化接口表示的文件和键值代理映射到文件系统中的文件,以便可以访问它们的内容。

Adaptive Studio 包括一种域特定语言(DSL),用于使用简单的基于文本的编辑器定义数据类型、服务接口和软件组件。保存文件时,Adaptive Studio 会自动将 DSL 编译为 ARXML。本节的剩余部分考虑如何使用 Adaptive Studio、编辑器、清单处理器和代码生成器。

4.2.1 工程管理

要创建一个新的 AUTOSAR 项目,通过右键单击文件菜单打开"New Project"对话框,并选择 New → AUTOSAR Project,如图 4-24 所示。

在"新建 AUTOSAR 项目"对话框中,设置项目名称和位置(根据需要取消选中"使用默认位置")其他选项,如 AUTOSAR 主版本,可以保留默认值。单击 [FINISH] 创建项目。

(1)AUTOSAR 视图

选择菜单项 Window → Perspective → Open Perspective → Other... 或者点击 [OPEN PERSPECTIVE] 显示 AUTOSAR 视图,如图 4-25 所示。

一个 AUTOSAR 项目由一个小的"40"图标表示,在 AR Explorer 标签旁边创建的项目名称,如图 4-26 所示。

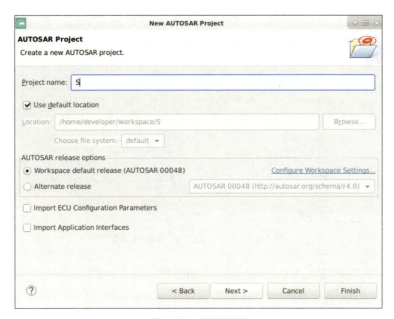

图 4-24　新建项目

图 4-25　AUTOSAR 视图

图 4-26　打开 AUTOSAR 视图

（2）AUTOSAR 标准数据类型

一旦创建了一个新的 AUTOSAR 项目，将标准的 AUTOSAR 数据类型添加到项目中通常会很有用且方便。如果用户正在使用图形用户界面代码生成器，通过"VRTE Tool Configuration..."对话框添加类型是最简单的，如图 4-27 所示。对于命令行工具，建议将文件导入到项目中。

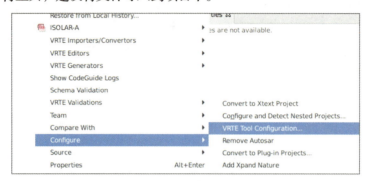

图 4-27　AUTOSAR 标准数据类型

要打开"VRTE Tool Configuration"对话框，请在 AR Explorer 中右键单击项目名称，然后选择 Configure → VRTE Tool Configuration。在打开的"VRTE Tool Configuration"对话框中，确保 Add VRTE Platform Data Types 被选中，并选中工具栏中的 Tool，如图 4-28 所示。

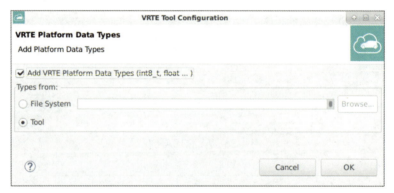

图 4-28　设置工具

单击 [OK] 将类型添加到项目中。

> **注意**：使用 Adaptive Studio 添加标准 AUTOSAR 数据类型会在工具中创建一个指向文件的链接。命令行工具 vrte_fs 无法解析此链接。如果使用命令行生成，请确保将标准 AUTOSAR 数据类型文件导入到项目中，而不是使用配置→VRTE 配置菜单项进行链接。

（3）默认插件路径

默认插件路径定义了用于新创建元素的默认 AUTOSAR 插件。路径是在 Adaptive Studio "Preferences"对话框中设置的，如图 4-29 所示。

第 4 章 ETAS Adaptive AUTOSAR 解决方案

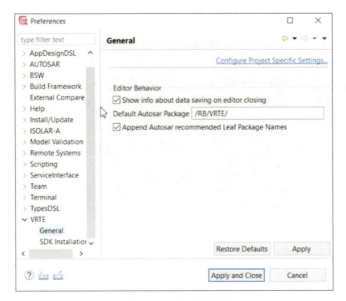

图 4-29 首选项设置

选择 Window → Preferences 菜单项，然后在 "Preferences" 对话框 VRTE → General 中配置默认 AUTOSAR 插件路径。

1）默认路径是 /RB/VRTE。

2）默认的 AUTOSAR 插件是特定项目的设置。

4.2.2 应用程序设计编辑器

应用程序设计编辑器提供了一种领域特定语言（DSL），用于以用户友好的方式编辑自适应应用程序的 AUTOSAR 元素。该编辑器可用于为服务接口、数据类型（包括数组和结构）和自适应软件组件自动创建 ARXML。

DSL 编辑器提供语法突出显示和自动完成以及错误指示。当用户输入时，一个语法错误由空白处的一个红叉表示，一个语义错误，例如一个丢失的导入，由一个黄色三角形表示。应用程序设计编辑器旨在生成 AUTOSAR 清单，因此仅在 AUTOSAR 项目中可用。

（1）创建新文件

应用程序设计编辑器使用扩展名为 "hadl" 的标准文本文件。要创建新文件，右键单击增强现实资源管理器选项卡中的项目名称，然后选择 New → File。在 "New File" 对话框中，确保父项目正确，然后为新文件命名，确保文件扩展名正确使用了 .hadl。

（2）转换为 ARXML

无论何时，从 DSL 到 ARXML 的转换都会自动发生 ".hadl" 文件已保存。

第一次保存完成后，一个新文件会自动添加到项目中，该文件具有相同的基本名称，但扩展名为".arxml"。当文件再次被保存时，ARXML 文件被更新。

（3）从 ARXML 转换

应用程序设计编辑器还可以从 ARXML 转换为 DSL。要启动转换，请在 ARExplorer 中选择 VRTEGenerators →将应用程序设计提取为".hadl"文件格式。转换是自动的，完成后会生成两个 HADL 文件。

1）gen/datatypes.hadl——所有使用的数据类型的定义，即由服务接口引用的数据类型。支持大多数数据类型（String 除外）。

2）gen/serviceinterfaces.hadl——在输入文件中找到的所有服务接口。支持 event、method、fiedl 和应用程序错误。

（4）模版

应用程序设计编辑器支持允许按需插入预定义关键字序列的模板。通过打开"Preferences"对话框可以访问模板定义，如图 4-30 所示。"首选项"对话框为控制自适应工作室的所有方面提供了一个中心位置。导航到 APPDesignDSL，然后导航到 Templates 以创建、编辑或删除模板。

通过单击 [New...] 按钮创建新的模板。在同一个对话框中，可以通过单击相关按钮来编辑或删除现有模板。每个新模板都必须有名称和描述。此外，必须定

图 4-30　模板

义上下文来设置何时访问模板。例如，如果设置为特定关键字，当该关键字有效时，模板将作为代码完成的一部分提供。模板模式定义了使用模板时要插入的文本。这可以包括关键字和变量，后者将在使用模板时填写。

例如，${type} 的模板模式事件 ${name} 定义了一个包含两个关键字和两个变量的模板。如果分配给上下文"keyword 'event'"，那么当 event 关键字有效时，新模板将通过代码完成插入。在"Preferences"对话框中定义了所有必需的模板后，单击 [OK] 和 [APPLY AND CLOSE] 保存新的定义；当使用时，它们将可用 .hadl 文件。

4.2.3　机器和功能组编辑器

1. 定义机器和机器设计

机器是自适应平台的一个实例。机器 ARXML 元素配置可用状态和进程到机器的映射，以及决定执行管理何时启动和停止进程的状态。切换到 ARExplorer 视图，右键单击 System，然后选择 Create Machine → Elements | Machine，如图 4-31 所示。

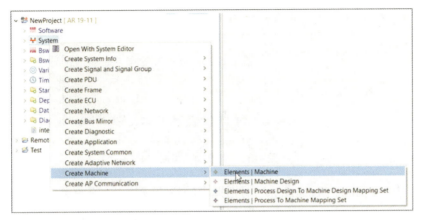

图 4-31 创建机器

在同一个 ARExplorer 视图中，右键单击系统创建一个 MachineDesign，然后选择 Create Machine → Elements |MachineDesign，一个机器设计元素允许配置在机器中实现的设计意图：服务访问控制、网络连接、服务发现配置等。每台机器都应与机器设计相关联。通过在通用编辑器中打开原始 Machine 并在下拉列表中选择设计，将 MachineDesign 与原始 Machine 相关联，如图 4-32 所示。

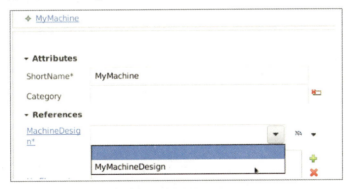

图 4-32 配置机器设计

2. 定义功能组

进程由执行管理启动和停止，以响应功能组状态的变化。由于函数组的状态可以被多个进程引用，因此函数组是从机器配置中引用的，而不是在执行编辑器中定义的。

（1）FunctionGroup 的建立

功能组在其应用的机器中定义。要定义一个新的组，需要创建一个新的模式声明组，然后从机器中引用它。在 ARExplorer 视图中，右键单击 Software 并选择 Create infrastructure → Create Mode Declaration → Elements |

Mode Declaration Group，如图 4-33 所示。

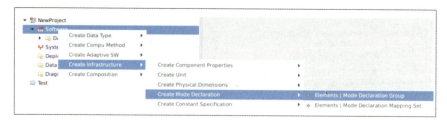

图 4-33　创建模式声明组

在"New Mode Declaration"对话框中给新的函数组一个名称，并确保它被放在一个合适的包中——可以创建一个新的插件或者使用一个现有的插件。

（2）FunctionGroupState

Adaptive Studio 包括一个通用编辑器，可用于向函数组添加附加的模式声明（状态）。双击 Mode Declaration Group，打开 GenericEditor。在 GenericEditor 中，通过右键单击 Mode Declaration Group 的名称并选择 New Child → Mode Declaration，如图 4-34 所示。

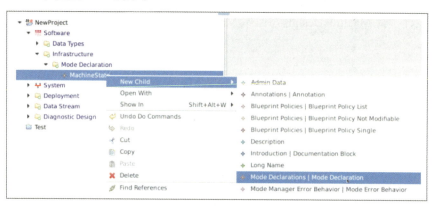

图 4-34　为机器状态设置模式

功能组状态的名称取自 Mode Declaration 的名称。该值可以忽略，因为它与 Adaptive AUTOSAR 无关。定义状态后，将功能组的 initialMode（初始状态）设置为关闭状态。

（3）关联机器和功能组

要将已定义的函数组（Mode Declaration Group）与已定义的机器相关联，需要创建从机器到组的引用。这种方法使得同一功能组定义可以在多台机器上重复使用。在 AR Explorer 中，右键单击现有机器并选择 New Child → Function Group | Mode Declaration Group Prototype（在这里，如果是 MachineState，可以使用不同的链接"Machine Mode Machines"），如图 4-35 所示。

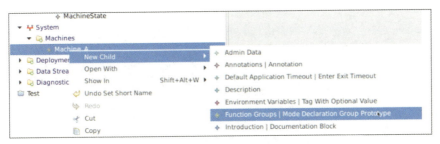

图 4-35　设置模式声明组原型

双击 Machine 中的新 ModeDeclarationGroupPrototype，在 Generic Editor 中打开它。将 Type 设置为功能组，如图 4-36 所示。

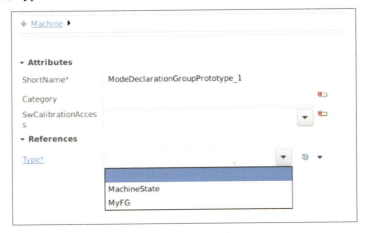

图 4-36　设置状态

一个功能组已经被定义并与一台机器相关联，它可以在 Execution Editor 中用于控制状态改变时，进程的启动/停止。

4.2.4　执行编辑器

为了满足 RTA-VRTE 的安全要求，除了标准的基于数据的 ECU 配置之外，执行管理还支持在目标 ECU 上对执行管理启动的每个进程进行预编译配置。Adaptive Studio 包括一个执行编辑器，用于定义应用程序进程、可执行文件等，以及支持从 AUTOSAR ARXML 配置生成预编译源代码或基于数据的 ECUCFG 配置。

1. 启动编辑器

右键单击 Project Explorer 选项卡中的项目名称，然后选择 VRTE Editors → Execution Editor，打开执行管理配置的自定义编辑器，如图 4-37 所示。

图 4-37　打开执行文件编辑器

空白的 Execution Editor 窗口由一个主窗格（当前为空白）和三个按钮组成，如图 4-38 所示。

"group by" 功能支持在 Execution Editor 中查看不同的可执行文件和进程。单击按钮选择按机器，选择用可执行文件（默认）或按功能组对进程进行分组。

2. 定义可执行文件

在自适应平台中，可执行配置元素将可执行代码与软件组件原型相关联。单击执行编辑器中的按钮，打开"添加可执行文件"对话框，如图 4-39 所示。

图 4-38　空白的编辑器　　　　图 4-39　定义可执行文件

对于每个可执行文件，需要定义可执行文件元素的名称（注意这是 ARXML 配置中元素的名称）和清单文件的 ARXML 路径，如图 4-40 所示。

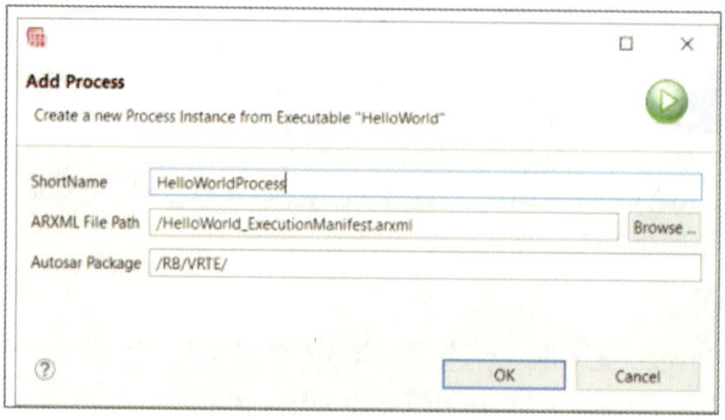

图 4-40　添加可执行文件

可以为单个目标 ECU 定义多个可执行文件。单击"OK"创建可执行文件。创建后，可执行文件可以通过选择新的可执行文件的名称在执行编辑器中打开。在可执行文件中，以下属性是必需的：

1）Software Component Prototype：对软件组件的引用定义了提供的和需要的端口。

2）Executable Path：可执行文件的路径（在目标 ECU 上）。

3）Reporting to EXM：定义应用程序是否使用 Report Execution State 应用编程接口向执行管理报告其执行状态。

定义为 active 的可执行文件应表现为自适应应用程序，并报告其状态。定义为 inactive 的可执行文件预计不会报告，并且在启动时会立即被假定为处于暂停状态。将可执行文件定义为非活动的能力意味着可以使用执行管理来启动非 AUTOSAR 进程，并且这些进程可以参与执行依赖关系。

3. 定义进程

在自适应平台中，可执行配置元素将可执行代码与软件组件原型相关联。单击 Execution Editor 中的按钮，打开"Add Executable"对话框，如图 4-41 所示。

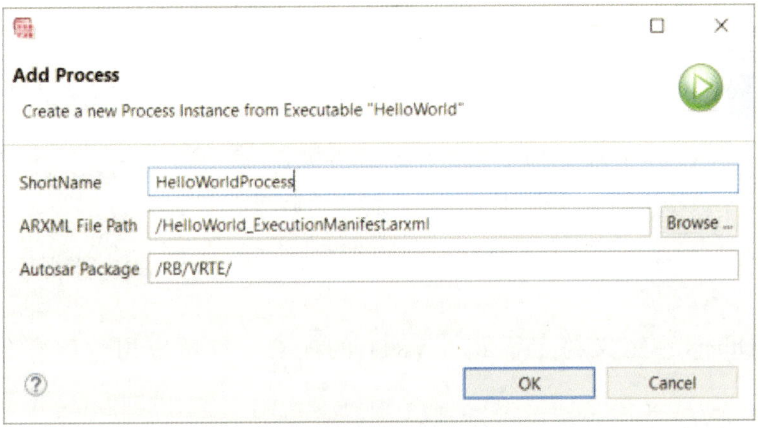

图 4-41　定义进程

对于每个进程，需要定义进程元素的名称（注意，与可执行元素一样，这是 ARXML 配置中元素的名称）和清单文件。请注意，放在同一个 ARXML 包中的进程和可执行文件（即使它们在不同的 ARXML 文件中）必须有不同的简称。单击"OK"创建 Process，如图 4-42 所示。

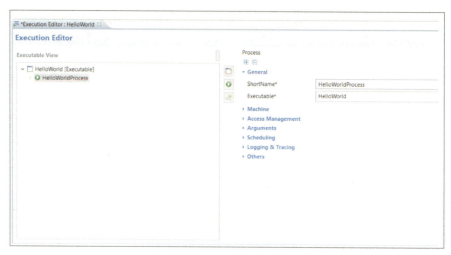

图 4-42　进程

创建后，可以设置进程元素。为方便起见，这些元素分为几类：

1）General：定义整体属性。可执行文件定义了相关的可执行文件元素（多个进程可以引用同一个可执行文件）。

2）Machine：定义自适应平台实例（即机器），该进程与活动功能组状态（该组状态取决于所选机器中定义的状态）一起被分配给该自适应平台实例，并可选地定义核心关联性。

3）Access Management：定义与进程相关的标识符，包括定义用户和组标识的 UID/GID。

4）Arguments：定义命令行参数和环境变量。

5）Scheduling：定义特定于进程的调度参数。

6）Logging& Tracing：定义应用程序标识、默认日志级别等（对于这个进程）。

7）Others：定义特定于 RTA-VRTE 的配置，包括应用程序角色和终端配置。

（1）机器配置

"机器"部分包括进程的核心相似性配置。只有在项目中所选机器具有正确的处理器和处理器核心配置时，才可能选择适用的核心，如图 4-43 所示。如果不存在，核心选择对话框将保持空白。

（2）命令行参数

参数部分定义了进程的执行环境。由

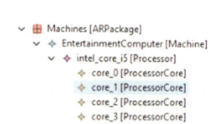

图 4-43　机器配置

于多个进程可以引用同一个可执行文件，因此每个进程都可以由执行管理在不同的执行环境下执行。"Argument"字段定义了一个以空格分隔的命令行参数列表。执行管理解析列表，并使用 argc/argv 向进程提供参数。"环境变量"字段定义了一个用空格分隔的环境变量列表，指定为 NAME=VALUE。启动进程时，执行管理会将环境变量插入到执行环境中。

（3）与日志和跟踪的交互

记录和跟踪部分定义了用于初始化 ara::log 的默认应用程序（进程）标识信息，Execution Editor 可以配置：

1）Logging Process ID：这是一个四个字符的标识，用于日志消息识别（在 ara::log 中，这称为"应用程序标识"）。

2）ProcessDescription：这是进程的长格式标识（在 ara::log 中，这称为"应用程序描述"）。注意，执行管理不会将此参数导出到进程中。

3）DefaultLog Level：这是默认的进程日志级别，用户可以选择 FATAL、ERROR、WARN、INFO、DEBUG、VERBOSE。

4）Logging Modes：支持两种输出，即控制台或网络。

（4）RTA-VRTE 特定配置

Others 定义了特定于 RTA-VRTE 的配置，Role 定义了应用程序的行为方式：

1）普通应用使用默认角色 App。

2）StateManager 被分配 SM 角色。在生成的预编译配置中，SM 对应于 setRoleAsPHM 应用编程接口。

3）平台运行状况管理理应被分配 PHM 角色。在生成的预编译配置中，这对应于 setRoleAsPHM 应用编程接口。

终端管理配置定义了应用程序是自行终止（"byProcessitself"）还是由执行管理终止（"byEXM"）。执行管理将检测它期望控制终止的进程是否实际上意外地自行终止，如果是，则记录一个错误。

4. 定义依赖关系

每个进程可以定义一个或多个执行相关性元素，这些元素决定执行管理启动进程的顺序。要添加新的依赖关系，首先选择进程（必须至少定义两个进程），然后单击创建新的依赖关系，如图 4-44 所示。

在依赖关系窗格中，选择所选进程依赖的进程，以及每个依赖关系的依赖类型。

1）依赖类型"RUNNING"表示只有当作为依赖选择的进程处于"正在运行"执行状态时，选定的进程才会启动。

2）依赖关系类型为"TERMINATED"表示仅当作为依赖关系选择的进程已终止时，所选进程才会启动。

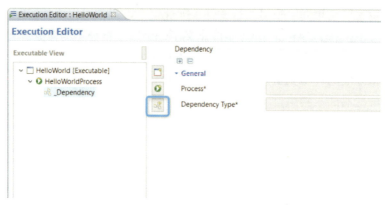

图 4-44　定义依赖

5. 执行清单

保存项目时会创建执行管理配置。在 AUTOSAR 中，配置是在 ARXML 中，被称为执行清单。

（1）设置

AUTOSAR 执行管理配置定义了执行管理如何启动可执行文件。该配置涉及许多相关的 ARXML 元素。

1）为编辑器中定义的每个可执行文件创建一个可执行文件元素。这个元素表示磁盘上的可执行文件，因此包括文件的路径。

2）为执行编辑器中定义的每个进程创建一个进程元素。每个进程都是由执行管理启动的可执行文件的一个实例。一个可执行文件可以被多个进程重用，因为每个进程都可以引用同一个可执行文件。

进程还定义了执行上下文，如启动参数和进程的核心绑定。

（2）进程

Adaptive Studio 支持两种机制，用于在目标 ECU 上生成执行管理配置所需的已处理 AUTOSAR 清单文件；预编译和基于数据的电子控制单元。

基于数据的电子控制单元配置是通过右键单击项目并选择 VRTE Generators → Generate EcuCfgConfig Files。生成的 ECUCFG 包含在一个节点数据文件中，即 EXM_nodeData.ecucfg。一个单独的节点数据文件被添加到每个机器的 gen 文件夹中的项目中，该文件夹位于使用机器名称创建的特定子文件夹中，如图 4-45 所示。在生成过程中，控制台上会显示警告和错误。

预编译生成在此版本中已被取消，取而

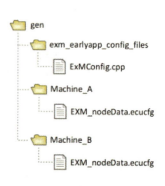

图 4-45　进程配置文件

代之的是 RTA-VRTE 与基于数据的 ECUCFG 相结合所包含的固定配置。但是，一旦定义了 ARXML 配置，仍然可以通过鼠标右键单击项目并选择 VRTEGenrators → Generate Early App Config File 来生成执行管理预编译配置。生成的 C++ 文件 ExMConfig.cpp 被添加到 gen/exm_earlyapp_config_files 文件夹中的项目中。控制台上会显示生成警告和错误。

（3）命令行处理

执行管理 ECUCFG 设置代码可以在无头文件模式下生成，也可以在 AdaptiveStudio 中生成。生成代码要执行的命令如下：

```
vrte_fs -b <path> -fp**/*.arxmlecucfg -o <output>
```

其中：

1）<path> 指定 ARXMLs 中配置的可执行文件和进程所在的项目 / 根文件夹的路径。

2）<output> 指定生成输出的文件夹的路径。

执行管理预编译配置（不推荐使用）仍然可以通过使用类似的命令来生成：

```
vrte_fs -b <path> -fp**/*.arxmlexmearlyappconfig -o <output>
```

4.2.5 网络 IP 配置编辑器

每个项目至少需要一个机器设计。如果使用机器间通信，则至少需要两台机器，并且每台机器至少需要一个 IP 配置来定义其与以太网的连接，每台机器都是由 IP 配置定义的网络端点。

首先，在 ARExplorer 中右键单击 system，选择 Create Adaptive Network → Create Ethernet Network → Elements|Ethernet Cluster，定义以太网网络集群，如图 4-46 所示。

图 4-46　创建以太网网络集群

在新的条件集群中，创建一个 Ethernet Physical Channel，在新的 Ethernet Physical Channel 中，为要在网络上使用的每台计算机创建一个 Network Endpoint。对于每个端点，创建一个 IPv4 配置，然后为端点设置 IP 地址和网络掩码。

1. 多播地址

对于机器间通信，至少需要两台机器；向其中一台机器添加多播地址（例如 224.244.224.245）作为第二个 IP 配置（除了机器的单播端点地址之外）是一个好主意，该地址将用于 SOME/IP 服务发现。一旦添加了第二个 IP 配置，在配置 SOME/IP 服务发现时，就可以选择它作为多播地址。

2. 关联 IP 配置和机器

以太网集群元素代表以太网网络。以太网集群聚合一个以太网物理通道元素，该元素通过 IP 配置定义网络。

> **注意**：由于 IP 配置定义了 IP 地址和网络掩码 / 网络地址，因此物理通道实际上定义了一个子网，因此可能不对应于物理网络！

机器设计需要与以太网集群的 IP 配置相关联。这是使用引用网络端点的 Communication Connector 元素创建的，因此将机器和 IP 子网相关联。连接到 IP 子网的每台机器将定义一个连接器元素，该元素引用同一以太网物理通道上的不同端点。

右键单击 ARExplorer 中的机器设计，然后选择 NewChild → Communication Connector | Ethernet Communication Connector。创建后，在 Generic Editor 中打开新连接器，并在"References"部分中选择适当的端点，如图 4-47 所示。

图 4-47 IP 配置编辑器

3. 服务发现

服务发现配置相对简单；必须设置多播地址，例如 224.244.224.245 和指定的端口。对于 AUTOSAR，SOME/IP 服务发现的预期端口是 30490。在 ARExplorer 中，鼠标右键单击将应用服务发现配置的计算机设计，然后选择 NewChild → Service Discover| Someip Service Discovery，如图 4-48 所示。

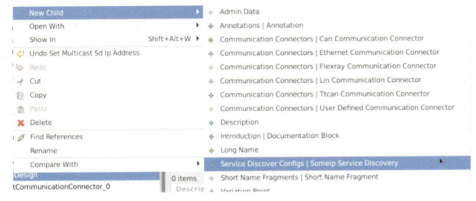

图 4-48　SOME/IP 服务发现

在 Generic Editor 中打开新的配置元素，并选择多播地址。

4.2.6　实例清单编辑器

Instance Manifest Editor 为机器间通信配置网络（包括 SOME/IP）配置和相关服务实例标识符。自适应平台内的通信路径是使用服务发现动态建立的，因此编辑器只需为单台机器配置提供的和需要的服务；服务之间的连接是在运行时使用生成的通信管理代理和框架类中的方法建立的。

1. 启动编辑器

右键单击 AR Explorer 选项卡中的项目名称，然后选择 VRTE Editors → Instance Manifest Editor，打开用于 SOME/IP 配置的自定义编辑器，如图 4-49 所示。

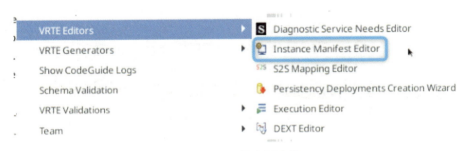

图 4-49　配置实例清单

Instance Manifest 编辑窗口由两个窗格组成；左侧窗格显示机器及其配置的树形视图，右侧窗格显示配置元素的子编辑器（最初为空白），如图 4-50 所示。

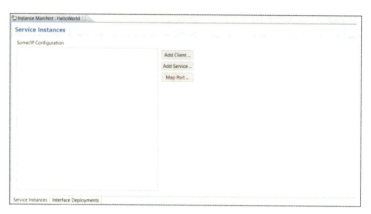

图 4-50 实例清单编辑器界面

2. 服务部署

第一个任务是为每个定义的服务接口创建一个部署。部署将定义网络上每个服务实例的共同特征，如图 4-51 所示。

在 Instance Manifest Editor 中，选择 Interface Deployments 选项卡以选择子编辑器。

图 4-51 选择接口部署

（1）服务接口部署

单击接口部署选项卡中的"Add Deployment"按钮，创建新的 SOME/IP 服务接口部署。此配置元素描述了服务接口在 SOME/IP 网络中的使用方式，如图 4-52 所示。

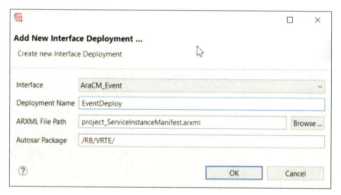

图 4-52 创建部署

在"New Interface Deployment"对话框中，选择一个服务接口和部署名称——这将是 ARXML 文件中部署元素的名称。可以设置服务实例清单的 ARXML 路径，但是通常可以使用默认值。单击"OK"创建部署。

（2）部署详细信息

选择新的 SOME/IP 服务接口部署元素的名称，打开部署的详细信息窗格，如图 4-53 所示。

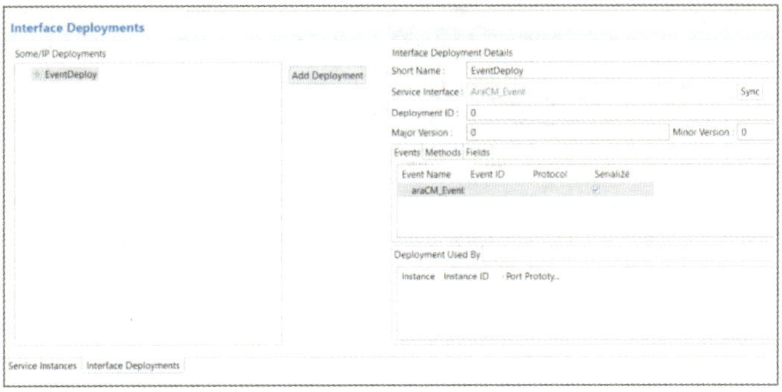

图 4-53　部署界面

对于每个部署的服务接口，首先需要定义 Deployment ID。这是标识服务接口的唯一标识符（在系统的上下文中）。在服务发现期间，部署标识作为 SOME/IP 服务标识发送，并使特定"type"的所有服务能够被定位。

定义部署标识后，为服务接口中定义的任何 Events、Method 和 Fields 定义传输协议和标识。将这些定义为服务接口部署的一部分可以确保通信双方使用相同的值。也可以启用序列化传输模式，建议这样做，以确保复杂数据类型的可靠传输，包括 AUTOSAR.StdTypes.string 数据类型，因为非序列化传输可能会导致错误和应用程序失败。

3. 实例映射（Instance Mappings）

（1）提供的服务

自适应 AUTOSAR 机器通过 IP 配置向网络提供服务。因此，需要确保每个服务都可以通过实例标识唯一识别，如图 4-54 所示。

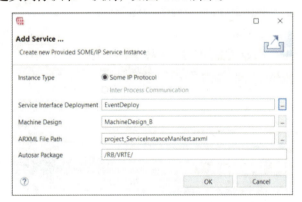

图 4-54　新建服务

单击"Add Service"添加新服务。在"Add Service"对话框中，选择服务接口部署，通过在 Instance Manifest Editor 中选择名称，打开新创建的提供的 SOME/IP 服务接口，如图 4-55 所示。

图 4-55　创建服务

对于部署的接口：

1）Service Instance ID：一个唯一的标识符（在系统的上下文中），它标识一个服务的特定实例。服务实例标识使 SOME/IP 服务发现能够定位特定的服务。

2）TCP Port and UDP Port：在 IP 单播情况下用于通信的 TCP 和 UDP 端口配置。

3）Timing Details：配置 SOME/IP 服务发现协议计时，例如，如果没有提供服务，则重试超时。目前只允许一个服务具有这些设置。

除了服务标识符和计时，Instance Manifest Editor 还可以为服务的 Events、Method 和 Field 配置 E2E Profiles，如图 4-56 所示。

首先，在 Instance Manifest Editor 中，找到要启用 E2E 保护的事件或方法，并使用"PROFILE"选择所需的 E2E 配置文件，如图 4-57 所示。

图 4-56　选择服务标识符

图 4-57　选择配置

接下来,保存项目并双击[PROFIILECONFIGURATION]列下新生成的条目,如图 4-58 所示。

图 4-58　配置条目

最后,根据用户的需要配置 E2E 配置文件。这些属性控制 E2E 状态机的行为。

(2)所需服务

机器所需服务的配置与所提供服务的配置基本相同。但是,对于所需的服务,服务实例标识定义了所需特定提供的服务器实例,而不是配置"Client Instance ID"。要指定使用运行时服务发现来查找所有实例而不是特定实例,可以使用关键字 ANY 作为所需的服务实例标识。

所需服务的 E2E 保护应根据所提供服务的 E2E 设置进行配置。要重新使用相同的 E2E 配置,用户可以单击 [TAKEOVERE2ESETTINGS],如图 4-59 所示。如果满足以下条件,客户端(RequiredServiceInstance)的 E2E 设置可以从服务(ProvidedServiceInstance)中重用,反之亦然:Client 和 Server 的 ServiceInterfaceDeployment 应相同;Client 和 Server 的 Service Instance ID 应相同。

图 4-59　配置 E2E 位置

（3）将端口映射到服务实例

应用程序通过在软件组件原型的上下文中声明的端口原型来访问部署的服务实例。

单击 [MAPPORT] 按钮，将端口原型与部署的服务实例相关联。在"ProcessMapping"对话框中，选择提供/需要端口的进程。单击 [Next>]，如图 4-60 所示。选择 SWC 内的端口原型，如图 4-61 所示。

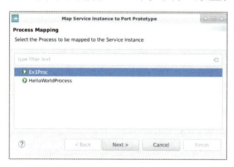

图 4-60　配置进程映射

图 4-61　端口映射

4. 清单生成和处理

每当保存 Instance Manifest Editor 时，自动生成 AUTOSAR ARXML 清单配置。AUTOSAR 方法定义了一个清单处理步骤，通过该步骤，ARXML 清单被转换（处理）成更适合在目标 ECU 上使用的形式。对于 RTA-VRTE，这个表单是一个 JSON 文件，定义了从 ARXML 清单生成的 SOME/IP 配置。在 Project Explorer 中右键单击项目名称，然后选择 VRTE Generators → Generate SOME/IP Configuration。如果成功，一个 JSON 文件夹被添加到包含配置文件的项目中。生成的 JSON 文件使用各自的"Machine Design"和"Ethernet Connector"来命名。为示例应用程序的脚本 rvbuild 定义了一个有用的快捷方式，其中"-s"选项指向 machine design_A_Ethernet communication connector_A.JSON，而"-l"选项指向 machine design_A_Ethernet communication connector_b.JSON。该

快捷方式意味着 rvbuild 脚本将在分别使用 -s 和 -l 选项时自动选择适当的 JSON 文件。

4.2.7 持久性部署创建向导

自适应应用程序在 Application Design Editor 中被建模为自适应软件组件，其端口按接口分类，用于访问通信、持久性等。在集成过程中，Persistency Deployments Creation Wizard 用于将持久性接口表示的文件和键值代理映射到文件系统中的文件，以便可以访问它们的内容。右键单击项目名称并选择 VRTE Editors → Persistency Deployments Creation Wizard，如图 4-62 所示。

图 4-62　配置持久性部署

在向导中，采取以下步骤将端口和接口映射到进程并进行配置，如图 4-63 所示。

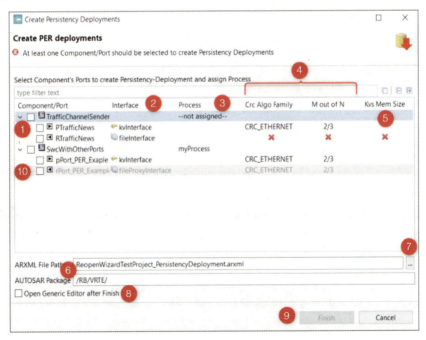

图 4-63　配置步骤

1）选择要从中创建映射的组件/端口。图标表示端口类型有三种：provide（PPort）、require（RPort）和 bidirectional（PRPort）。

2）此列显示接口名称。对于每个端口，都会显示该接口，并指示它是文件接口，还是键值数据库接口。

3）对于选定的端口，接下来选择进程。这一步是必须的，因为持久性数据总是在一个进程的本地，因此持久性部署需要在一个进程的上下文中进行。必须选择适当的进程来创建有效的配置。

4）配置冗余处理。如果一个接口的冗余为 NONE（应用程序设计中的冗余属性（.hadl）），那么这里将显示一个十字标记，无法配置冗余。如果在应用程序设计中冗余不是 NONE，则可以配置冗余。"Crc Algo Family"和"M out of N"的值将分别设置为"CRC_ETHERNET"和"2/3"的默认值，但可以编辑。

5）配置 Key-Value 数据库内存大小。仅适用 PersistencyKeyValueDatabaseInterface。

6）完成后，确保向导指定了所需的目标 ARXML 文件（项目相对）路径和 AUTOSAR 插件。

7）打开文件选择对话框。

8）选择 [FINSH] 后，此复选框可用于在 GenericEditor 中打开新创建的部署对象。

9）选择 [FINISH] 创建部署配置。此外，在关闭向导后，需要对项目执行保存操作（Ctrl+S）才能将所有更改输出到指定文件。

10）项目中的现有部署以灰色背景显示在向导中。无法选择这些元素，也无法从这些元素创建部署，因为部署已经存在。当灰色背景的元素悬停在上面时，将显示现有的部署对象名称及其位置。

对于每个选定的端口原型，将创建以下部署配置元素：

1）每个 Persistencyckeyvaluedatabaseinterface 都会生成一个代表数据库的 Persistencykeyval-eDatabase ARXML 元素。

2）每个 PersistenceKeyValueDatabaSeinterface 都会生成一个 PersistencePortprototypet-OkeyValueDatabaSemapping ARXML 元素，该元素将端口映射到数据库。

3）每个 PersistenceportprototypetoKeyValueDatabaseMapping 都包含一个 PortPrototypeIn-ExecutiableInstanceRef 的 ARXML 元素，该元素将端口映射到进程。

4）Persistencyckeyvaluedatabaseinterface 中的每个 PersistencyDataElement 都会生成一个 PersistencyKeyValuePair ARXML 元素。

5）每个 PersistencyFileProxyInterface 都会生成一个持久性文件数组 ARXML 元素，表示文件集合。

6）每个 PersistencyFileProxyInterface 都会生成一个 Persistencebortprototypeto fileraymapping ARXML 元素，该元素将端口映射到文件数组。

7）每个 Persistenceportprototypetoflearraymapping 都包含 Portprototypeinexectableinstanceref ARXML 元素，该元素将端口映射到进程。

8）PersistencyFileProxyInterface 中的每个 PersistencyFileProxy 都会生成一个 persistencefilearxml 元素。

在 AUTOSAR Example Editor 中，结果如图 4-64 所示。

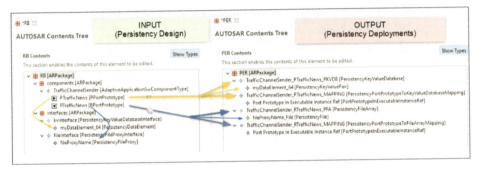

图 4-64　配置条目

1. 当前功能

在当前实现中，设置了以下属性：

1）对于 PersistencyFile：

– contentURI

– fileName

2）对于 PersistencyKeyValuePair：

– dataType

– initValue

3）对于 PersistencyFileArray：

– Redundancy Handling

– Default URI of service：db：csv：/root/db

4）对于 PersistencyKeyValueDatabase：

– Redundancy Handling

– Default URI of service：db：csv：/root/db.csv

5）对于 PersistencyPortPrototypeMappings：

–FileArray | KeyValueDB

– Port（via Instance Ref）

– Process

2. 设置 URI 属性

在当前实现中，为 URI 属性设置了不正确的默认值。必须设置正确的 URI 属性，否则持久性守护程序将无法打开所需的位置，这些属性可以在 AR Explorer 中设置，如图 4-65 所示。

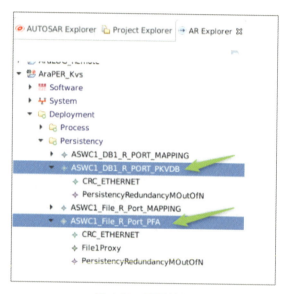

图 4-65　配置结果

对于键值数据库，设置数据库的 URI，如图 4-66 所示。

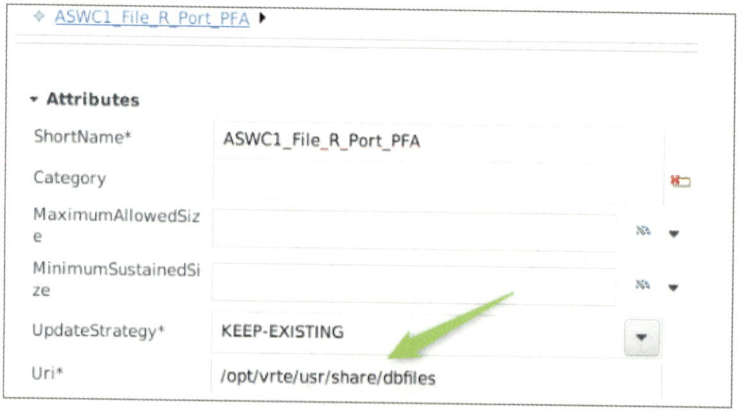

图 4-66　配置 URI

4.2.8 基于数据的配置工具

AUTOSAR 方法支持将 AUTOSAR 清单配置处理成适合在目标电子控制单元上使用的形式。对于 RTA-VRTE，执行管理、服务实例部署、持久性等的清单，被处理成数据库化的 ECUCFG。

基于数据的 ECUCFG 配置由 Adaptive Studio 或 AUTOSAR 清单信息中的等效命令行工具处理，必须部署到目标 ECU。ECUCFG 必须部署在目标文件夹 /opt/vrte/etc/config/ar-19-11/。这是用于存储 .ecucfg 文件的地方。

1. 工作流程

ECUCFG 配置的整个工作流程（图 4-9）包括以下主要步骤：

1) AUTOSAR Authoring：使用 Adaptive Studio 或其他 AUTOSAR 创作工具创建和交付 AUTOSAR 清单信息（作为 ARXML 文件）。

2) Manifest Processing：基于 AUTOSAR 清单信息生成 ECUCFG 配置。在 AUTOSAR 术语中，ECUCFG 是一个经过处理的清单文件，旨在直接在目标 ECU 上使用。

3) Deployment：将已处理的 ECUCFG 部署（连同相关的可执行文件）到目标 ECU。

部署的数据文件构成了部署到目标 ECU 的 ECUCFG Data Repository，然后在运行时读取该存储库以配置支持的功能集群。功能集群的 RTA-VRTE 实现必须支持从部署的 ECUCFG 文件中访问配置信息。为此，额外的数据结构定义会自动部署到目标 ECU，如图 4-67 所示。

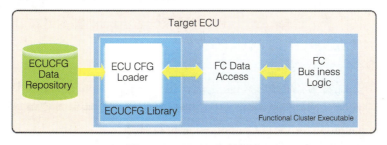

图 4-67　ECUCFG 数据流

2. 生成（Generation）

ECUCFG 配置来自可执行文件、进程、服务等的 AUTOSAR 清单描述，但是不是生成 C++ 源文件，而是创建一个描述信息的 JSON 文件。Adaptive Studio（或等效的命令行）是唯一支持的机制，用于将标准化的 AUTOSAR 执行清单处理为将在硬件上使用的 ECUCFG JSON 格式。对生成数据的修改只能通过再生进行，不能通过手动更改。

执行管理是自适应平台的父进程,因此使用的 ECUCFG 配置实际上由两个独立的部分组成:

1)一个"固定"部分,例如,包含足够的平台元素,以使电子控制单元组数据能够被读取并提供给其他功能集群。

2)一个"变量"部分,包含由执行清单定义的剩余平台和用户应用程序配置。

启动时,执行管理使用"固定"部分来启用初始启动。当 ECUCFG 守护程序正在运行并准备好提供来自"变量"部分的数据时,执行管理然后继续从 ECUCFG 配置启动定义的平台和用户应用程序。

RTA-VRTE 定义了 libExMConfig.so 共享库中的"固定"部分。RTA-VRTE 包含该库的默认实现。过程可以在"固定"和"可变"部分中定义。如果在两者中定义了相同的过程(通过名称识别),则忽略"变量"部分中的配置。

(1) Adaptive Studio

生成的 ECUCFG 文件的名称遵循模式 < name>_nodeData .ecucfg。例如,对于执行管理,它是 EXM_nodeData .ecucfg。生成后,电子控制单元文件会自动添加到项目中;要查看文件内容,请右键单击文件,然后选择 OpenWith → Ecucfg Model Editor。不要使用 Ecucfg Model Editor 编辑 ECUCFG 文件的内容,而是在修改 AUTOSAR 清单信息后,始终从项目中重新生成。

如果位于 gen 中,那么生成的 ECUCFG 文件将通过 rvdeploy 脚本部署到目标 ECU 中。为示例应用程序的脚本 rvbuild 定义了一个有用的快捷方式,其中"-s"选项指的是 MachineA 的 ECUCFG 数据,而"-l"选项指的是 MachineB。这与 JSON 文件命名选择一致,快捷方式意味着 rvbuild 脚本将在分别使用 -s 和 -l 选项时自动选择适当的 ECUCFG 文件。

(2) 命令行生成

ECUCFG 配置可以在命令行上生成,也可以在 Adaptive Studio 中生成。使用命令行生成时,请确保将标准 AUTOSAR 数据类型文件导入到项目中,而不是使用 Configuration → VRTEConfiguration 进行链接。

生成代码要执行的命令如下:

```
vrte_fs -b <path> -fp**.arxmlecucfg -o <output>
```

其中:

1) -b<path> 表示 AUTOSAR ARXML 文件所在的根文件夹的路径。

2) fp**.arxml 指定文件模式,该模式加载由 -b 给定的根文件夹中的所有 ARXML 文件。

3) ecucfg 是激活 ECUCFG 文件生成的 vrte_fs 命令。

4)-o<output> 是必须写入输出文件的文件夹的路径。

生成的文件名来源于功能性集群名称；为每个 RTA-VRTE 功能集群生成一个 JSON 文件，其中包括对 ECUCFG 的支持。

（3）运行时

ECUCFG 配置使用共享库 librb-ecucfg，它负责读取配置数据并将其提供给功能集群，如执行管理。目标 ECU 部署脚本自动将 ECUCFG 节点数据文件夹部署到 /opt/vrte/etc/config/ar-19-11 中，以便在运行时可用于功能集群进程。默认文件夹还保存了定义生成的配置数据布局的 ECUCFG 结构定义文件。

4.2.9　Proxy/Skeleton 生成工具

一旦定义了服务接口并且完成了 SOME/IP 配置，Adaptive Studio 就支持生成通信基础设施代理和框架类。要生成通信基础设施，请在 AR 资源管理器中右键单击项目名称，然后在 AR Explorer 中选择 VRTE Generators → Generate Proxies and Skeletons，如图 4-68 所示。

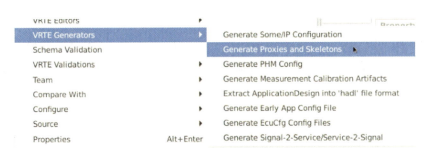

图 4-68　生成代码架构

RTA-VRTE 为项目中的所有服务接口生成代理和框架类。此外，需要在生成之前创建 IP 配置，以便知道服务部署和实例标识符。如果没有这样做，则会出现诸如"错误：找不到 ... 的 SOMEIP-Service-INTERFACE-Deployment"之类的错误将在尝试生成时显示在控制台上。生成的头文件和源代码将被添加到文件夹 gen 的项目中。如果需要，可以将此文件夹的内容复制到另一个位置进行构建。

包含生成的 Proxy 和 Skeleton 类的头文件的名称由 AUTOSAR 标准化，并通过在接口名称中分别添加后缀"_proxy.h"或"_skeleton.h"而形成。

除了标准代理和框架头文件（及其相关的源文件）之外，生成过程还会创建许多附加头文件：

1)< interface>_common.h：Proxy 类和 Skeleton 类都使用的通用数据类型。

2)com _ sipgw _ < interface >.hpp：该文件不应再用于构建新的可执行软

件。将使用通用的 SOME/IP 网关，使用此文件会导致生成错误。

4.2.10 平台健康生成器

平台健康管理（PHM）生成器用于为输入中定义的每个 PHM 监督实体接口或 PHM 健康通道接口创建头文件。生成的头文件为应用程序使用平台运行状况管理提供生成的类型。通过右键单击项目并选择 VRTE Generators → Generate PHM Config，如图 4-69 所示。

运行时，生成器为每个受监督的实体和健康通道接口创建单独的头文件。在每种情况下，头文件的名称都是相关接口的名称。命名空间用于将元素与其他元素区分开来，以防止名称冲突，并在 project gen 文件夹中组织生成的文件。

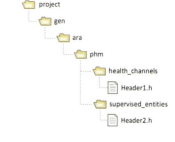

4.2.11 互用性设计器

图 4-69　目录结构

1. S2S 映射编辑器

S2S 映射编辑器有助于在通信矩阵中表示的 AUTOSAR 经典信号和 SOME/IP 实例配置中描述的服务之间创建映射。在打开编辑器之前，这两个元素都必须存在于项目中。要生成代码，右键单击 ARExplorer 中的项目名称，然后选择 VRTE Editors → S2S Mapping Editor，如图 4-70 所示。

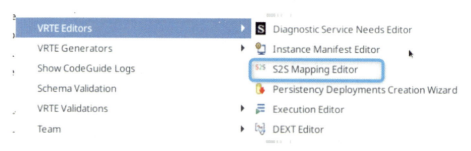

图 4-70　S2S 映射编辑器

2. 信号至服务适配器生成（Signal-2-Service Adaptor Generation）

当使用互操作时，Signal-2-Service 适配器接收经典平台电子控制单元发送的 IPDUs，并根据 Adaptive Studio 中创建的服务实例到信号映射将它们转换为服务。转换后的信号由 Signal-2-Service 适配器作为服务提供，任何自适应应用程序都可以订阅。

一旦定义了 Signal-2-Service 映射，Adaptive Studio 就支持生成 Signal-2-

Service 适配器代码。要生成配置，右键单击 AR Explorer 中的项目名称，然后选择 VRTE Generators → Generate Signal-2-Service/Service-2-Signal，如图 4-71 所示。

图 4-71　生成配置

4.3　ETAS ESCRYPT

凭借大量工业和研究项目，ESCRYPT 在硬件安全模块的实施和集成方面具备广泛的经验。对于硬件安全模块的选型，以及在现有基础设施和应用程序中的集成，安全专家会提供咨询服务。而且在此过程中会特别关注客户在系统和过程方面的特殊要求。

在集成的即插即用式硬件安全模块方面，ESCRYPT 的解决方案基于的是一套完善的产品系列：CycurHSM 作为通用软件堆栈，适用于所有目前市场上可用的汽车 HSM 的实施方案，可满足对灵活 HSM 固件的要求；在这里，CycurHSM 同时囊括了各类不同的硬件实施，并且通过一个统一的接口，将它们提供给应用程序。

HSM 固件高效且面向未来的构架以及已经推出的品种繁多的模块为 HSM 的使用提供了无限的可能：从简单的密钥操作，SHE/SHE+ 功能的仿真和控制单元安全的引导，直至复杂的证书管理或者一个在后台运行的软件篡改识别功能。这些功能可以各自单独使用或者全部同时使用。

有了 CycurCSM，HSM 终于可以无缝集成到控制单元的 AUTOSAR 环境中。另外，通过加密服务应用程序接口（CSAI），就可以为 Legacy（非 AUTOSAR）控制单元和应用程序实现低层级访问。同样，CycurCSM 也可以被用于将现有的 SHE 模块集成到 AUTOSAR 基础软件中，并且通过标准化的接口使得它们的功能可用，如图 4-72 所示。

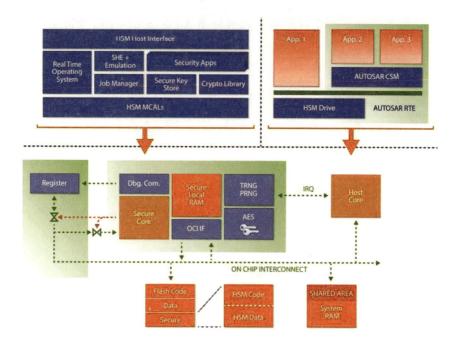

图 4-72　Etas Escrypt

Chapter 05

第 5 章
Adaptive AUTOSAR 运行环境的准备及配置

5.1 虚拟机准备

5.1.1 选择磁盘映像类型

在主机 PC 上，磁盘映像文件可能是各种类型的，但是它们被客户系统视为虚拟的硬盘，而与实际表示形式无关。当客户操作系统写入或读取硬盘时，VirtualBox 会将操作重定向到磁盘映像文件。

VirtualBox 支持几种不同类型的磁盘映像，选择用于传输 RTA-VRTE SK 的类型是为了产生尽可能小的包，但不一定是持续性能的最佳类型。本节概述了各种不同的选项。

1. 磁盘映像文件的类型

VirtualBox 支持以下类型的磁盘映像文件的类型：

1）VDI：甲骨文公司的虚拟磁盘映像格式。这是默认格式，也是用于传输 RTA-VRTE SK 的格式。

2）VMDK：流行且开放的 VMDK 容器格式，被许多其他虚拟化产品所使用。

3）VHD：微软 VHD 格式。

4）HDD：也支持映像文件的 Parallels 版本 2（硬盘格式），但这和 VirtualBox 应用程序不是非常相关。

在创建磁盘时会指定一个最大容量，这决定了操作系统能看到的磁盘大小。这并不总是与主机 PC 上存储映像所需的实际磁盘空间大小相对应。

2. 静态和动态分配的磁盘映像

无论选择磁盘映像文件的格式和容量如何，还有两个进一步的选项决定存储方法：静态或动态分配。

1）静态（Static）分配：磁盘映像将占用与提供给客户系统的虚拟磁盘容量大致相同的主机 PC 上的固定存储量。创建一个静态分配的磁盘需要的时间与所创建磁盘的大小成正比，但是一旦创建了虚拟磁盘，其访问时间并不比存储映像文件的主机 PC 上的真实磁盘少多少。

2）动态分配（Dynamically allocated）：不管虚拟磁盘大小如何，动态分配的映像都会很快被创建。映像文件最初非常小，不会为未使用的虚拟磁盘扇区占用任何空间，但是每当第一次写入磁盘扇区时，映像文件都会增长，直到驱动器达到创建驱动器时选择的最大容量为止。这个增长磁盘的额外操作意味着对于模拟系统来说，磁盘访问速度要比静态分配慢。经过一段时间后，增长速度将会放缓，写入操作的平均损失将会减少，但是映像文件在主机 PC 上存在碎片化的风险，这通常会导致较慢的性能。特别是，从客户系统看到的访问时间是不可预测的。

3. 复制磁盘映像文件

读者可以使用操作系统工具复制磁盘映像文件，不管是用于备份目的还是想在任何其他运行提供 VirtualBox 的操作系统的 PC 上使用它们，但是无法在与原始系统相同的系统上以 VirtualBox 使用它们。这是因为 VirtualBox 为每个项目分配了唯一标识符（UUID），并且不允许注册具有相同 UUID 的项目。为了创建可用的副本，必须使用 VirtualBox 工具，无论是作为图形用户界面（Graphical User Interface，GUI）还是作为命令行控制台应用，两者都允许用户"克隆"一个磁盘，用不同的 UUID 创建一个副本。当这样操作时，可以为磁盘指定不同的格式，或者从静态分配到动态分配，反之也可。

（1）通过 GUI 复制磁盘映像文件

1）从 Tools 菜单中选择媒体管理器。

2）按下 [复制] 按钮。

3）选择要复制的磁盘。

4）单击"Next"按钮，如图 5-1 所示。

选择磁盘映像类型并按下 [NEXT] 按钮，如图 5-2 所示。

选择分配类型并按下 [NEXT] 按钮，如图 5-3 所示。

第 5 章　Adaptive AUTOSAR 运行环境的准备及配置

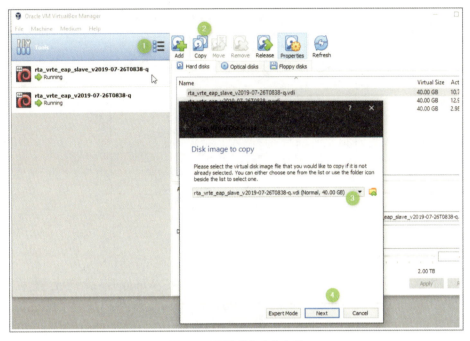

图 5-1　配置磁盘映象文件

图 5-2　选择磁盘映象类型

图 5-3　选择磁盘分配类型

最后，为新磁盘命名，并按下 [COPY] 按钮，如图 5-4 所示。

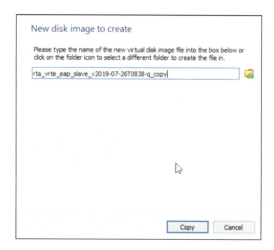

图 5-4 为新磁盘命名

（2）通过命令行复制磁盘映像文件

命令行应用程序被称为 vboxmanage 或在 Windows 系统上被称为 VBoxManage.exe。在 https://www.virtualbox.org/manual 上可以找到大量的文档，特别是 https://www.virtualbox.org/manual/ch08.html 上订阅的 vboxmanage 中。

用来复制媒体的特殊命令是 clonemedium，它的用法非常简单：

```
"c:\Program Files\Oracle\VirtualBox\VBoxManage.exe"clonemedium
    disk <inputfile><outputfile>
```

如果希望输出格式与输入格式不同，可以添加 -format 选项：

```
"c:\Program Files\Oracle\VirtualBox\VBoxManage.exe"clonemedium
    disk <inputfile><outputfile> --format VHD
```

要设置分配，使用 -variant 选项和 Standard 进行动态分配或 -variant 选项和 Fixed 进行静态分配，例如：

```
"c:\Program Files\Oracle\VirtualBox\VBoxManage.exe"clonemedium
    disk \PRODNAME SK.vdi \PRODNAME SK-fixed.vhd --format VHD
    -variant Fixed
```

5.1.2 提升 RTA-VRTE SK 性能

RTA-VRTE SK 以一个动态分配的映像文件传输，以尽可能成为最小的包。因为如上所述的原因，读者可能会发现这限制了系统的性能，或者可能会发现需要更多的存储空间。在下面列出了许多方法可以克服这些限制，可以将不同的方法结合起来，以实现最佳的解决方案。

1. 切换成静态分配的磁盘映像文件

如果读者的主要问题是访问时间，那么这节刚好适用。只需使用前面部分描述的方法复制一个虚拟磁盘，确保在复制时指定"固定大小"，如图 5-5 所示。

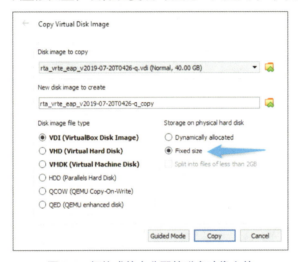

图 5-5　切换成静态分配的磁盘映像文件

将此磁盘分配给虚拟主机，以代替原始磁盘，如图 5-6 所示。

图 5-6　磁盘分配给虚拟主机

之后，就可以释放并删除原始文件，请确保始终使用 VirtualBox 工具来操作磁盘映像。

2. 将主机驱动器映射到虚拟文件系统

当发送 RTA-VRTE SK 时，VirtualBox 客户端已经安装好了，且 windows 主机已经使用"共享驱动器"功能共享了驱动器 C：和 D：。如果没有将 Microsoft Windows 作为主机操作系统运行，那么在第一次启动 RTA-VRTE SK 时就会遇到一个错误，这时必须使用适合主机 PC 的路径描述重新映射共享文件夹，否则驱动器 "D" 不可用，如图 5-7 所示。

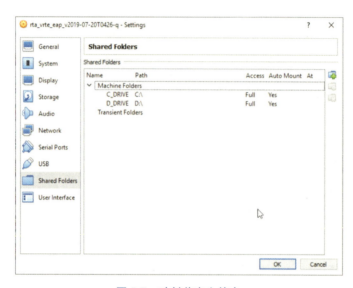

图 5-7　映射共享文件夹

使用"共享文件夹"对话框，可以根据需要添加或删除主机上的路径。这些对话框被 VirtualBox 安装到了访客文件系统中的路径 /media/sf_<name> 里。在 RTA-VRTE SK 中，已经定义了一些符号链接：

$HOME/c 和 $HOME/d 来指向 /media/sf_C_DRIVE 和 /media/sf_D_DRIVE。

例如，如果读者希望 $HOME/vrte/project 文件夹位于主机 PC 上，而不是位于虚拟系统中，那么可以通过移动文件，然后定义一个符号链接来实现：

```
mv -rf $HOME/vrte/project/*
    /media/sf_c_drive/my_vrte_project_files/
rmdir $HOME/vrte/project
ln -s /media/sf_c_drive/my_vrte_project_files/ $HOME/vrte/project
```

3. 在系统中添加另一个磁盘映像

如果想要一个额外的可移动的存储版本，比如向合作者发一个副本，那么可以照图 5-8 所示处理。

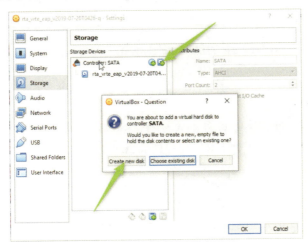

图 5-8　创建可移动存储版本

如果想创建一个固定大小的磁盘映像以提高性能，在使用它之前，必须对其进行分区并在其上创建一个文件系统，然后将其安装到虚拟系统中。新设备将作为 /dev/sdb（/dev/sda 是用户现有的硬盘）出现在设备列表中，并且可以按以下方式使用 fdisk 进行分区，如图 5-9 所示。

```
developer@rta-vrte-eap:~$ sudo fdisk /dev/sdb

Welcome to fdisk (util-linux 2.33.1).
Changes will remain in memory only, until you decide to write them.
Be careful before using the write command.

Device does not contain a recognized partition table.
Created a new DOS disklabel with disk identifier 0xdb0ea654.

Command (m for help): n
Partition type
   p   primary (0 primary, 0 extended, 4 free)
   e   extended (container for logical partitions)
Select (default p): p
Partition number (1-4, default 1):
First sector (2048-16777215, default 2048):
Last sector, +/-sectors or +/-size{K,M,G,T,P} (2048-16777215, default 16777215):

Created a new partition 1 of type 'Linux' and of size 8 GiB.

Command (m for help): w
The partition table has been altered.
Calling ioctl() to re-read partition table.
Syncing disks.

developer@rta-vrte-eap:~$
```

图 5-9　格式化分区

下一步是在磁盘上创建一个文件系统，如图 5-10 所示。

```
developer@rta-vrte-eap:~$ sudo mkfs.ext4 /dev/sdb1
mke2fs 1.44.5 (15-Dec-2018)
Creating filesystem with 2096896 4k blocks and 524288 inodes
Filesystem UUID: 1429ffc7-0782-4c5c-abd2-9d67f7d327c8
Superblock backups stored on blocks:
        32768, 98304, 163840, 229376, 294912, 819200, 884736, 1605632

Allocating group tables: done
Writing inode tables: done
Creating journal (16384 blocks): done
Writing superblocks and filesystem accounting information: done

developer@rta-vrte-eap:~$
```

图 5-10 创建一个文件系统

最后，将新文件系统安装到 RTA-VRTE SK 系统中的任何空文件夹中。同时考虑到了读者想要将项目文件夹迁移到新的磁盘上的情况：

```
mv $HOME/vrte/project $HOME/vrte/old_project
mkdir $HOME/vrte/project
sudo mount/dev/sdb1 $HOME/vrte/project
sudochmod 777 $HOME/vrte/project
mv-r $HOME/vrte/old_project/* $HOME/vrte/project
rmdir $HOME/vrte/old_project
```

如果想让这个改变永久化，以使得系统重新启动时磁盘就会自动安装，就需要通过在 /etc/fstab 中创建一个条目来实现。使用 sudoedit 编辑这个文件，并在文件末尾添加以下行：

```
 /dev/sdb1 /home/developer/ vrte/project ext4 errors = remount-ro 0 0
```

5.1.3　压缩磁盘映像

如果使用的是动态分配的映像，那么即使从客户系统中删除文件，它通常也只会增长，而不会减小。在某些情况下，例如，如果正在与同事共享该文件，或者希望将其放在 USB 闪存设备上进行传输，这时候可能希望映像文件小一点。VirtualBox 提供了一种使用 vboxmanage 来压缩磁盘的方法，但这通常无法产生明显效果，因为它无法区分 Linux 文件系统中已分配和未分配的块。为了达到一个合理的压缩级别，首先需要使用应用程序 zerofree 来清除客户端上所有未分配的块。然而，这个应用程序要求磁盘没有被挂载，这意味着必须以单用户模式运行它，或者将磁盘弹入另一个虚拟机。zerofree 的使用如下所述，之后可以使用 vboxmanage 来压缩磁盘，如图 5-11 所示。

图 5-11 使用 vboxmanage 来压缩磁盘

1. 使用单用户模式处理磁盘

启动虚拟机后，在虚拟机自动进入引导前在 GNU GRUB 屏幕快速选择高级选项，进入单用户模式，如图 5-12 所示。

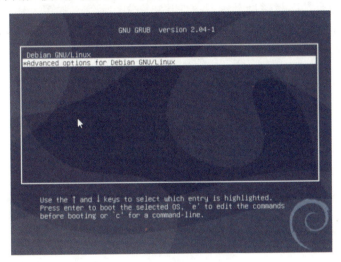

图 5-12 进入高级设置模式

选择恢复模式，如图 5-13 所示。

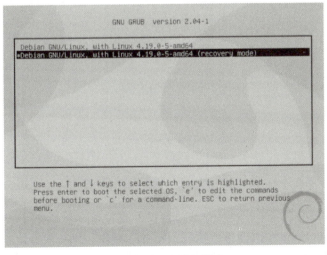

图 5-13 进入恢复模式

输入根密码“dev12345”后，系统会提示输入指令，如图 5-14 所示。

```
         Starting Update UTMP about System Runlevel Changes...
[  OK  ] Started Update UTMP about System Runlevel Changes.
You are in rescue mode. After logging in, type "journalctl -xb" to view
system logs, "systemctl reboot" to reboot, "systemctl default" or "exit"
to boot into default mode.
Give root password for maintenance
(or press Control-D to continue): [    8.816298] snd_intel8x0 0000:00:05.0: white list rate for 1028
:0177 is 48000

root@rta-vrte-eap:~#
```

图 5-14　输入根密码

第一个命令是卸载磁盘，然后检查并修复文件系统，如图 5-15 所示。

```
root@rta-vrte-eap:~# umount /dev/sda1
[  329.194627] EXT4-fs (sda1): re-mounted. Opts: (null)
root@rta-vrte-eap:~# e2fsck -pf /dev/sda1
/dev/sda1: 100266/2097152 files (0.1% non-contiguous), 792294/8388352 blocks
root@rta-vrte-eap:~# _
```

图 5-15　检查并修复文件系统

然后可以通过运行 zeroffree 来清除未分配的块。

2. 使用另一个虚拟机处理磁盘

如果碰巧有另一台虚拟机在运行，这可能是最简单的选择。单击 machinesettings 并在 Storage 选项卡上选择 SATA Controller，然后按下按钮添加另一个硬盘（图中箭头所示），选择想压缩的硬盘后，在 Storage 选项卡上单击 [OK] 按钮保存设置，如图 5-16 所示。

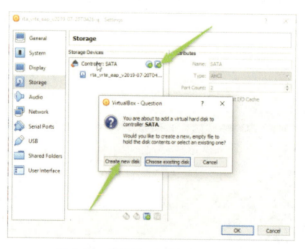

图 5-16　使用另一个虚拟机处理磁盘

在正在运行的机器上启动一个终端窗口，此时应该能够看到一个新设备（本例中为 /dev/sdb），将在该设备上执行 zeroffree 操作。这一次，由于不是 root 用户，因此必须使用 sudo 命令来执行操作，如图 5-17 所示。

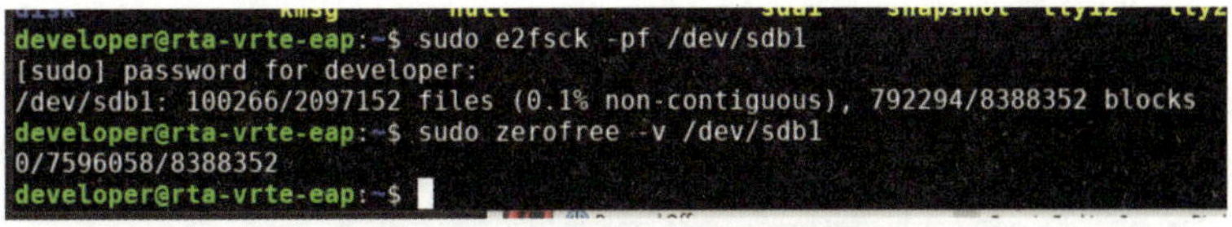

图 5-17 sudo 执行 zeroffree

最后，再次使用 Storage 选项卡从该系统中删除磁盘，选择磁盘（步骤①），重新移动磁盘（步骤②），并保存设置（步骤③），如图 5-18 所示。

图 5-18 删除磁盘

现在可以使用 vboxmanage 压缩磁盘了。

5.1.4　扩展磁盘映像的大小

与物理磁盘一样，虚拟磁盘也有大小或者说容量，在创建映像文件时必须指定大小或容量。与物理磁盘不同的是，VirtualBox 允许在创建后扩展动态分配的映像文件，即使它已经有了数据。如果有一个固定大小的磁盘，那么唯一的选择就是创建一个动态分配的副本，更改大小，如果需要的话，再重新制作一个固定大小的副本。然而，这还没有结束，因为 Linux 客户机系统不能在没有重新分区和扩展文件系统的情况下仅使用那些额外的空间。

1. 增加动态分配磁盘的容量

磁盘大小可以通过使用 Media Tools "Hard Disks" 窗格中的 Attributes 选项卡上的滑动条来增加内存，如图 5-19 所示。

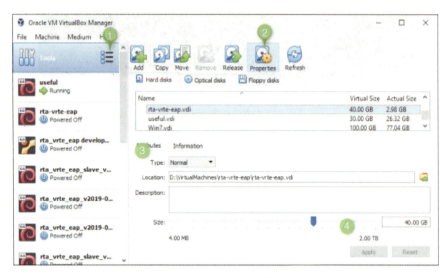

图 5-19　Attributes 选项卡

请注意,一旦按下 [APPLY] 按钮,将无法减小磁盘大小。

2. 重新分区和扩展文件系统

guest Linux 系统中使用三个不同的命令行应用程序来实现这两个操作。首先,fdisk 用于删除所有现有的分区并创建新的分区以利用所有新的空间,e2fsck 用于在使用 resize2fs 扩展文件系统之前检查和修复文件系统。

所有这些命令都需要 root 权限,并且必须在未挂载的磁盘上执行。请参阅第 4 节"压缩磁盘映像",了解如何使用单用户模式或其他虚拟机在未装载的磁盘上工作,然后继续认真地按照这里的说明操作。这里给出了单用户模式的说明,如果使用的是另一个虚拟机,那么必须在每个命令前面加上 sudo,并且使用 /dev/sdb 而不是 /dev/sda。

1)确保第二个磁盘没有挂载(它可能是自动挂载的):

```
# ummount -f /dev/sda1
```

2)启动 fdisk 应用程序。注意,寻址整个磁盘 /dev/sda,而不是其他命令中使用的第一个分区 /dev/sda1。

```
fdisk/dev/sda
```

3)使用 p 命令打印现有的分区表并记录输出,以防出现错误并需要将东西放回原处。

4)使用 d 命令删除现有的分区。如果有不止一个分区,则需要把它们全部删除。例如,可能有如下报告的分区:

```
Device Boot Start End Sectors Size Id Type
/dev/sda1 * 2048 67108863 67106816 32G 83 Linux
/dev/sda2 67110910 83884031 16773122 8G 5 Extended
/dev/sda5 67110912 83884031 16773120 8G 82 Linux swap
/Solaris
```

在这种情况下，先记录扩展分区的大小然后删除所有分区。

5）使用 n 命令添加一个新分区，该分区占用整个磁盘大小，或者减去扩展分区大小后的磁盘大小。接受除了大小之外的所有默认值，需要调整大小来为扩展分区留出空间。

6）使用 a 命令使分区可以启动。

7）现在重新创建交换分区。这是通过添加一个占用所有剩余空间的扩展分区，然后在扩展分区内创建一个用于交换的逻辑分区来实现的。

8）然后使用 p 命令，并与 p 命令的原始输出进行比较。有改变的应该是分区的大小（扇区数量）。

9）使用 w 命令写入更改并退出程序。

注意：如果操作错了，这时可以写 q 命令退出，然后重新开始。

10）检查并修复文件系统。

```
e2fsck-pf/dev/sda1
```

11）扩展文件系统以使用所有分区

```
resize2fs/dev/sda1
```

上述步骤完成之后，如果是单用户模式，则关闭虚拟机；如果在使用另一个虚拟机处理磁盘，则删除存储附件。至此，所有操作已经完成。

5.2 配置代理服务器

代理服务器或应用层闸道位于本地网络和广域网络（如 Internet）之间，以提供许多可能与安全相关或与性能提高有关的服务。如果正在使用这样的服务，则不能直接连接到 Internet，而必须配置访问 Internet 的应用程序，通过将代理服务器作为中介进行寻址来实现这一点。

如果想限制或控制访问，那么还必须提供一些身份验证的细节。本节将讲述如何使用 RTA-VRTE SK 代理服务器。

5.2.1 配置代理服务器步骤

1. 在 VirtualBox 上配置代理

VirtualBox GUI 本身需要访问互联网来完成下载客户附件和检查更新之类的任务。这就需要配置一个代理，从菜单的 File → Preferences 进入首选项界面，如图 5-20 所示。

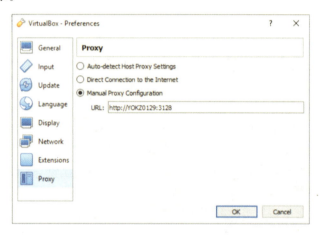

图 5-20　VirtualBox GUI

2. 客户系统代理配置

RTA-VRTE 主机虚拟机基于 Debian Linux。在 Debian 客户系统中，代理信息以多种方式传递给需要它的应用程序。比如一些应用程序要查找环境变量 http_proxy 和 https_proxy，这些变量可能被设置成本地变量 ~/.Bashrc，或者全局变量 /etc/profile。

3. 配置 Firefox

Firefox 有自己的代理配置。首先从主菜单中选择 Preferences，然后搜索 "proxy"，然后按下设置，如图 5-21 所示。

图 5-21　配置 Firefox

然后，"代理配置" 对话框允许用户设置代理，并指出不应使用代理的地址。完成后按下 [OK] 按钮，并关闭 Preferences 页面。

4. 配置 wget

wget 是一个用来从网页或 ftp 服务器下载项目的应用程序，比如安装程序或压缩文件。wget 支持 HTTP 和 FTPx 协议的代理。

为 wget 指定代理位置的标准方法是使用环境变量 http_proxy、https_proxy、ftp_proxy 和 no_proxy。这些变量可以在 /.bashrc、~/.profile、/etc/environment 中设置，或者在命令行之前的命令行上（在一行）设置：

```
https_proxy = https://localhost:3128 wget https://www.example.com
```

此外，用户可以使用配置文件 /etc/wgetrc 在全局范围内配置，或者使用文件 ~/.wgetrc 在本地为每个用户配置 wget，或者在调用命令时使用 -config 选项指定一个配置文件。

可以在 https_proxy 变量中设置用户和密码：

```
export https_proxy = https://user:password@host:port
```

或者可以使用下面的命令选项分别指定用户和密码：

```
export https_proxy=https://host:port
...
wget -- user = user -- password = password http://www.example.com
```

使用以下命令，可以了解更多信息：

```
man wget
```

5. 配置 apt

apt 和 apt-get 是用于从 Debian 中安装、更新和删除其他应用程序的命令行应用程序。这些应用程序可以使用代理服务的环境变量，或者全局文件 /etc/apt/apt.conf 中提供的信息。代理的登录信息（用户和密码）可能会放在 /etc/apt/apt.conf 文件中，也可能单独放置在文件 /etc/apt/auth.conf 中，或者放置在文件夹 /etc/apt/auth.conf.d 的多个文件中，在这些文件中的权限可能使得这些文件只对存储过详细信息的用户可见。此外，可以使用 -c 选项在命令行上创建配置文件，也可以使用 -o 选项在命令行上进行单独的设置。关于这个配置的信息随机分布在几个 man 条目中：

```
man apt
```

```
man apt-get
man apt.conf
man apt_auth.conf
man apt-transport-http
man apt-transport-https
```

在这种情况下,客户系统上的密码的安全性不是问题,由于任何使用 apt 的人都需要通过 sudo 进行访问,因此没有任何机制可以对他们隐藏密码。如果必须要有一个对客户系统维护人员隐藏的代理密码,那么建议在主机(或其他)PC 上使用本地身份验证代理。

此处建议使用通过 ~/.profile、~/.bashrc 或命令行设置的环境变量 http_proxy 和 https_proxy。但是请记住:

1)用户必须在代理 URL 中指定方案(http:// 或 https://)。

2)必须使用 -E 选项传递环境到 sudo。

3)如果需要用户名和密码,它们必须被指定为 URL 的一部分。

下面是使用预先配置的环境变量的示例(可以在 .bashrc 中):

```
export http_proxy = http://my_name:my_passw@proxy.com:port
sudo -E apt-get update
```

下面是在命令行中使用环境变量的示例:

```
sudohttp_proxy = http://my_name:my_passw@proxy.com:port
apt-get update
```

6. 使用别名

为 apt-get 指定代理的一种快捷方法是在命令行中使用别名。可以通过添加到 ~/.bash_aliases 文件中来为用户的所有 shell 设置别名:

```
echo 'alias proxy-apt-get = "sudo http_proxy = http://name:pass@proxy.com:port apt-get"' >> ~/.bash_aliases
```

要使其生效,要么必须获取该文件的源地址,要么启动一个新的终端,之后就可以使用新的命令别名 proxy-apt-get 了。

5.2.2 配置 Synaptic 包管理器

Synaptic 包管理器是 Debian 提供的用于管理软件安装和更新的 GUI 应用程序，可以在 Applications 菜单的 System 部分找到，如图 5-22 所示。

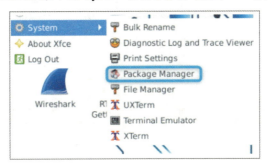

图 5-22 配置 Synaptic 包管理器

代理的配置非常简单，只需要从 Synaptic 的 Settings 菜单中调用 "Preferences" 对话框的 Network 选项卡即可，如图 5-23 所示。

图 5-23 配置代理

如果需要的话，可以通过按 [Authentication] 按钮设置用户名和密码。

5.2.3 使用本地身份验证代理

本地身份验证代理是向代理添加另一层的一种方式，这样用户在使用它时就不必恼于输入用户名和密码，它还可以支持多个不同的代理，跟踪哪些代理正在工作。一旦本地代理被设置好，其他的代理都可以使用，只需要指定 "localhost" 和端口，如图 5-24 所示。

1. cntlm 服务

cntlm 是一个非常好的、免费、快速和容易使用的本地代理，下载地址是 https://SourceForge.net/projects/cntlm/files/latest/download，说明文档地址是 http://

cntlm.SourceForge.net/cntlm_manual。它可以作为服务安装在主机 PC 或客户系统上，并且可以通过在配置文件中进行离散化有效地隐藏用户密码。

```
cntlm.ini - Notepad
File  Edit  Format  View  Help
#
# Cntlm Authentication Proxy Configuration
#
# NOTE: all values are parsed literally, do NOT escape spaces,
# do not quote. Use 0600 perms if you use plaintext password.
#

Username        my_username
Domain          my_domain
Auth            NTLMv2
PassNTLMv2      84DDA25AC889D314F2A0C6E93BA26132     # Only for user 'my_username', domain 'my_domain'
# NOTE: Use plaintext password only at your own risk
# Use hashes instead. You can use a "cntlm -M" and "cntlm -H"
# command sequence to get the right config for your environment.
# See cntlm man page
```

图 5-24　配置本地代理

2. 在主机上进行配置

本节假设读者已经决定在主机上安装 cntlm。在大多数情况下，这将是最有用的选择。

通过下载并运行安装程序安装了 cntlm 之后，必须设置 cntlm.ini 来定义代理地址、端口以及连接的用户名和密码。首先，调用 cntlm.exe 和 -H 开关获得一个哈希密码来输入文件。如果代理的用户名不是用来登录 Windows 的名称，那么用户还必须使用 -u 开关提供这个名称，如果 -d 开关需要，还必须提供一个域。一旦输入了密码，它的离散化版本就会显示出来，这时就可以复制粘贴到配置文件中了，如图 5-25 所示。

```
C:\>"\Program Files (x86)\Cntlm\cntlm.exe" -H -u my_username -d my_domain
      0 [main] cntlm 2332 find_fast_cwd: WARNING: Couldn't compute FAST_CWD pointer.  Please report this problem to
the public mailing list cygwin@cygwin.com
cygwin warning:
  MS-DOS style path detected: C:\Program Files (x86)\Cntlm\cntlm.ini
  Preferred POSIX equivalent is: /Cntlm/cntlm.ini
  CYGWIN environment variable option "nodosfilewarning" turns off this warning.
  Consult the user's guide for more details about POSIX paths:
    http://cygwin.com/cygwin-ug-net/using.html#using-pathnames
Password:
PassLM          4DAE7FD557862D7028F7194EFA88E798
PassNT          3A116C9A85729C8FF1FCEF4CF33187FF
PassNTLMv2      84DDA25AC889D314F2A0C6E93BA26132    # Only for user 'my_username', domain 'my_domain'

C:\>
```

图 5-25　cntlm 配置

配置文件在最新版本的 Windows 上受到管理员权限的保护，因此必须打开 Notepad 或其他具有管理员特权的文本编辑器才能编辑它。在 Windows 10 中，一个简单的方法就是在开始菜单中搜索，然后输入 Ctrl+Shift+Enter 来启动程序，再从这里打开文件 c:\Program Files（x86）\Cntlm\cntlm.ini。

对有关用户名和密码的部分进行适当的更改。输入代理的地址，以及其他可以使用的代理的地址。指定不应该使用代理的地址，如果需要的话，也可以在这里修改 cntlm 监听的端口，如图 5-26 所示。

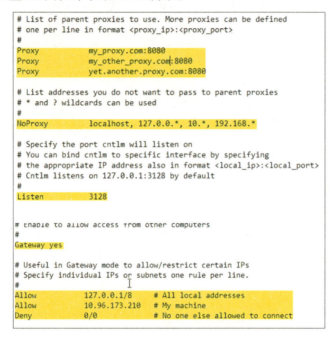

图 5-26　修改 cntlm 监听的端口

最后，用户需要允许从其他计算机访问，但仅限于用户自己的 IP，这让客户端可以通过 NAT 访问它。如果客户端没有使用 NAT，可以在这里授权客户端的 IP 地址。

下一步保存文件，然后使用 Services 应用程序重启 cntlm 服务（在 Windows 开始菜单中搜索），如图 5-27 所示。

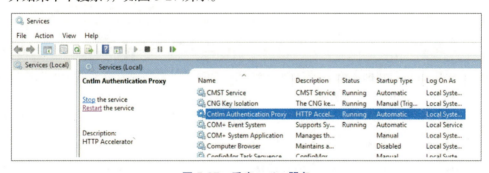

图 5-27　重启 cntlm 服务

通过指定 Host PC 作为代理的地址，以及默认为 3128 的配置端口，现在可以在 Host PC 和客户系统内部设置应用程序，以使用 cntlm 作为代理。在其他任何设置中，都不必提供用户名或密码。例如，proxy-apt-get 别名现在简化为：

```
alias proxy-apt-get ="sudohttp_proxy = http://my_host:3128
apt-get"
```

3. 在客户系统上进行配置

安装 cntlm 最简单的方法是通过软件包管理器。cntlm 作为默认 debian 主存储库的一部分，运行以下命令将安装它：

```
sudo apt update
sudo apt install cntlm
```

如果动态库已经被删除或更改，应该首先在 /etc/apt/sources.list 或 Synaptic "Preferences" 对话框中配置一个适当的镜像，如 http://ftp.uk.Debian.org/Debian/（参见 https://www.debian.org/mirror/list 的 Debian 镜像列表），如图 5-28 所示：

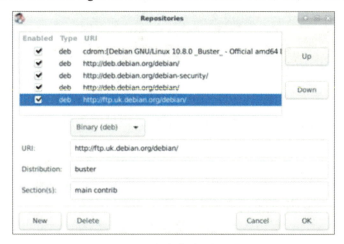

图 5-28　在客户端进行配置

记得重新加载动态库，使用 apt-get 或 synaptic 包管理器安装 cntlm 之后，必须编辑 /etc/cntlm.conf（使用 sudoedit）来指定设置。首先，运行 cntlm 和 -h、-d 和 -u 选项来创建密码哈希值放入文件，如图 5-29 所示：

图 5-29　创建密码

现在可以用 sudoedit 编辑 /etc/cntlm.conf 并替换相应的部分。用户名、域名、密码代理地址、端口、不需要代理的地址列表，以及本地监听的端口。

请注意，在客户系统上设置服务时，通常不会从其他地方访问它，因此需要将"Gateway"条目注释掉。最后，重启服务：

```
sudo service cntlm restart
```

现在可以配置本地应用程序（比如 Firefox 和 Synaptic）使用代理 http://localhost：3128，例如，proxy-apt-get 别名现在变成：

```
alias proxy-apt-get = "sudohttp_proxy=http://localhost:3128
apt-get"
```

5.2.4 为多个源配置 apt 和 synaptic

在 RTA-VRTE SK 中安装 Debian 的目的是提供最低限度的可用功能，以支持所需的工具和虚拟机仿真，但读者可能希望安装喜欢的编辑器，或者可以访问在线存储库。apt 的配置是通过 /etc/apt/sources.list 文件完成的，最有效的方法是使用命令 sudo apt edit-sources（打开 nano 中的文件）或 sudo apt-cdrom add-auto-detect（自动扫描新光盘并相应更改文件）。这个文件也可以使用 synaptic 包管理器进行编辑，这可能是添加在线动态库最方便的方法。

1. 添加包含存储库的 DVD

为客户系统添加一个新的 DVD 光盘，如图 5-30 所示。

图 5-30 添加新的 DVD 光盘

如果驱动器已经存在，更改其中的磁盘，如图 5-31 所示。

图 5-31　更改磁盘

浏览并选择 ISO 文件，按 [OK] 按钮进行更改并退出对话框，启动虚拟机系统，如果它没有运行，打开一个终端窗口，使用命令：

```
sudo apt-cdrom add-auto-detect
```

2. 编辑 sources.list

文件 /etc/apt/sources.list 定义 apt 及其 GUI 前端 synaptic 搜索存储库的位置。它可以直接使用 sudoedit 进行编辑，关于文件格式的信息请使用命令：

```
man sources.list
```

但是，使用 GUI 配置文件更为简单，下一节将对此进行解释。

3. 通过 synaptic 包管理器进行配置

到目前为止，配置在线动态库最简单的方法是使用 synaptic 提供的 GUI 前端，通过从 Applications → System 菜单中选择它来启动应用程序，然后从 Settings 菜单中选择 Repositories。将在 GUI 上面的部分中看到所有已配置的源，并且能够启用和禁用它们。方框中的"勾"对应文件中没有被注释掉的一行，如图 5-32 所示。

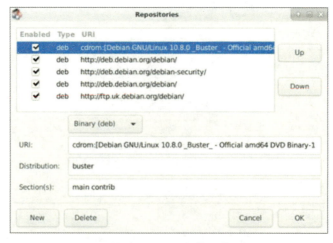

图 5-32　通过 synaptic 包管理器进行配置

在下面的部分，可以编辑、删除和添加新的源代码行。在编辑存储仓库之后，如果没有提示，请使用 Reload 按钮确保重新加载它们。

5.3 硬件准备

5.3.1 硬件概述

本节提供了与 RTA-VRTE SK 结合使用目标硬件的指南。本节默认读者已经理解 RTA-VRTE 初学者工具包入门指南和 RTA-VRTE 初学者工具包用户指南文档，并且已经安装了虚拟机，熟悉这些文档中描述的虚拟机主机的操作。

以 SBC-S32V234 为例，这是一个低成本的评估系统和开发平台。关于这个硬件的更多信息可以从 http://www.nxp.com/SBC-S32V234 获得。SBC-S32V234 板提供了 microSD 卡上的 Linux 系统，该系统与 RTA-VRTE SK 提供的 aarch64 体系结构上的 Linux SDK 兼容。本文档中的说明也可以适用于运行在 x86_64 架构或使用 QNX 操作系统的系统，前提是可以访问终端窗口，或者使用单独的键盘和显示器，或者与 PC 的连接，以及可用的 RJ45 以太网连接。

除了 RTA-VRTE SK，还需要：

① 在主机上执行"admin"操作的能力；

② 如 SBC-S32V234 这样能够引导到一个合适的兼容操作系统（Linux 或 QNX）的 EVB 硬件；

③ 一种允许与目标硬件（如 USB 到 micro-B 连接线或其他连接线）进行交互以便将开发板连接到运行终端程序的 PC 的操作控制台的方法；

④ 计算机上有一个专门的以太网连接和一个合适的连接线来连接到目标硬件。

在本节中，有以下几个关键术语：

1）BitBake：BitBake 是 Yocto 项目的任务执行引擎。BitBake 根据 BitBake Recipe 中提供的元数据执行任务。

2）BitBake Recipe：BitBake 解析的元数据片段。一个 recipe 是一组指令，由一个叫做 bitbake 的构建引擎读取和处理。recipe 是一个描述要构建的软件的单独文件。

3）CMake：一种软件，用于自动生成供生成系统（例如 Make）使用的生成文件（例如 Makefiles）。

4）Functional Cluster：自适应平台逻辑架构中的一个模块。一个功能集群代表了 AUTOSAR 自适应平台形式规范中的一组功能相关的需求。

5）NFS：网络文件系统。

6）PAM（Pluggable Authentication Modules）：一套支持和配置用户身份验证

的共享 Linux 库。

7）Poky：Yocto Project 参考 Linux 发行版。

8）Target ECU：用于执行用户 Adaptive Applications 的 Adaptive Platform 实例。RTA-VRTE Starter Kit 在 Host VMs 中提供了多个虚拟机，每个虚拟机都是一个独立的 Target ECU。Target ECU 可以使用 QNX（需要单独的许可证）或 Linux 操作系统。多个自适应应用程序可以部署到每个目标 ECU。

9）Yocto 项目层：BitBake Recipes 和 / 或 Yocto Project 使用的配置位的集合。通常每一层都围绕着一个特定的主题组织，如特定的硬件支持、软件支持等。

10）Yocto 项目：提供用于创建自定义嵌入式 Linux 发行版的工具和 Linux 基础项目。

5.3.2 在硬件上调试和配置

1. 初始硬件调试

有关如何启用 SBC-S32V234 电路板的详情，可参阅网页 http://www.nxp.com/SBC-S32V234 中 "Documents and Software" 链接的 S32V234 快速启动指南。

（1）安装

本节介绍了安装 Linux 或 QNX 操作系统。SBC-S32V234 板上提供了在 microSD 卡上的 Linux 系统，可以在 RTA-VRTE SK 提供的 aarch64 体系结构上与 Linux 的 SDK 一起使用（更多细节见 "S32V234 快速启动指南"），但需要手动将一些动态库从 SDK 复制到目标文件系统，以正确运行 RTA-VRTE 中间件应用程序。

如果读者熟悉 Yocto 系统，建议读者阅读一下本章前两节，以便制作一个定制的目标映像，其中已包含 RTA-VRTE 应用程序所需的所有设施。或者，如果读者有 QNX 许可证，请参考下为 SBC-S32V234 创建一个可引导的 QNX 映像的详细信息。

（2）连接主机（USB/串行）

在 RTA-VRTE 应用程序可以部署到目标之前，首先需要在主机 PC 和目标硬件之间建立以太网连接。除了直接连接 PC 和目标到以太网交换机的电缆这样的物理连接，还需要在目标上设置 IP 配置。

在主机 PC 和目标之间的以太网连接可用之前，可以使用 USB 或串行连接与目标进行交互。在这样做之前，必须要有一个终端程序，如 "Putty" 或 "TeraTerm" 用于连接 USB 到板上的串行适配器。SBC-S32V234 板的默认串行配置是 115200 波特率，8 个数据位，无奇偶校验和 1 个停止位。

此时可能会发现到 SBC-S32V234 主板的 USB 连接没有自动配置，在这种情况下，从 https://ftdichip.com/drivers/vcp-drivers/ 下载驱动程序（在编写本书时直接链接最新版本 https://www.ftdichip.com/Drivers/CDM/CDM%20v2.12.28%20WHQL%20Certified.zip ），并首先为 FT232R USB UART 安装驱动程序，然后为相关的 USB 串口（COMx）安装驱动程序；必须使用 Windows 设备管理器来完成这项工作。启动设备后，可以在终端程序窗口看到登录提示，然后就可以安装主机 PC 至目标网络配置了，如图 5-33 所示。

```
[  OK  ] Started Xinetd A Powerful Replacement For Inetd.
[  OK  ] Started Load/Save Random Seed.
[  OK  ] Started Login Service.
[    7.276217] 001: fec 40032000.ethernet eth0: Link is Up - 1Gbps/Full - fl
[    7.276245] 001: IPv6: ADDRCONF(NETDEV_CHANGE): eth0: link becomes ready
[  OK  ] Started Wait for Network to be Configured.
[  OK  ] Reached target Network is Online.
         Mounting RTA-VRTE SDK folder NFS mount...
[  OK  0.913692] 000: NFS: bad mount option value specified: minorversion=1
[0m] Started strongSwan IPsec I_IKEv2 daemon using ipsec.conf.
[  OK  ] Mounted RTA-VRTE SDK folder NFS mount.
[  OK  ] Reached target Remote File Systems.
         Starting Permit User Sessions...
[  OK  ] Started Permit User Sessions.
[  OK  ] Started Getty on tty1.
[  OK  ] Started Serial Getty on ttyLF0.
[  OK  ] Reached target Login Prompts.
[  OK  ] Reached target Multi-User System.
         Starting Update UTMP about System Runlevel Changes...
[  OK  ] Started Update UTMP about System Runlevel Changes.

Auto Linux BSP 1.0 s32v234sbc ttyLF0

s32v234sbc login:
```

图 5-33　登录 S32V234

2. 网桥

（1）虚拟机主机专用网络

RTA-VRTE SK 提供的 VirtualBox 文件被配置为使用"VirtualBox Host-Only Ethernet Adapter"在 Virtual Boxes 之间和主"Host VM"与硬件之间建立网络。选择 RTA-VRTE SK 虚拟机，单击 Oracle VM VirtualBox Manager 程序中的"Settings"来检查配置。

在"Settings"对话框中选择"Network"选项卡，选择"Adapter 2"，打开"Advanced"选项，如图 5-34 所示。

Adapter2 连接到仅适用于主机的 Adapter，但是如果名称与上面截图中的名称不完全一样，不用担心，只需要记下来，因为在下一节中需要标识适配器的名称。

（2）桥接适配器

为了创建一个从主机虚拟机和目标硬件都可访问的网络，有必要"桥接"网络适配器——这就像在主机虚拟机提供的模拟目标网络和将连接到硬件的实际网络适配器之间连接一根软件电缆。要创建桥接，首先在 Windows Control 中打开网络连接并选择两个适配器，如图 5-35 所示。

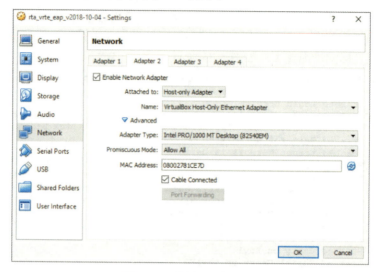

图 5-34　虚拟机网络配置

图 5-35　桥接适配器

现在，在两个适配器仍然被选中的情况下，右键单击并选择"桥连接"（或者从"高级"菜单中选择），如图 5-36 所示。

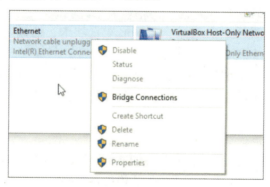

图 5-36　选择桥连接

很快，一个新的以太网设备就会出现。右键单击新设备并选择 Properties 来配置它，如图 5-37 所示。

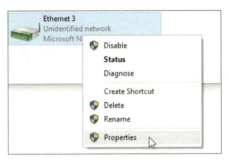

图 5-37　配置网络

在新的以太网设备的"Properties"对话框中，取消勾选 microsoft networks 的客户端以及文件和打印机共享，选择 Internet Protocol Version 4，单击 [PROPERTIES] 按钮完成配置。配置 IP 地址为 192.168.56.1，子网掩码为 255.255.0.0。单击 [确定]，然后单击 [关闭] 保存修改并退出"属性"对话框。

3. 目标网络配置

一旦使用主机 PC 上的终端程序与目标硬件建立了连接，就需要登录到目标并设置 IP 地址。

（1）选择目标 IP 地址

每个目标 ECU，无论是虚拟的还是硬件的，都必须有一个唯一的 IP 地址。为了便于使用，地址的值很重要，首先，它必须在 192.168.56.xx 上。其次，地址的最后一个元素必须符合 RTA-VRTE SK 识别目标的模式。目标标识符由两个数字组成：第一个数字标识操作系统和架构，见表 5-1。

表 5-1　操作系统和架构标识

第一个数字	操作系统	架构
1	QNX	x86_64
2	Linux	x86_64
3	QNX	aarch64
4	Linux	aarch64

第二个数字标识目标，包括虚拟和真实的硬件，见表 5-2。

表 5-2　虚拟和真实硬件标识

第二个数字	目标
0 to 2	Virtual machine in the Primary Host VM
3 or 4	Virtual machine in the Secondary Host VM
5 to 9	Available for hardware

对于本节示例硬件，以及本文档的其余部分，将使用 IP 地址 192.168.56.49（即 Linux OS，aarch64 架构，硬件目标）。如果读者有不同的硬件，请根据上面的表格选择合适的地址。

（2）非标准目标地址

如果使用非标准的 IP 地址，即不符合上一节中的规则，那么应该使用 -o 和 -w 选项向 rvbuild 脚本提供操作系统类型和架构。在这种情况下，结果将部署到 /var/etas/vrte/export/xxxx 文件夹，其中 xxxx 是提供给 rvbuild 或 rvdeploy 脚本的 ID 或 IP 地址。

注意：如果选择的 IP 地址不在同一个子网上，可能很难与目标通信。

（3）IP 地址配置

选中一个 IP 地址后，登录到目标并使用 ifconfig 命令来配置适当的以太网设备。对于使用 Linux 的 SBC-S32V234 板，以太网适配器是 eth0。如果正在使用不同的硬件，那么请参考文档以获得以太网适配器的正确名称。

对于 SBC-S32V234，希望配置 IP 地址 192.168.56.49，因为使用的是 Linux 操作系统和 aarch64 架构，其硬件目标是：

```
ifconfig eth0 192.168.56.49/16
```

一旦配置了 IP 地址，就可以使用 ifconfig 命令显示 eth0 的配置，以验证地址设置是否正确，以及子网掩码 255.255.0.0 是否适用。

```
ifconfig eth0
```

（4）验证

在主机虚拟机和主机 PC 的以太网适配器之间建立了网络桥接，然后在目标上设置 IP 地址后，现在可以使用以太网电缆（可能还有以太网交换机）将目标连接到 PC，然后验证主机虚拟机和目标硬件之间的连接。

一旦在主机 PC 和目标硬件之间建立了物理以太网连接，启动主机 VM 并从终端窗口启动，使用 ping 命令与目标硬件的 IP 地址相关联，以验证连接是否处于活动状态：

```
Ping 192.168.56.49
```

找到标题为"File and Printer Sharing（Echo Request-ICMPv4-In）"的规则，右键单击每个规则并选择"Enable Rule"。如果一切顺利，应该会看到一系列来自目标硬件的 ICMP 响应。检查没有丢失任何数据包——应该看到每个响应的 icmp_seq 数字递增，如图 5-38 所示。

```
developer@rta-vrte-sk:~$ ping 192.168.56.49
PING 192.168.56.49 (192.168.56.49) 56(84) bytes of data.
64 bytes from 192.168.56.49: icmp_seq=1 ttl=64 time=1.95 ms
64 bytes from 192.168.56.49: icmp_seq=2 ttl=64 time=1.10 ms
64 bytes from 192.168.56.49: icmp_seq=3 ttl=64 time=12.2 ms
64 bytes from 192.168.56.49: icmp_seq=4 ttl=64 time=2.27 ms
64 bytes from 192.168.56.49: icmp_seq=5 ttl=64 time=1.68 ms
64 bytes from 192.168.56.49: icmp_seq=6 ttl=64 time=4.53 ms
64 bytes from 192.168.56.49: icmp_seq=7 ttl=64 time=0.813 ms
64 bytes from 192.168.56.49: icmp_seq=8 ttl=64 time=1.20 ms
64 bytes from 192.168.56.49: icmp_seq=9 ttl=64 time=1.76 ms
```

图 5-38 数据包测试

类似地，从目标控制台（例如 Putty 窗口）应该能够 ping 自己的主机虚拟机，如图 5-39 所示。

```
Ping 192.168.56.2
```

```
root@s32v234sbc:~# ping 192.168.56.2
PING 192.168.56.2 (192.168.56.2) 56(84) bytes of data.
64 bytes from 192.168.56.2: icmp_seq=1 ttl=64 time=3.94 ms
64 bytes from 192.168.56.2: icmp_seq=2 ttl=64 time=1.75 ms
^C
--- 192.168.56.2 ping statistics ---
2 packets transmitted, 2 received, 0% packet loss, time 1001ms
rtt min/avg/max/mdev = 1.755/2.850/3.945/1.095 ms
root@s32v234sbc:~#
```

图 5-39 通信测试

4. 目标准备

RTA-VRTE 的构建脚本用于将 Adaptive 应用程序构建并部署到目标 ECU 上以便执行。在默认情况下，脚本根据目标标识符推断目标操作系统和体系结构。为了实现正确的部署，有必要首先创建相关的软链接和挂载点来准备目标。

> **注意**：一旦创建了这个文件夹和这些链接，除非重新初始化目标的文件系统，否则不需要再次创建它们。

（1）多播路由

除了设置 IP 地址，还需要为多播网络通信定义一条路由。这可以通过以下命令在 SBC-S32V234 的 Linux 上完成：

```
route add-net 224.0.0.0.0 netmask 240.0.0.0 dev eth0
```

（2）默认路由

如果需要访问子网之外的地址，那么在 Linux 目标上可能需要定义一个默认路由——这是在 QNX 目标上自动完成的。要做到这一点，使用以下命令：

```
route add default eth0
```

(3)挂载点

RTA-VRTE 构建脚本将应用程序部署到特定于目标的文件夹，该文件夹由主机 VM 使用 NFS 共享，然后由目标将其挂载到文件系统中的适当位置。

为了能够挂载 host vm 在 192.168.56.xx 上提供的 NFS 共享网络，目标文件系统需要一个挂载点。挂载点只能是一个空文件夹，它将与主机虚拟机的共享文件夹相关联。在 RTA-VRTE 中，它是 /opt。

从目标控制台，例如 Putty 窗口，调用以下命令来创建挂载点：

```
mkdir -p /opt
```

如果文件夹已经存在，mkdir 的 -p 选项可以避免错误操作。为了能够正确地操作 mqueue，即 IPC 程序，还需要创建和挂载 mqueue 设备。这是以类似的方式完成的，使用以下命令：

```
mkdir -p /dev/mqueue
mount -t mqueue none /dev/mqueue
```

5. 测试构建和运行

为了确保一切正常工作，需要构建和部署一个示例项目，以便硬件能够运行。

(1)构建

在 Host VM 终端窗口中构建 "AraEM_OneArg" 项目，部署到硬件目标，即本例中的目标编号 49，它自动选择 Linux OS 和 aarch64 架构：

```
rvbuild -d AraEM_OneArg 49
```

这将编译并链接该程序，将结果放在目标 49 的 NFS 共享中。

> 注意：对于硬件 targetecus，rvbuild 脚本的 deploy 元素无法启动硬件；这需要单独启动。

在构建结束时，应该会看到一条消息，指出 "Machine index <id> 并不指向此主机上的目标 VM——用户必须以不同的方式启动它。"

(2)安装 NFS 共享

在目标控制台（例如 Putty 窗口）中，从 Host VM 挂载 NFS 共享：

```
mount 192.168.56.2:/var/eta/vrte/export/49/opt
```

mount 命令的两个参数首先选择导出的 NFS 共享（通过网桥提供），然后选择上面创建的挂载点作为目标。现在应该可以看到 NFS 共享上的文件了，如

图 5-40 所示。

```
root@s32v234sbc:~# mount 192.168.56.2:/export/49 /opt
root@s32v234sbc:~# ls /opt/vrte/usr
bin  etc  lib
root@s32v234sbc:~#
```

图 5-40　NFS 共享文件夹

（3）运行示例项目

最后，可以运行这个项目。使用 exmd.sh 脚本启动 Execution Management 守护进程 exmd：

```
cd /opt/vrte/usr/bin
../exmd.sh
```

如果一切顺利，应该会在终端窗口上看到 AraEM_OneArg 应用程序的输出，如图 5-41 所示。

```
root@s32v234sbc:~#
root@s32v234sbc:~# source /etc/profile_vrte
root@s32v234sbc:~# cd /opt/vrte/usr/bin/
root@s32v234sbc:/opt/vrte/usr/bin# ./exmd &
[1] 956
root@s32v234sbc:/opt/vrte/usr/bin# Argument Count = 2
Argument[0] = './OneArg'
Argument[1] = '-arg=1'
```

图 5-41　AraEM_OneArg 应用程序的输出

6. Linux 上的自动启动

为了更容易地在目标硬件上运行命令，可以将上面的命令收集到一个脚本中，该脚本将由 SysVinit 在每次硬件启动时自动运行，或者如果目标 Linux 发行版由 systemd 驱动，则收集到一个 systemd 单元中。

（1）基于 sysvinit 的 distribution

在目标上创建一个脚本文件，例如 /etc/startup.sh，内容如下：

```
#!/bin/bash
ifconfig eth0 192.168.56.49/16
route add -net 224.0.0.0 netmask 240.0.0.0 dev eth0
route add default eth0
mkdir -p /dev/mqueue
mount -t mqueue none /dev/mqueue
if mount 192.168.56.2:/var/etas/vrte/export/49 /opt; then
```

```
    cd /opt/vrte/usr/bin
    ../exmd.sh
    fi
```

注意 exmd.sh 是一个 Host VM 上的架构创建的脚本，该脚本使用超时参数调用执行管理——可以轻松修改此脚本中的超时参数，而不需要更改 startup.sh 脚本。另外用 "exportLD_LIBRARY_PATH=/opt/vrte/lib : /opt/vrte/usr/lib : $LD_LIBRARY_PATH ; exmd-t<timeout>&" 来取代 "source./exmd.sh"。保存脚本后使用 chmod 命令：

```
    chmod +x /etc/startup.sh
```

（2）基于系统的 distribution

文件 /var/eta/vrte/deploy/meta-eta-rta-vrte/recipes-core/systemd/systemd-conf/s32v234sbc/wired.network 和 /var/eta/vrte/deploy/Meta-eta-RTA-VRTE/recipes-core/systemd/RTA-VRTE-opt-mount/s32v234sbc/opt.mount 可在 meta-eta-RTA-VRTE Yocto Project Layer 中找到（下一节中有更详细的说明），可以作为创建系统单元的参考，这些系统单元可以自动设置目标网络并挂载 SDK NFS。为了在引导时启动 exmd.sh（在前一节中有更多详细信息），可以创建一个额外的 systemd 单元文件。

（3）在 Linux 上重启 exmd

Execution Management 被设计为在启动时运行一次。但是，硬件启动可能需要一些时间，对于一些测试和新的部署，可能需要关闭进程，然后手动重新运行 startup.sh 脚本，而不需要重新启动硬件。假设已经启动的所有进程都是 /opt/vrte/usr/bin 文件夹中的进程，以及另一个称为"main"的进程，在 SBC- S32V234 板上为 Linux 执行此操作的命令是：

```
    pkill main
    for f in /opt/vrte/usr/bin/*; do f=$(f##*/); pkill
${f::15}; done;
    /etc/startup.sh
```

然而，可能会发现这并不完全可靠，最好使用"shutdown-r now"命令。这个命令也会终止 SSH 会话，那样就得停下直到目标再次可用。例如，下面的代码可以生效：

```
    # Shutdown the machine for reboot
    ssh root@$machine_ip 'shutdown -r now'
```

```
# Wait for shutdown
while ping -W1 -qc1 192.168.56.49&>/dev/null; do sleep 1; done
# Wait for reboot
while ! ping -W1 -qc1 192.168.56.49 &>/dev/null; do sleep 1; done
# Allow target to initialise
sleep 2
# run the program in a window
rvwin 49 "cd /opt/vrte/usr/bin; ../exmd.sh"
```

（4）对具体目标 49 的额外支持

Target ECU 49 现在被 Host VM 中提供的两个脚本认为是一种"特殊情况"，因此它可以像一台虚拟机一样被控制和处理。添加了以下功能：

1）rvkill：这个脚本将像前一节描述的那样"杀死"正在运行的进程，以及任何打开的 rvwin 会话。

2）rvdeploy：这个脚本将尝试使用 shutdown 命令重启黑板，然后在一个窗口中运行 exmd。

由于 rvbuild 调用 rvdeploy，因此可以像对待其他任何目标一样对待目标 49，只是不能使用 rvrun 命令。请注意，这种支持在本节（Linux 上的自启动）中提到的第一个脚本中不会生效；如果想要使用这个特性，那么应该省略第 9 行，以便在控制台上不启动 exmd。

5.3.3　使用 Yocto 项目构建系统

RTA-VRTE 通过利用 Yocto Project 构建系统，为替几个硬件（和虚拟）目标生成适合的基于 linux 的映像提供支持。如果只对基于 QNX 的目标感兴趣，可以跳到本书中特定目标的章节。RTA-VRTE 正式支持以下 Linux 目标：

- NXP SBC-S32V234
- Renesas R-Car H3 Starter Kit Premier NXP
- MCIMX8M-EVK
- Raspberry pi3
- QEMU x86-64（virtual）
- QEMU arm64（虚拟）

1. 先决条件

1）50GB 的可用磁盘空间。

2）支持 Linux 发行版，如 Ubuntu、Debian、Fedora、CentOS 或 OpenSUSE。RTA-VRTE SK 可以作为一个构建主机，基于一个支持的发行版（Debian10）。关于 Yocto Project 支持的发行版的更多细节可以在 Yocto Project 参考手册中找到。

3）安装在系统上的软件包，如下：
- gawk wget git-core diffstat
- unzip texinfogcc-multilib build-essential chrpathsocatcpio
- python3 python3-pip python3-pexpect xz-utilsdebianutils
- iputils-ping python3-git python3-jinja2 libegl1-mesa
- libsdl1.2-dev pylint3 xterm python3-subunit mesa-common-dev。

2. 克隆 Poky

可以使用以下命令克隆 Poky（包括整个 Yocto Project 构建系统）：

```
cd $YOUR_WORKDIR git clone -branch dunfell
git://git.yoctoproject.org/poky
```

其中 $YOUR_workdir 是一个任意用户可定义的目录，包含构建系统的输入和输出。

3. 建立构建

在 Yocto Project 的上下文中，可以定义多个构建环境，它们在目标计算机、要构建的选定发行版和许多其他配置位上有所不同。在这里，本节将介绍如何为虚拟目标（如 QEMU x86-64（Poky 默认目标））设置构建。

```
cd $YOUR_WORKDIR/poky # where you previously cloned the Poky
    repository
source oe-init-build-env $BUILD_DIR # set up a build directory
    in an arbitrary location
```

上面的命令将用户的当前工作目录更改为构建目录（$BUILD_DIR），并且它们将配置构建所需的所有环境变量。

（1）合并 RTA-VRTE 和 Openembeded 元数据

为了生成与 RTA-VRTE 兼容的映像，必须使用 meta-etas-rta-vrte 和 Openembeded 元数据层以及缺省的 Poky 元数据。使用以下命令（假设 RTA-VRTE SK 默认路径）：

```
cd $YOUR_WORKDIR
git clone -branch dunfell
https://github.com/openembedded/meta-openembedded.git
echo "BBLAYERS += \"$YOUR_WORKDIR/meta-openembedded/meta-oe\"">>
$BUILD_DIR/conf/bblayers.conf
echo "BBLAYERS +=
\"$YOUR_WORKDIR/meta-openembedded/meta-python\"">>
$BUILD_DIR/conf/bblayers.conf
echo "BBLAYERS += \"/var/etas/vrte/deploy/meta-etas-rta-vrte\""
>> $BUILD_DIR/conf/bblayers.conf
```

需要根据选择的路径替换 $YOUR_WORKDIR 和 $BUILD_DIR。

（2）配置发行版和构建映像

在 Poky 中配置 Yocto Project 构建时，许多配置参数被设置为 $BUILD_DIR/conf/local.conf. 中可用的默认值。完全控制 build 的两个最重要的配置值是：

1）MACHINE：控制正在构建的目标机器。许多机器由 RTA-VRTE 支持，更多的细节在本指南的硬件特定章节中报告（参见目录）。在默认情况下，MACHINE = "qemux86-64"（QEMU x86-64 仿真目标）。

2）DISTRO：配置正在构建的发行版。这必须设置为 DISTRO= "rta-vrte" 来构建 RTA-VRTE 目标映像。

配置 local.conf 文件之后，就可以使用以下命令构建 Linux 映像了：

```
bitbake core-image-rta-vrte
```

根据计算机的性能，这可能需要几个小时。BitBake 会下载构建主机工具和目标映像内容所需的所有资源。为了安全地重用输入源和构建多个 Yocto 项目版本之间的构件，用户可以设置共同的缓存和下载文件夹。在 local.conf 中：

```
# cache directory to be used by multiple builds
SSTATE_DIR = "$YOUR_WORKDIR/sstate-cache"
# downloads directory to be used by multiple builds
DL_DIR = "$YOUR_WORKDIR/downloads"
```

（3）构建输出

BitBake 构建输出可以在 $BUILD_DIR/tmp/deploy/images/MACHINE_NAME

Adaptive AUTOSAR 平台与车用高性能控制器开发

文件夹中找到，其中包括最终的操作系统映像，可以直接与 QEMU 一起使用（如果是虚拟目标的话），也可以在硬件上闪现。映像格式可能因目标的不同而不同。

4. meta-etas-rta-vrte Yocto Project Layer

RTA-VRTE 包括一个定制的 Yocto 项目层，允许产生专门为使用 Adaptive Platform 应用程序而设置的 Linux 映像。许多定制都是基于每个目标应用的，通读该层中包含的 BitBake Recipes 可以对 Linux 如何配置以使用 RTA-VRTE 有一个清晰的概念。这一层可以在 RTA-VRTE SK 的 /var/etas/vrte/deploy/meta-etas-rta-vrte 目录下找到。

（1）rta-vrte 发行版和 core-image-rta-vrte 映像

在 Yocto Project Layer meta-etas-rta-vrte 中，可以找到自定义 Linux 发行版和基于它的特定目标映像的元数据。

（2）发行版

rta-vrte 发行版是基于 Yocto Project 参考发行版 Poky 的，具有以下特殊差异：

1）初始系统基于 systemd。这是为了支持更好实现的启动服务，例如网络设置和 NFS 挂载。

2）PAM 在整个操作系统中都是启用的。这样做是为了允许在系统范围内定制 Communication Management Functional Cluster 所需的最大消息队列大小。

3）为了与 RTA-VRTE 集成，系统指定了 CMake 和 Boost 版本。

4）发行版配置文件可以在 meta-etas-rta-vrte/conf/distro/rta-vrte.conf 中找到。

（3）core-image-rta-vrte 映像

core-image-rta-vrte 映像是以 Yocto Project 核心映像为基础设计的，用于运行自适应平台，便于对目标进行调试。除了基本的库依赖关系，还包括一些实用程序关系，如 file、ldd、vim、binutils 等。此外，还包括一些系统服务，用于设置 NFS 挂载和自动配置目标网络。关于这张映像的更多细节在：

```
meta-etas-rta-vrte/recipes-core/images/core-image-rta-vrte.bb
```

RTA-VRTE 要求在 Linux 内核设置 ACL。并不是所有的内核都由标准的 BitBake 提供，在默认情况下，配置 Recipes 时会启用 ACL。因此，在 meta-etas-RTA-VRTE 中，对于 RTA-VRTE 所支持的所有目标，ACL 是通过内核配置片段（meta-etas-RTA-VRTE/recipes-kernel/linux/files/MACHINE/acl.cfg）预先配置的。如果正在构建一个不同的内核，或者正在针对一个不同的机器，应确保在内核配置中正确地启用 ACL。

5.3.4 使用 NXP-S32V234

下面讲述 SBC-S32V234 的可启动映像的创建，S32V234 是专为高性能、安全的计算密集型前视觉和传感器融合应用而设计的评估板和开发平台，如图 5-42 所示。

目标可以为 QNX 和 Linux 配置，并且在 RTA-VRTE 的两种配置中都支持它。QNX 可启动映像基于来自 Blackberry 的 board support package（BSP）和作为 RTA-VRTE Starter Kit 的一部分提供的配置脚本。

图 5-42　SBC-S32V234

1. 先决条件

除了介绍中提到的项目之外，还需要以下几点：

（1）对于 SD 卡

微型 SD 卡，档案系统小于 100MB，因此大小不成问题

1）将 SD 卡连接至个人电脑的方法，例如 USB 接口连接至微型 SD 转换器，或将 SD 卡插槽连。

2）接至微型 SD 卡载体：将映像写入 SD 卡的合适程式，例如 "Balena Etcher"。

（2）对于 QNX

1）QNX 软件开发平台 7.0。

2）QNX SDP 7.0 BSP for NXP S32V234 EVB 的副本："QNX SDP 7.0 虚拟化驱动程序"包。

3）QNX SDP 主机工具（Linux 64 位）。

（3）对于 Linux

进入 NXP 入门网站下载所需的 BSP 手册 S32V234_linuxbsp_23.1_user_manual（12-Nov-2020）。

2. 创建一个可启动的 Linux 映像

可以根据 NXP 提供的 S32V234_linuxbsp_23.1_user_manual（12-Nov-2020），集成 RTA-VRTE SK 中定制的 ETAS RTA-VRTE Yocto Project Layer meta-eta-RTA-VRTE，生成 SBC-S32V234 的 Linux 映像。

由于 NXP 为此目标采用了 Yocto Project 构建系统的高度定制版本，因此建议遵循其官方 BSP 指南，而不是遵循第 3.1 节中的通用指南。本文建议使用与 RTA-VRTE 支持的 Yocto Project 版本兼容的 BSP 版本。例如，在编写本文时，发行版本 /bb_bsp0.3 与 Yocto Project 3.1.x "Dunfell" 兼容，因此，参考 S32V234_linuxbsp_23.1_user_manual，最终的存储库"克隆"命令将是：

```
repo init -u
https://source.codeaurora.org/external/autobsps32/
auto_yocto_bsp
 -b release/bb_bsp0.3
```

在构建映像之前,可以使用以下命令(假设为 RTA-VRTE SK 默认路径)利用 meta-etas-rta-vrte 层来定制发行版:

```
echo "BBLAYERS += \"/var/etas/vrte/deploy/meta-etas-rta-vrte\""
  >> $BUILD_DIR/conf/bblayers.config
```

然后从 meta-etas-rta-vrte/conf/distro/rta-vrte.Conf 和 meta etas-rta-vrte/recipes-core/images/core-image-rta-vrte 复制并粘贴以下配置位。在 NXP 构建环境中的构建配置文件($BUILD_DIR/conf/local.conf):

- INIT_MANGER
- DISTRO_FEATURES
- IMAGE_INSTALL
- IMAGE_FEATURES
- PREFERRED_VERSION

通过这种方式,能够生成标准的 NXP 映像(如 fsl-image-auto 等),并添加 RTA-VRTE 所要求的定制:

```
bitbakefsl-image-auto
```

一旦构建完成,可以在文件夹 $BUILD_DIR/tmp/deploy/images/s32v234sbc: 中找到构建输出:

```
fsl-image-auto-s32v234sbc-<build-date>.rootfs.sdcard
```

可以在 Windows 上使用 balenaEtcher 在 SD 卡上烧录它,也可以使用 dd 命令。

一旦替换了 SBC-S32V234 板中的 microSD 卡,就应该可以启动并登录 Linux(默认用户名为 "root")。通过 USB 或串行连接和终端模拟器如 "PuTTY" 或 "terterm",应该可以看到 SBC-S32V234 启动界面,如图 5-43 所示。

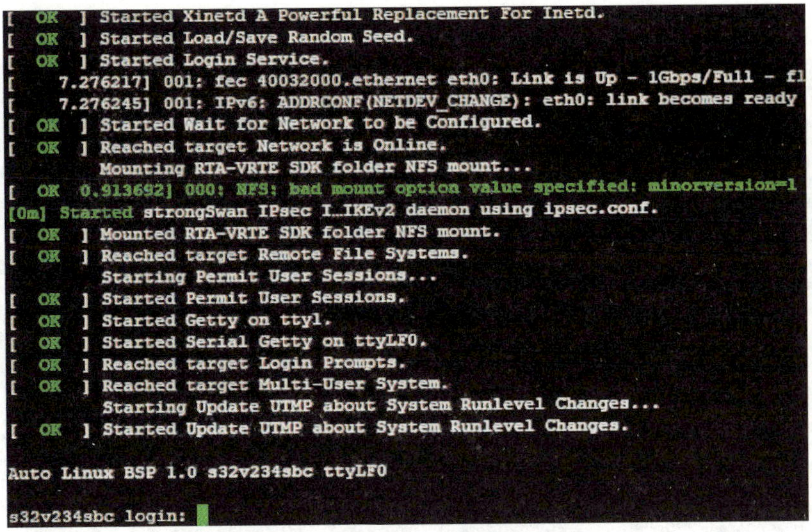

图 5-43　SBC-S32V234 启动界面

3. 创建一个可引导的 QNX 映像

（1）安装 QNX 和 BSP

QNX 可以通过本机安装或从主机 PC 复制安装在 RTA-VRTE SK 主机虚拟机上。一个本机安装需要从主机虚拟机内部访问互联网，并且能够下载和运行"QNX 软件中心"。如果能做到这一点，安装上面列出的软件包。如果已经在主机 PC 上安装了 QNX，请确保在先决条件中列出了包，特别是 Linux 主机工具，并将 qnx700 文件夹从 PC 复制到 RTA-VRTE SK 主机 VM 中的 $HOME 文件夹。

（2）创建映像

一旦安装了 BSP，就可以使用 RTA-VRTE SK 脚本 rvmake-s32v 为 s32v234evb 创建可引导映像。

```
rvmake-s32v.sh
```

这个过程可能需要几分钟才能完成，因为这个脚本执行以下步骤：

1）查找并提取 S32V234 的 BSP。

2）修改 BSP 中的一些代码。

① 修改最初的程序加载代码以显示一个 ETAS 欢迎语（表示已经进行了修改）。

② 直接从磁盘启动，而不是提示用户选择其他启动方法。

- 构建初始程序加载程序和启动代码
- 创建一个根文件系统、一个引导分区和一个文件分区
- 将它们复制到一个磁盘映像中

这个命令的输出类似图 5-44 所示。

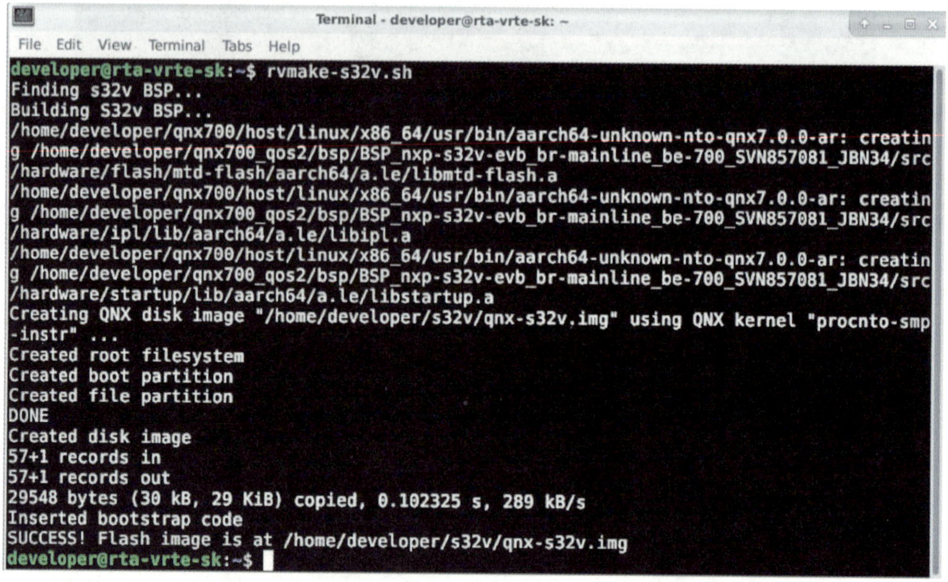

图 5-44 制作 S32VBSP

（3）复制映像

复制从上一步中创建的文件 qnx-s32v.img，并使用一个合适的程序，如 Balena Etcher 将其复制到 SD 卡。"Balena Etcher" flash 工具可以从 https://www.balena.io/etcher 下载，也可以使用任何其他合适的程序。

4. 启动映像

一旦替换了 microSD 卡，就应该可以启动到 QNX。使用 USB/ 串行连接和虚拟终端模拟器，例如 "PuTTY" 或 "Xshell"。

> 注意：该映像包含设置 IP 地址、配置多播以及从 HOST VM 通过 NFS 共享的文件夹启动 exmd 程序的所有启动代码。IP 地址的选择使得运行 QNX 的 S32V234 板成为目标 39。

5. 更改 QNX 上的启动

命令 "rvmake-s32v.sh" 创建的映像包含了挂载共享文件夹和启动执行管理守护进程所需的所有启动代码。这段启动代码包含在映像中的文件 "/etc/startup.sh" 中，可以在创建映像之前通过复制 "rvmake-s32v.sh" 对其进行编辑以更改引导行为，并从包含注释 "# Initial startup.sh" 的行开始更改映像内容，或者在创建的映像中替换文件 "/etc/startup.sh"。初始内容如下：

```
#!/bin/sh
target=39
```

第 5 章 Adaptive AUTOSAR 运行环境的准备及配置

```
net=192.168.56
ip_address=\$net.\$target
echo "Setting IP address to \$ip_address"
ifconfig eth0 \$ip_address/16
route add 224/4 -interface \$net.0
echo "Mounting NFS folder for target \$target.."
if fs-nfs3 \$net.2:/export/\$target /opt
then
echo "Starting Execution Manager"
cd /opt/vrte/usr/bin
../exmd.sh
else
echo "Failed to mount NFS folder"
fi
```

通常，读者可能希望改变目标编号，使多个 s32V 板运行 QNX；目前，SK 系统将同时支持多达 5 个这样的系统，编号应该从 35~39。在 QNX 上重新启动 exmd。QNX 并不总是能很好地响应 "kill" 命令，所以通常需要重新启动目标电路板。然而，就像在 Linux 上一样，关闭所有进程并重新运行启动脚本是可能的。除了关闭进程之外，还必须要卸载共享文件夹，关闭相关的驱动程序，并在运行启动脚本之前删除一些临时文件。

```
cd /opt/vrte/usr/bin
slay mq *
cd -
umount /opt
slay -f fs-nfs3
rm /tmp/roudi.pid /tmp/vsomei*
/etc/startup.sh
```

6. 对 Target 39 的额外支持

与目标 49 一样，目标 39 现在被 Host VM 中提供的两个脚本识别为"特殊情况"，因此可以像对待虚拟机一样对其进行控制和处理。添加了以下功能：

1）rvkill：这个脚本会像前面描述的那样"杀死"正在运行的进程，以及任何开放的 rvwin 会话。

2）rvdeploy：该脚本将遵循前面部分描述的进程来删除所有进程并卸载共

享文件夹,然后它将重新挂载共享,并执行在窗口中运行"exmd"所需的其他操作。

因为 rvdeploy 是由 rvbuild 调用的,所以除了不能使用 rvrun 命令之外,可以像其他任何目标一样对待目标 39。

> **注意**:如果重新启动硬件,目标 39 的启动脚本将始终运行已部署的程序,但是与目标 49 不同,为了使用目标 39 的 rvdeploy 脚本,不需要更改这种默认行为。

5.3.5　使用瑞萨 R-Car H3

本节介绍了如何为 R-Car H3 Starter Kit Premier Board 创建一个可启动的映像,如何使用 Yocto Project 创建可引导的 Linux 映像,以及如何创建一个可引导的 QNX 映像。可启动映像基于来自 Blackberry 的 Board Support Package(BSP)和作为 RTA-VRTE Starter Kit 一部分提供的配置脚本,如图 5-45 所示。

图 5-45　R-Car

1. 先决条件

除了介绍中提到的项目之外,还需要以下几点:

1)一个微型 SD 卡,文件系统小于 100MB,所以大小不是问题。

2)一种将 SD 卡连接到个人计算机的方法,比如 USB 到 micro SD 转换器或者带有 micro SD 载体的 SD 卡插槽。

3)将映像写入 SD 卡的合适程序,如"Balena Etcher""QNX 软件开发平台 7.0"的授权副本。

4)"QNX SDP 7.0 BSP for Renesas R-Car H3 Starter Kit Premiere Board"的"QNX SDP 7.0 虚拟化驱动程序"包的副本。

5)QNX SDP 主机工具(linux64-bit)。

6）Linux 操作系统来创建映像，一个 VirtualBox 就足够了。推荐的 Ubuntu 版本是 16.04 或更高版本。

7）一个 RTP0RC77951SKBX010SA03（DDR 8GiB）R-Car H3 板。

2. 构建 Linux 映像

可以使用 Yocto Project 构建系统构建 R-Car H3 板的 Linux 映像，还需要来自 renesa 的额外元数据来构建针对 R-Car H3 的映像，在构建映像之前，使用以下命令：

```
cd $YOUR_WORKDIR
git clone -branch dunfell
https://github.com/renesas-rcar/meta-renesas.git
echo "BBLAYERS += \"$YOUR_WORKDIR/meta-renesas/meta-rcar-gen3\""
>> $BUILD_DIR/conf/bblayers.conf
```

根据选择的路径替换 $YOUR_WORKDIR 和 $BUILD_DIR。

完成此操作之后，可以在 $BUILD_DIR/conf/local.conf 中配置构建目标计算机和发行版，并运行映像构建：

```
MACHINE = "h3uclb"
DISTRO = "rta-vrte"
```

输出映像示例：

```
Core-image-minimal-h3ulcb-<build-date>.rootfs.tar.bz2
```

为了准备刷写系统的 SD 卡，需要为 SD 卡设置一个分区，ID = 83（Linux 本机分区）。按照主机上的说明：

```
$ fdisk /dev/<removable_device>
-> d (Use the default option for the next step)
-> n
-> p
-> 1 (Use the default option for the next two steps)
-> t
-> 83
-> w
```

将这个分区格式化为 ext3（或 ext4）：

```
mkfs.ext3 /dev/<removable_device_partition>
```

在主机上将此分区挂载到 /mnt 文件夹，并解压缩核心 -image-minimal-*。将 tar.bz2 复制到挂载文件夹中，并复制设备树 Image-r8a7795-h3ulcb-4x2g.dtb 到 /boot 文件夹如下：

```
mount /dev/<removable_device_partition> /mnt
cd $WORK
tar xfj
$WORK/build/tmp/deploy/images/h3ulcb/core-image-minimal*.rootfs.tar.bz2
-C /mnt
cp
$WORK/build/tmp/deploy/images/h3ulcb/Image-r8a7795-h3ulcb-4x2g.dtb
/mnt/boot/
Sync
```

（1）启动映像

1）安装 HW。为了引导 Linux 映像，有必要配置 R-Car EVB 来启用超级内存中可用的默认引导加载程序（U-Boot）。为了配置 EVB，需要配置 HW 微型开关 SW1 和 SW6 以及跳线 JP1，如图 5-46 所示。

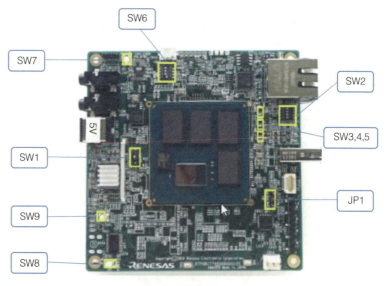

图 5-46　R-Car EVB

配置微型开关 SW6 以启用来自 hyperflash80m（DDR3200）的 A57 启动（AArch64），如图 5-47 所示。

启用 super flash 的 SW1，如图 5-48 所示。

设置 JP1 跳线以启用 QSPI，如图 5-49 所示。

SW6.1	SW6.2	SW6.3	SW6.4
ON	ON	ON	ON

图 5-47 SW6

SW1
ON

图 5-48 SW1

JP1
1-2 short

图 5-49 JP1

2）启动映像。当 microSD 卡在 R-Car 评估板中被替换时，可以引导到 U-Boot 引导程序。按下 SW8 “Power” 来打开板子，然后连接到 CN12 连接的 USB/ 串行电缆和虚拟终端模拟器，如主机 PC 上的 “PuTTY” 或 “Xshell”，此时可以看到 Uboot 引导输出，如图 5-50 所示。

```
[    0.005719] NOTICE:  BL2: PRR is R-Car H3 Ver.3.0
[    0.010384] NOTICE:  BL2: Board is Starter Kit Rev.---
[    0.015503] NOTICE:  BL2: Boot device is HyperFlash(80MHz)
[    0.020930] NOTICE:  BL2: LCM state is CM
[    0.024969] NOTICE:  BL2: AVS setting succeeded. DVFS_SetVID=0x53
[    0.030944] NOTICE:  BL2: CH0: 0x400000000 - 0x480000000, 2 GiB
[    0.036806] NOTICE:  BL2: CH1: 0x500000000 - 0x580000000, 2 GiB
[    0.042681] NOTICE:  BL2: CH2: 0x600000000 - 0x680000000, 2 GiB
[    0.048556] NOTICE:  BL2: CH3: 0x700000000 - 0x780000000, 2 GiB
[    0.054445] NOTICE:  BL2: DDR3200(rev.0.33)NOTICE:  [COLD_BOOT]NOTICE:  ..0
[    0.100263] NOTICE:  BL2: DRAM Split is 4ch(DDR f)
[    0.104751] NOTICE:  BL2: QoS is default setting(rev.0.07)
[    0.110194] NOTICE:  BL2: DRAM refresh interval 1.95 usec
[    0.115612] NOTICE:  BL2: Lossy Decomp areas
[    0.119785] NOTICE:       Entry 0: DCMPAREACRAx:0x80000540 DCMPAREACRBx:0x570
[    0.126870] NOTICE:       Entry 1: DCMPAREACRAx:0x40000000 DCMPAREACRBx:0x0
[    0.133782] NOTICE:       Entry 2: DCMPAREACRAx:0x20000000 DCMPAREACRBx:0x0
[    0.140696] NOTICE:  BL2: v1.4(release):15dba6b
[    0.145186] NOTICE:  BL2: Built : 05:32:00, Sep  3 2018
[    0.150374] NOTICE:  BL2: Normal boot
[    0.154020] NOTICE:  BL2: dst=0xe6323d00 src=0x8180000 len=512(0x200)
[    0.160402] NOTICE:  BL2: dst=0x43f00000 src=0x8180400 len=6144(0x1800)
[    0.167023] NOTICE:  BL2: dst=0x44000000 src=0x81c0000 len=65536(0x10000)
[    0.174253] NOTICE:  BL2: dst=0x44100000 src=0x8200000 len=1048576(0x100000)
[    0.189076] NOTICE:  BL2: dst=0x50000000 src=0x8640000 len=1048576(0x100000)


U-Boot 2015.04 (Sep 03 2018 - 14:33:48)

CPU: Renesas Electronics R8A7795 rev 3.0
Board: H3ULCB
I2C:   ready
DRAM:  7.9 GiB
Bank #0: 0x048000000 - 0x0bfffffff, 1.9 GiB
Bank #1: 0x500000000 - 0x57fffffff, 2 GiB
Bank #2: 0x600000000 - 0x67fffffff, 2 GiB
Bank #3: 0x700000000 - 0x77fffffff, 2 GiB

MMC:   sh-sdhi: 0, sh-sdhi: 1
In:    serial
Out:   serial
Err:   serial
Net:   Board Net Initialization Failed
No ethernet found.
Hit any key to stop autoboot:  0
=>
```

图 5-50 Uboot 引导界面

3）配置 First Boot。要配置引导程序（仅在第一次引导时需要），快速按任意键进入 U-boot 命令提示符，必要时使用 SW9（"Reset"）重启板子。在 U-boot 命令行中输入以下命令：

```
setenvbootargs 'rw root=/dev/mmcblk1p1 rootwait'
setenvbootcmd 'ext2load mmc 0 0x48080000 /boot/Image; ext2load
  mmc 0 0x48000000 /boot/Image-r8a7795-h3ulcb-4x2g.dtb; booti
  0x48080000 - 0x48000000'
saveenv
```

关于保存环境，可以看到图 5-51 所示的输出。

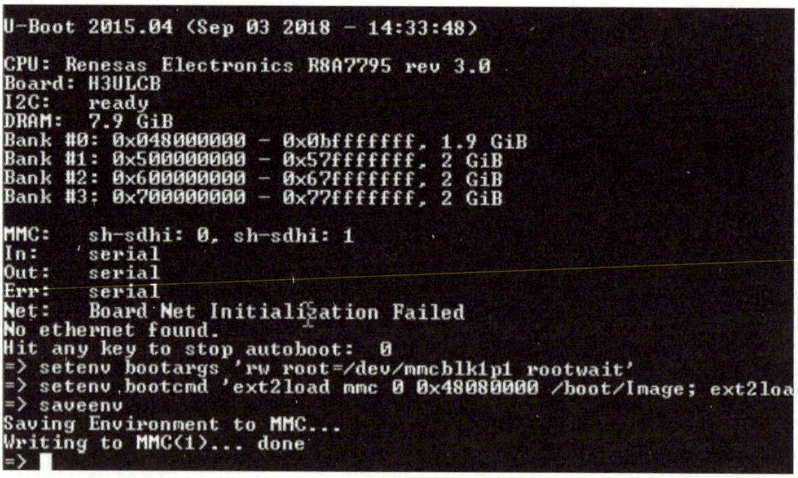

图 5-51　U-boot 界面

将 microSD 卡插入 SDHI 插槽，然后按 SW7 "Reset" 执行重启。如果一切正常，EVB 将重新启动，文本 "Poky（Yocto Project Reference Distro）2.4.3 h3ulcbttySC0" 将包含在欢迎消息中。

（2）验证

现在可以像往常一样构建和部署示例应用程序了。Linux 操作系统上 R-Car 的默认目标 ID 是 49，所以可以使用：

```
build -d AraEM_OneArg 49
```

如果一切顺利，在构建成功后，示例应用程序将被部署并在 R-Car 目标板上执行。

第 5 章 Adaptive AUTOSAR 运行环境的准备及配置

3. 创建一个可引导的 QNX 映像

（1）安装 QNX 和 BSP

QNX 可以通过本机安装或从主机 PC 复制安装在 RTA-VRTE SK 主机虚拟机上。一个本机安装需要从主机虚拟机内部访问互联网，并且能够下载和运行"QNX 软件中心"。如果能做到这一点，安装上面列出的软件包。

如果已经在主机 PC 上安装了 QNX，请确保在先决条件中列出了包，特别是 Linux 主机工具，并将 qnx700 文件夹从 PC 复制到 RTA-VRTE SK 主机 VM 中的 $HOME 文件夹。

（2）创建映像

如果安装了 BSP，那么就可以使用 RTA-VRTE SK 脚本 rvmake-rcar 为 R-Car H3 Starter Kit Premier Board 创建一个可引导映像。

```
rvmake-rcar.sh
```

这个过程可能需要几分钟才能完成，因为这个脚本执行以下步骤：

1）查找并提取 R-Car H3 Starter Kit Premier Board 的 BSP。

2）构建 BSP 和启动代码。

3）创建一个根文件系统、一个引导分区和一个文件分区，然后将它们复制到一个磁盘映像中。

（3）复制映像

复制在上一步中创建的文件 qnx-rcar.img 到主机 bashlisting，并使用一个合适的程序如 Balena Etcher 将其复制到 SD 卡。可以从 https://www.Balena.io/Etcher 下载"Balena Etcher" flash 工具，也可以使用其他任何合适的程序。

（4）安装 HW

为了引导 QNX 映像，有必要配置 R-Car EVB 来启用超级内存中可用的默认引导加载程序（U-Boot）。为了配置 EVB，需要配置 HW 微型开关 SW1 和 SW6 以及跳线 JP1。

配置微型开关 SW6 以启用来自 hyperflash80m（DDR3200）的 A57 启动（AArch64），如图 5-52 所示。

启用 super flash 的 SW1，如图 5-53 所示。

设置 JP1 跳线以启用 QSPI，如图 5-54 所示。

SW6.1	SW6.2	SW6.3	SW6.4
ON	ON	ON	ON

图 5-52 SW6

SW1
ON

图 5-53 SW1

JP1
1-2 short

图 5-54 JP1

(5)启动映像

一旦 microSD 卡在 R-Car EVB 中被替换,就应该可以引导到 U-boot 引导程序。简单地按下 SW8"Power"来打开板子。然后,连接到 CN12 连接的 USB/串行电缆和虚拟终端模拟器,如主机 PC 上的"PuTTY"或"TeraTerm",此时应该看到 u 启动引导输出如图 5-55 所示。

图 5-55 U-boot 启动界面

(6)配置 First Boot

要配置引导程序(仅在第一次引导时需要),请快速按任意键进入 U-boot 命令提示符,必要时使用 SW9("Reset")重启板。

在 U-boot 命令行中输入以下命令:

```
Setenvbootcmd' fatloadmmc 0:10x40100000 qnx-if;
go 0x40100000'saveenv
```

将 MICRO-SD 卡插入 SDHI 插槽,然后短按 SW7"Reset"执行重启。如果一切正常，EVB 将重新启动，欢迎信息中将包含文本"configure by ETAS"。

（7）验证

现在可以像往常一样构建和部署示例应用程序了。使用 QNX 的 RCAR 的默认目标 ID 是 36，所以可以使用：

```
build -d AraEM_OneArg 36
```

如果一切顺利，在构建成功后，示例应用程序将被部署并在 R-Car 目标板上执行。

5.3.6　使用 i.MX 8MQuad 评估工具包

本节介绍为 i.MX 8MQuad 评估工具包 MCIMX8M-EVK 板（i.MX 8MQuad 4x Arm Cortex-A53@1.5 GHz）创建可引导的 Linux SD 卡映像，如图 5-56 所示。

图 5-56　NXP i.MX 8MQuad

第 5.4 节介绍了如何构建基于 Yocto project 的 Linux aarch64 操作系统，以使 RTA-VRTE 能够构建并将 Adaptive Applications 部署到 MCIMX8M-EVK。

1. 前置准备

除了导言中提到的项目之外，还需要以下内容：

1）microSD 卡，最小推荐大小为 8GB。

2）一种将 SD 卡连接到 PC 的方法，例如 USB 到 microSD 转换器或带有 microSD 载体的 SD 卡插槽。

3）将映像写入 SD 卡的合适程序，如"Balena Etcher"。

4）NXP 用户已经注册到 NXP 网站，这对获得官方 Linux 映像（但参见上面的说明）和其他文档很有用。

5）HW Switch SW801（BOOT Device Switch）配置为从 SD 卡启动操作系统镜像。设置 SW801 开关为 ON、ON、OFF、OFF。默认情况下，这个开关被配置为从 EMMC 启动（主板芯片上有在 EMMC 中编程的 Android 镜像）。更多细节请参见快速入门指南。

6）USB 调试电缆连接到调试端口 J1701 并正确配置。更多细节请参见快速启动指南。对于 Windows 10，使用来自 Silabs 的 FTDI 驱动。

2. 构建 Linux 映像

可以使用 Yocto Project 构建系统来构建 i.MX 8 板上的 Linux 映像，还需要来自 NXP 的额外元数据来构建针对 i.MX 8 的映像。特别是，在构建映像之前，需要做以下工作：

```
cd $YOUR_WORKDIR
git clone -branch dunfell https://github.com/Freescale/meta-freescale.git
echo "BBLAYERS += \"$YOUR_WORKDIR/meta-freescale\"">> $BUILD_DIR/conf/bblayers.conf
echo "ACCEPT_FSL_EULA = \"1\"">> $BUILD_DIR/conf/local.conf
```

根据选择的路径替换 $YOUR_WORKDIR 和 $BUILD_DIR。

在构建配置文件 local.conf 中写 ACCEPT_FSL_EULA = "1"，意味着用户将接受 NXP EULA。这个 EULA 可以在"克隆"的 NXP 元数据层 meta-freescale 中使用。在安装过程中仔细阅读这个许可协议，因为一旦接受，imxYocto 项目环境中的所有进一步工作都与这个接受的协议相关联。

完成此操作之后，可以在 $BUILD_DIR/conf/local.conf 中配置构建目标计算机和发行版，并运行映像构建：

```
MACHINE = "imx8mqevk"
DISTRO = "rta-vrte"
```

一旦构建完成，可以在文件夹 $BUILD_dir/tmp/deploy/images/imx8mqevk 中

找到构建输出：

```
Core-image-rta-vrte-imx8mqevk-< build-date > .rootfs.sdcard.bz2
```

也可以在 Windows 上使用 balenaEtcher 在 SD 卡上闪现它，也可以使用 dd 命令。

启动映像。一旦替换了 MCIMX8M-EVK 板中的 microSD 卡，就应该可以启动并登录到 Linux（默认用户名是"root"）。

通过 USB/ 串行连接和终端模拟器如"PuTTY"或"TeraTerm"，应该可以看到如图 5-57 所示输出。

图 5-57　启动界面

5.3.7　独立系统

可能希望创建一个系统：它可以在没有 NFS 连接到主机虚拟机的情况下引导和运行 RTA-VRTE 应用程序，即在没有挂载 NFS 共享的情况下独立运行。本节提出了一些实现这一目标的简单方法,同时也给出了在 SD 卡映像上创建和扩展文件系统大小的建议。在决定最适合的方法之前,请阅读所有的小节。

1. 使用命令行创建独立 /opt 文件系统

要从目标命令行创建一个独立的 /opt,首先要确保在 /opt 中像往常一样安装了读者想要的映像。如果使用的是 S32V234 硬件,那么在 Linux 系统的 Host VM(/export/49)或 QNX 系统的 /export/39 上也可以使用这个文件系统。

下一步,确保有足够的磁盘空间;使用 Host VM 上的 du 命令检查 SD 卡上 /export/49 或 /export/39 中的文件需要多少空间:

```
$ du -sh /export/49
97M /export/49
```

上面的输出表明,在这种情况下至少需要 97M 字节的空间。现在使用 df-h 命令检查目标系统,如果有空闲的空间,在 Linux 系统上看起来如图 5-58 所示。

```
root@s32v234evb:/# df -h
Filesystem              Size  Used Avail Use% Mounted on
/dev/root               3.6G  235M  3.2G   7% /
devtmpfs                995M     0  995M   0% /dev
tmpfs                   995M   76K  995M   1% /run
tmpfs                   995M   28K  995M   1% /var/volatile
192.168.56.2:/export/49  28G   20G  6.4G  76% /opt
root@s32v234evb:/#
```

图 5-58　Linux 文件系统

在 QNX 系统上,它看起来如图 5-59 所示。

```
# df -h
/dev/sd0t177                    951M      87M     864M     10%  /
192.168.56.2:/expor              27G      25G     2.3G     92%
  /opt
/dev/sd0                         49M        0              100%
  /dev/sd0t4
/dev/sd0                        7.4G        0              100%
```

图 5-59　QNX 文件系统

在上面可以看到有足够的空间(Linux 上可用 3.2G 字节,QNX 系统上可用 864M 字节)。列表中显示的 NFS 挂载是正常的。

如果没有足够的空间,那可能是因为没有足够大的 SD 卡,也可能是没有使用 SD 卡上的所有空间。

第 5 章 Adaptive AUTOSAR 运行环境的准备及配置

现在有了足够的空间，可以跨系统复制所有文件，取代 NFS 共享。在目标命令行上执行如下操作，在提示时给出主机虚拟机的密码：

```
umount -f /opt
scp -r developer@192.168.56.2:/export/39/* /opt
```

> 注意：如果运行的是 Linux 目标而不是 QNX 目标，请将 39 替换为 49。

启动脚本（/etc/startup.sh，在自动启动时创建（第 2.6 节），或者在使用 rvmake-s32v.sh 脚本创建的 QNX 映像中创建）时挂载 NFS 文件夹。目标系统上不一定有任何编辑器，除非把它装在那里，所以使用 scp 将 /etc/startup.sh 文件复制到主机 VM，在那里编辑它然后再复制回来可能是最简单的方法。可以通过在 Host VM 中输入 man scp 来了解如何使用 scp。

通常启动脚本看起来像这样（显示为 QNX），如图 5-60 所示。

```
1.      # cat /etc/startup.sh
2.      #!/bin/sh
3.      target=39
4.      net=192.168.56
5.      ip_address=$net.$target
6.      echo "Setting IP address to $ip_address"
7.      ifconfig fec0 $ip_address/16
8.      route add 224/4 -interface $net.0
9.      echo "Mounting NFS folder for target $target.."
10.     if fs-nfs3 $net.2:/export/$target /opt
11.     then
12.         echo "Starting Execution Manager"
13.         cd /opt/vrte/usr/bin
14.         . ./exmd.sh
15.     else
16.         echo "Failed to mount NFS folder"
17.     fi
```

图 5-60 启动脚本

在上面的文件中，需要删除第 9~11 行和第 15~17 行，以达到预期的效果。如果想改变目标 IP 地址——在上面的脚本中，这可以通过改变第 3 行和第 4 行来实现。

如果改变了目标的 IP 地址的网络部分，那么为了让它在主机虚拟机上可见，必须要添加一个新的路由，并且可能改变虚拟机网桥的网络掩码。

2. 扩展文件系统大小

(1) Linux：扩展当前分区

NXP 为 s32v234evb 提供的 SD-card 映像非常小，如果读者想将文件复制到同一个分区（例如在创建独立映像时），则可能会用完空间。

这些指令适用于任何类似的映像文件，可能需要根据不同的大小输出、不同的数字或不同类型的分区来调整它们。假设可以访问 Linux 系统（例如在 VirtualBox 中），因为这在 Linux 上最容易实现，但是可以使用 Win32DiskImager 这样的 windows 程序来读取和写入 SD 卡中的映像。

首先，要有一张带有映像的 SD 卡，或者从供应商（在本例中为 NXP）下载的映像文件。

第一阶段是读取 SD 卡，不管上面是否有映像，除非确切知道所需的实际字节大小。对于 4GB 的 SD 卡，大小是 3980394496 字节。使用 Linux 命令 ls-l 来读取这个大小是最简单的，因为 Windows 倾向于尝试将这些数字转换为 KB 或 MB 的倍数，而且永远不能确定它是以 1000 还是以 1024 的倍数计数。

即使有一个从 SD-card 读取的映像文件，其中包含正确的字节数，也不意味着文件系统可以使用所有的空间。如果从一个小于 SD 卡大小的映像文件开始，那么阅读以下两节，如果想使用一个现有的 SD 卡映像的所有空间，然后读到一个文件（例如使用 "Win32DiskImager"），则跳过下一节。

(2) 增加映像文件的大小

在 Linux 上，复制和修改文件最有用的命令之一是 dd。将在映像文件 sd_card.Img 上使用这个命令，通过在现有文件的末尾寻找一个想要的大小的新位置并且不写入任何东西来使它变大：

```
dd if=/dev/null of=sd_card.img bs=1 count=0 seek=3980394496
```

上述命令中给出的大数字是希望使用的 SD 卡的实际大小（以字节为单位），可以通过读取空白 SD 卡的全部内容并查看结果文件中有多少字节来找到它。

现在有一个正确大小的映像文件，扩展文件系统来填充它。这实际上有三个步骤：

1) 从映像文件创建一个设备，用命令：

```
sudokpartx -av sd_card.img
```

这个命令将为在映像文件中找到的所有分区创建设备——需要记下它们是在哪里创建的。例如，分区可能是 /dev/mapper/loop0p1 和 /dev/mapper/loop0p2，引用 de-vice/dev/loop0，但是如果已经有了 loop devices，则新设备可能是 /dev/

loop1 或 /dev/loop2。

2）放大磁盘分区以填充空白空间。这是通过 fdisk 交互命令完成的。输入以下内容，如果不是 loop0，替换 loop device：

```
sudofdisk /dev/loop0
```

现在用命令"p"打印分区表，并记录最后一个分区从哪里开始（在本文的例子中，有两个分区，它从 49152 开始）。用"d"命令删除最后一个分区。需要输入分区号来删除，它将默认为最后一个。

使用"n"命令创建一个新分区，它将是一个主分区（默认值），然后输入与之前相同的开始位置，如果 fdisk 在第一个分区之前找到空间，那么这可能不是默认值。大小应该默认为最大值，这是正确的。然后它会问一个关于分区签名的问题（在本文的例子中是"ext3"），输入"n"不改变分区类型。

最后，编写更改并使用"w"命令退出。这将显示一条错误消息，警告分区表的更改不会立即被识别。通过取消映射和重新映射设备来处理这个问题：

```
sudokpartx -d sd_card.img
sudokpartx -av sd_card.img
```

3）扩展文件系统使用所有的分区。这需要三个命令。首先，检查文件系统并修复任何错误。其次，扩展以填充空间。最后，取消设备映射。注意，只对映射的分区进行操作，而不是整个设备：

```
sudo e2fsck -f /dev/mapper/loop0p2
sudo resize2fs /dev/mapper/loop0p2
sudokpartx -d sd_card.img
```

现在，可以使用 Win32DiskImager 或 Balena Etcher 等程序将映像文件写入 SD 卡，如果可以直接从 Linux 访问 SD 卡读卡器，可以使用 dd。

（3）创建一个新的分区（运行目标）

可以直接在使用中的设备上使用 fdisk 实用程序来添加一个新分区，该分区使用 Linux 或 QNX 上剩余的可用磁盘空间。

请参考下面列出的实用程序的相关文档，因为它们在 QNX 和 Linux 上的操作略有不同（在 QNX 上的 fdisk 操作比在 Linux 上更容易）。注意，在 SD 卡上创建一个新分区之后，需要重新启动设备，以便它出现在设备表中，这样就可以在它上面创建一个文件系统。一旦文件系统被创建，就必须挂载才能使用。这可以通过在 /etc/startup.sh 脚本中放置 mount 命令来实现，或者对于 Linux 可以修改 /etc/fstab。最简单的方法是将新分区挂载为 /opt，简单地替换 NFS 共享，然后

Adaptive AUTOSAR 平台与车用高性能控制器开发

scp 所需的数据，如图 5-61 所示。

	Linux	QNX
SDCard (S32V234)	/dev/mmcblk0	/dev/sd0
Manage partitions	fdisk /dev/mmcblk0	fdisk /dev/sd0
New name (req. reboot)	/dev/mmcblk0p3	/dev/sd0t177.1
Create file system	mkfs /dev/mmcblk0p3	mkqnx6fs /dev/sd0t177.1
Mount command	mount /dev/mmvbkl0p3 /opt	mount /dev/sd0t177.1 /opt

图 5-61　挂载分区

3. 直接创建独立 /opt 文件系统（Linux）

作为目标命令行方法的替代方法，可以直接创建一个文件系统——如果还没有写入 SD 卡，或者需要重写它，例如如果文件系统没有使用所有可用空间，那么这很有用。假设已经扩展了文件系统。接下来的所有步骤都在主机虚拟机上执行。

> **注意**：可能会发现为不存在的正确类型的目标构建和部署非常有用，例如 rvbuild-dyour-project 45，这样就可以在 /var/eta/vrte/export/45 创建可以复制到文件系统的文件。

首先，创建一个空文件夹来挂载文件系统，并将磁盘映像文件映射到设备：

```
# some folder to mount the device
mkdirmount_point
# This will output the names of the devices mapped
sudokpartx -av sd_card.img
```

第二个命令将输出映射的设备的名称。通常输出的名称是第一个回环的第二个分区，也就是 loop0p2。注意，如果已经创建了一个新的分区并且正在安装它，那么名称将会不同，例如 loop0p3。

下一步，在创建的挂载点挂载文件系统（使用从第一步开始的设备名）。列出那里的文件来检查一切正常：

```
sudo mount /dev/mapper/loop0p2 mount_point
ls -l mount_point
```

下一步，将需要的文件复制到挂载的文件系统。这可以是 /opt，或者只是 / 如果已经创建了一个新的分区来挂载 /opt。

第 5 章 Adaptive AUTOSAR 运行环境的准备及配置

```
sudo cp-rp/var/eta/vrte/export/45/* mount_point/opt
```

最后，卸载文件系统并卸载映像文件：

```
sudoumountmount_point
```

4. 修改 QNX 映像

QNX 映像是使用脚本创建的，例如 rvmake-s32v.Sh，在 Host VM 中提供。这一部分包含了一些文档，可以帮助修改脚本以实现三个目标：

1) 增大映像的大小。
2) 更改文件系统以包含其他文件。
3) 更改默认启动脚本。

> **注意**：处理脚本文件的一个副本或者先保存一个备份副本是个好主意。

当完成修改后，记得运行新脚本文件来创建一个新的映像！要更改映像大小，请在编辑器中打开脚本文件的副本，并搜索 "file_part_size"。会看到下面的定义（行号是相对的）：

```
boot_part_size=100000
# Size of partition 1 (writable space) in sectors of 512 bytes
file_part_size=1948000
```

大小以 512 字节为单位。制造商对 SD-Card 尺寸的规范取决于它们对 1Gb 的解释，它可以在 109~10243 之间变化。此外，可用扇区的总数不能部分填满 2048 扇区的圆柱体。鉴于第 2 分区从圆筒 50 开始，请参考表 5-3 了解填充不同大小 SD 卡的典型值。

表 5-3 SD 卡内存地址

Nominal Size	Theoretical lower limit of sectors available	Number of sectors available in a real sample	Sectors in partition 2
2GB	3906250	Not tested	3803850（calculated）
4GB	7812500	7774208	7671808
8GB	15625000	15644672	15542272
16GB	31250000	Not tested	31147600（calculated）

要更改文件系统以包含其他文件，应打开 make-my-s32v。在编辑器中搜索字符串 cat>part.build "EOF"。这（在第 741 行左右）是定义 mkqnx6fsimg 命令的输入的位置，它指定磁盘映像的第二个分区中的内容。在这里可以创建新的文

件夹（例如 /opt），并通过指定文件来填充它们。注意，可以递归地复制整个文件夹，例如只需要指定以下行（这就是需要做的全部）：

```
/opt =/export/35
```

可以在 http://www.qnx.com/developers/docs/7.0.0/index.html#com.qnx.doc.neutrino.utilities/topic/m/mkqnx6fsimg.html 找到更多的文档（向下滚动找到"Buildfiles"的文档）。可能会发现，按照现有条目的模式，向适当的系统文件夹中添加额外的命令和 library 等文件也很有用。

确保所有的源文件夹都存在，并且在运行脚本时是最新的。例如，如果打算填充 /opt from/export/35，部署到 target 35 的时候，要更改默认的启动脚本。首先在"boot.build"的定义中找到默认的启动脚本，该脚本是创建位于磁盘映像的第一个分区中的根文件系统的 mkifs 命令的输入。搜索字符串"/etc/startup.sh = {"，在第 425 行左右应该可以找到脚本内容，在这里可以按照上面"更改启动脚本"一节中的描述进行更改。

将看到一些"$"字符在这个文件中用反斜杠转义。这是因为本文不希望它们在 rvmake-s32v.Sh 脚本运行时被替换，而希望出现在 startup.sh 文件中，并在运行时替换目标。

> 注意：谨慎替换！

5.3.8 高级网络

1. 不同子网上的外部硬件

由于外部硬件很可能设置在不同的子网上，带有不包括 VM 主机 IP 地址的网络掩码，因此无法轻松地与外部硬件进行通信。下面的指令允许访问任意 IP 地址和网络掩码组合上的硬件，只要它不与其他地址冲突，或者不为其他目的保留。

RTA-VRTE SK 虚拟机带有两个虚拟以太网适配器，第一个通过 NAT 提供通用访问，第二个专门用于虚拟 Target ECUs 和子网 192.168.56.0/16 上的硬件。然而，RTA-VRTE SK 的设置是为了使用 192.168.56.xxx 的 IP 地址。也可能是硬件，比如 192.168.111.xxx 子网有一个不兼容的网络掩码，例如 255.255.255.0。这可能意味着甚至不能"ping"自己的硬件。如果是这种情况，有两种方法可以解决这个问题，其中任何一种都可以单独工作。

一是将硬件上的网络掩码改为 255.255.0.0：

```
ifconfig eth0 192.168.111.20/16
```

二是在硬件上添加默认路由：

```
route add default eth0
```

现在，应该可以"ping"自己的硬件了。这能做到以下操作：

1）"ping"另一个子网上的硬件。

2）如果硬件运行 sshd，则将"ssh"转换为硬件。

3）如果硬件支持，则可通过"scp"或者 NFS 共享文件，通过"gdb"或者等价物进行远程调试。

4）如果使用完整的 IP 地址，则使用脚本"rvwin 或 rvkill 与硬件进行交互使用 rvbuild"和 rvdeploy 脚本准备一个共享文件夹挂载到硬件上。

不允许做的操作：

1）使用 rvdeploy 脚本启动程序（必须手动挂载共享文件夹）。

2）从另一个子网上的虚拟机与硬件通信。

（1）共享文件夹和"导出"文件

共享文件夹的名称通常对应于 tar-gets IP 地址的最后两位数字，因此"49"意味着某些运行 Linux 的 aarch64 硬件的地址为 192.168.56.49，而这个共享文件夹可以在 Host VM 上的 /export/49 找到。它通常被挂载到目标文件系统的 /opt。如果使用完整的 IP 地址为 rvdeploy 脚本指定了一个目标，那么将使用完整的 IP 地址作为文件夹的名称，而不仅仅是最后两个数字。

控制文件夹如何导出的规则是在 Host VM 上的 /etc/exports 文件中定义的，只有一条感兴趣的线：

```
/export/192.168.0.0/16(rw,no_root_squash)
```

这一行表示文件夹 / 导出可以与 192.168.xxx.yyy 网上的任何地址共享。这可能已经足够满足需要了，但是如果需要共享任意地址的文件夹，那么只需要在文件下面添加新的行即可。如果读者想要与任何客户端共享 /export 文件夹，那么按照以下方式替换地址：

```
/export/0/0(rw,no_root_squash)
```

（2）将应用程序部署到不同的子网

Rvdeploy 脚本可用于为 192.168.56.0 子网上的外部硬件创建共享文件夹。但是，绝对没有理由不能将为一台机器部署的文件夹与另一台相同的架构和操作系统共享；例如，可以在任何运行 QNX 的外部 aarch64 硬件上挂载共享文件夹 /export/39，应用程序将启动。

注意：Rvdeploy 脚本创建一些特定于 IP 地址的配置。如果应用程序与其他设备进行某种通信，除非它位于 192.168.56 子网上的正确地址，否则它将无法工作。为了解决这个问题，修改 /opt/vrte/usr/etc/vsomeip 文件夹中的 vsomeip.json 文件。

在子网上与其他目标通信的应用程序将需要更多的处理。例如，如果已经使用 Rvdeploy 脚本创建了 /export/37 文件夹，但是打算使用地址 192.168.111.20 将其挂载到硬件上，那么需要更改文件 /export/37/vrte/usr/etc/vsomeip/vsomeip.json 以包含正确的地址。这可以按照以下步骤来完成：

```
sed -ri
 "s/\"unicast\"\s*:\s*\"[0-9]+\.[0-9]+\.[0-9]+\.[0-9]+/\"unicast\"
 :\"192\.168\.111\.20/g"
 /export/37/vrte/usr/etc/vsomeip/vsomeip.json
```

安装共享文件夹的一个替代方法是使用 scp 复制文件，例如，如果硬件上的安装不支持 NFS，或者 /opt 文件夹已经部分填充完毕：

```
scp -r /export/37/opt/vrte root@192.168.111.20:/opt
```

（3）通过 Network Bridge 主机 PC 与 Troubleshooting 通信

如果希望能够以与 192.168.56.0 子网上的硬件 "ping" 或 "ssh" 相同的方式在不同的子网上 "ping" 自己的硬件，那么如果配置不允许，就可能会失败。在这种情况下，检查以下内容：

1）网络掩码——确保所有参与节点（即桥接器、适配器、物理或虚拟节点）上的网络掩码匹配，并且当 IP 地址被网络掩码所掩盖时，所有节点的结果都是相同的。例如，如果某个节点的 IP 地址为 192.168.56.0，网络掩码为 255.255.0.0，则其子网为 192.168。它将无法与地址为 192.168.111.20 和 netmask 为 255.255.255.0 的设备通信，因为在这种情况下子网是 192.168.111。必须将第二个设备的网络掩码改为 255.255.0.0。

2）广播地址——这些应该始终匹配网络掩码，即如果在 IP 地址中设置网络掩码和 OR，可以得到广播地址。所以 192.168.111.20/16 的广播地址是 192.168.255.255。

3）默认路由——检查默认路由是否存在，并且正在链接期望的接口。

2. 在不同子网上的虚拟机

目前可以将虚拟机配置为在不同的子网上操作，但目前脚本对此几乎没有支

持。为了实现这一点,可以在不同的子网上测试与硬件的通信,执行以下步骤:

1)在 Host VM 中,将网桥掩码设置为 16 位:

```
sudoifconfig br0 192.168.56.2/16
```

2)将一些应用程序部署并运行到一个虚拟机,该虚拟机不做任何事情,然后退出(例如 AraEM_OneArg):

```
deploy -qdAraEm_OneArg 10
```

3)使用 16 位 netmaskifconfig eth0192.168.111.123/16 更改虚拟机控制台上的 IP 地址:

```
ifconfig eth0 192.168.111.123/16
```

4)ssh 从主机虚拟机到新的 IP 地址来检查操作:

```
ssh root@192.168.111.123
```

5)在目标中卸载 /opt 并挂载所需的共享文件夹(在 QNX 示例中给出了 mount 命令):

```
umount /opt
fs-nfs3 192.168.56.2:/export/17 /opt
```

6)手动运行 Execution Management 守护进程:

```
cd /opt/vrte/usr/bin
../exmd.sh
```

Chapter 06

第 6 章 Adaptive AUTOSAR 软件模块的配置与开发

6.1 虚拟机桌面与虚拟机设置

RTA-VRTE 软件一直使用的虚拟机是基于标准的 Linux 发行版。当运行 Linux 的虚拟机时,它将显示出一个 Debain 系统的桌面,桌面带有用于访问一些 AUTOSAR AP 基本文档、文件系统、主文件夹和 VRTE Adaptive Studio 的图标,VRTE 桌面如图 6-1 所示。

当虚拟机主机启动时,它将自动登录用户 developer。登录时不需要输入密码,如果需要用到管理员权限以对主机进行控制,则需要输入管理员密码:dev12345,例如,如果用户注销或需要执行某些系统操作,则需要该密码。则可以使用用户名(developer)和密码(dev12345)。

6.1.1 键盘设置

如果主机 PC 的语言不是英语,则用户可能需要更改 VirtualBox 首选项,以便能够识别本文中使用的命令并使用键盘语言。例如,如果用户的主机具有特定于语言的键盘,用户可以在包含 RTA-VRTE 的主机虚拟机中更改键盘设置。鼠标右键单击桌面,选择应用—设置—键盘,如图 6-2 所示。

第 6 章 Adaptive AUTOSAR 软件模块的配置与开发

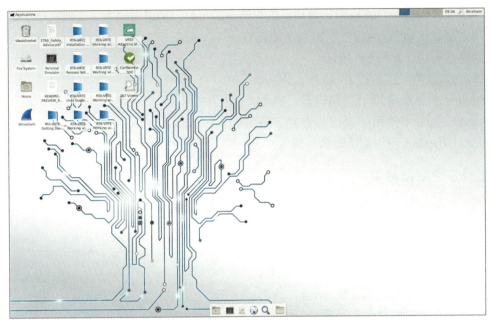

图 6-1 VRTE 桌面

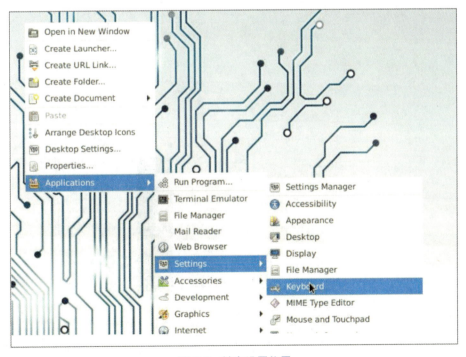

图 6-2 键盘设置位置

在"键盘"对话框中，用户可以替换英语布局、德语布局等。取消选中"使用系统默认值"，然后根据需要添加新的键盘布局，如图 6-3 所示。

或者在命令行终端中，输入 setxkbmp 命令可用于切换键盘，例如 setxkbmapus（使用美式键盘布局）或 setxkbmapde（使用德语键盘布局）。

6.1.2 屏幕设置

首次启动时，主机虚拟机可能会显示不正确的屏幕大小，屏幕将仅占据显示器的中央部分，如图 6-4 所示。

要解决此问题，请在 VirtualBox 菜单上选择视图—虚拟显示器，然后选择合适的屏幕大小，如图 6-5 所示。

如果这种方法也不能解决此问题，请选择视图—自动调整窗口大小。

图 6-3　修改键盘布局

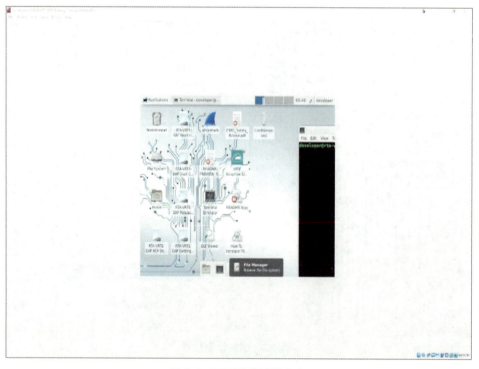

图 6-4　不正确的屏幕大小

第 6 章 Adaptive AUTOSAR 软件模块的配置与开发

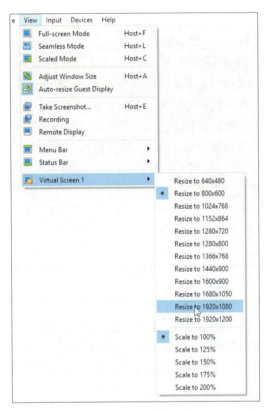

图 6-5　调整屏幕大小

6.2　平台初识

本节将带领读者了解如何在 RTE-VRTE 的 AP 平台中启动和运行第一个应用程序。

1）如何启动 RTA-VRTE 工具及其基本结构。

2）如何通过从宿主机复制练习文件到虚拟机中，在虚拟机和宿主机之间交换文件。

3）如何在 Adaptive Studio 中创建新的 AUTOSAR 项目。

4）如何构建、部署和手动执行 AUTOSAR AP 应用程序。

6.2.1　入门指南

RTA-VRTE 由运行在主机上 VirtualBox 内的虚拟机主机组成。宿主虚拟机包含构建 AP 的系统和开发工具，它们构成了 ETAS 自适应 AUTOSAR 开发环境。

如果用户尚未完成，请按照第 5 章中的说明设置 RTA-VRTE 虚拟机。RTA-VRTE 的构建系统在虚拟机主机中执行，可以创建 AUTOSAR 自适应应用程序并将其部署到一个或多个目标 ECU 虚拟机。

每个目标 ECU 虚拟机在虚拟机主机中执行，并提供一个单独的 AUTOSAR 自适应平台实例（AUTOSAR 术语中的 Machine）。因此，每个目标 ECU 虚拟机都包含独立的平台软件，包括独立的 AUTOSAR Adaptive 功能集群，如执行管理和通信管理。此外，不同的目标 ECU 虚拟机可以各自支持不同的目标操作系统，例如 QNX 或 Linux。RTA-VRTE 虚拟机主机包括一个目标以太网网络，所有目标 ECU 都连接到该网络，如图 6-6 所示。

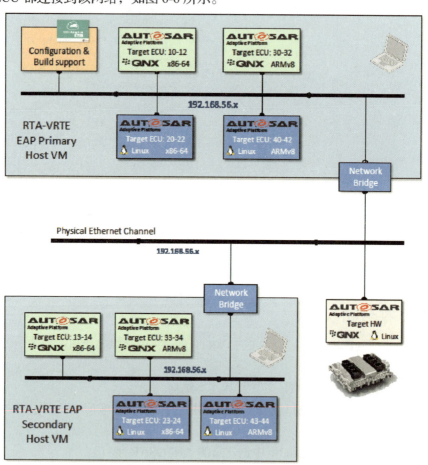

图 6-6　目标 ECU 网络

本节的核心项目文件以 ZIP 文件的形式提供，需要复制到虚拟机主机中的正确位置。可以从主机虚拟机中访问 Windows 文件系统，因此请打开终端（右键单击桌面并选择 Applications -Terminal Emulator）并执行以下两个命令：

第 6 章　Adaptive AUTOSAR 软件模块的配置与开发

首先，在主机虚拟机中的终端内（右键单击桌面并选择"Open Terminal Here"），并将目录更改为 RTA-VRTE 项目文件夹：

```
cd /home/developer/vrte/project
```

然后，解压该文件：

```
Unzip "/home/developer/Exercise/AP_for_SW_Developers_Exercise_Files.zip"
```

解压后，用户现在应该在 /home/developer/vrte/project 文件夹中有八个 Exercise 文件夹（Exercise1~Exercise8），如图 6-7 所示。

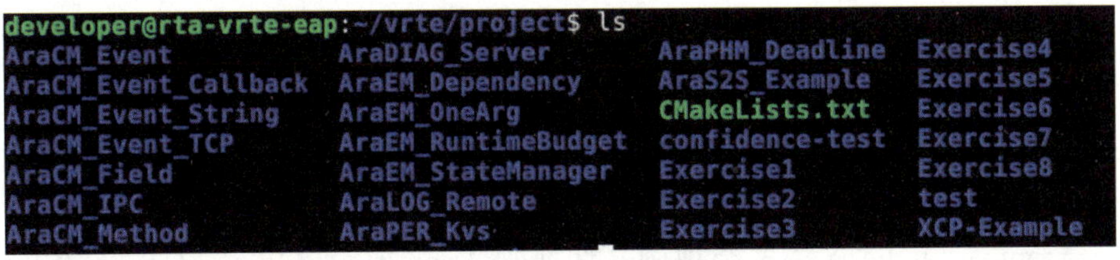

图 6-7　解压后目录文件结构

6.2.2　Adaptive Studio 中的代码实现

使用 rvproject 脚本创建 Eclipse CDT 项目，以便在 Adaptive Studio 中实现代码。

需要注意的是，当前版本由 rvproject 脚本创建的 CDT 项目被认为会与 AUTOSAR 配置冲突，从而导致下拉框中出现重复条目等。因此，对于需要配置的 RTA-VRTE 示例，不建议执行此步骤。要创建 CDT 项目，请执行以下命令：

```
rvproject Exercise1
```

这将创建一个名为 build_exercise1 的文件夹，用于存储 Eclipse 项目。此文件夹用于（导入）自适应平台，而不是 Exercise1 文件夹。

6.2.3　Adaptive Studio

RTA-VRTE 中包括多个示例应用程序，展示了 AUTOSAR 自适应平台的不同方面。然而，本节希望使用一个非常简单的应用程序，简单地构建并部署到目标 ECU。首先，需要在 RTA-VRTE Adaptive Studio AUTOSAR 编辑器中创建一个新项目。虽然对本练习来说不是必要的，但这将为源代码和配置文件提供一个方便的编辑器。如果还没有运行，双击桌面上的图标启动 VRTE Adaptive Studio，如图 6-8 所示。

图 6-8　VRTE Adaptive Studio 启动界面

当用户启动自适应工作室时，它将显示一个工作区选择对话框。默认情况下，/home/developer/workspace 是可以的，无需使用者更改。第一次启动 Adaptive Studio 时，会显示一个欢迎选项卡。如果出现，只需关闭 VRTE Adaptive Studio 的"Welcome"选项卡即可显示工作区。

Adaptive Studio 支持多个视图。切换到 Artop 视角以启用 AUTOSAR 项目创建。Artop 视角对于创建新的 AUTOSAR 项目是必要的。通过单击 Adaptive Studio 显示屏右上角的图标并选择 Artop，确保视角可见，图标如图 6-9 所示。

使用 Artop 视图，通过从"File"菜单中选择"New-AUTOSAR Project"创建一个新项目，如图 6-10 所示。

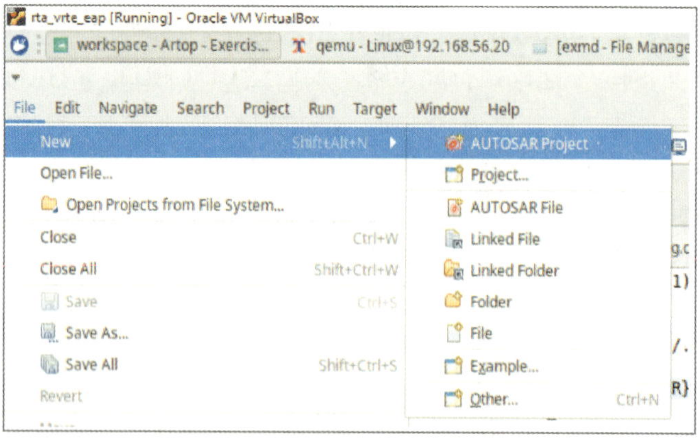

图 6-9　Artop 按钮

图 6-10　新建 AUTOSAR 项目

如果初次使用 Adaptive Studio，可能在 New 下没有 AUTOSAR Project 选项。找到"New-Other"选项，并单击进入找到 AUTOSAR Project 后单击 Next，进入

图 6-11 所示的界面。

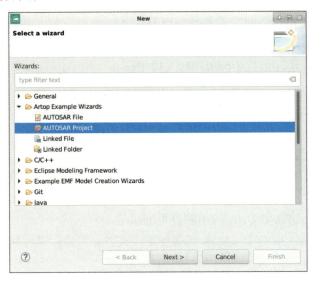

图 6-11　New 界面

在"NEW -AUTOSAR Project"对话框中：

1）将项目名称设置为"Exercise1"。

2）将"Location"设置为 /home/developer/vrte/project/Exercise1（用户可能需要取消选中"Use default location"复选框）。如果正确安装了练习源文件，并且在上一步中正确创建了 Eclipse 项目，那么该文件夹应该已经存在，如图 6-12 所示。

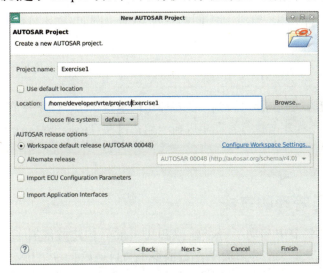

图 6-12　设置 Exercise1

单击"Finish"创建项目。

6.2.4 编译和部署项目

部署示例应用程序时,有必要部署其他几个文件,用正确的 IP 地址部署它们,并创建各种符号链接。RTA-VRTE 构建脚本自动化了这一过程。从 /home/developer/vrte/project 项目中的终端输入以下命令:

```
rvbuild -d Exercise1 20
```

这将会:
1)构建项目(-d Exercise1)。
2)部署到目标 ECU,即虚拟机,ID 为 20。选择此选项将选择 Linux 作为构建的目标操作系统。使用目标 ECUID 为 10 时可以部署到 QNX 目标 ECU 虚拟机,请注意,这需要 QNX 的单独许可证。
3)从 Linux(或 QNX)SDK 部署标准库文件、可执行文件和脚本。
4)运行虚拟机(默认)。

6.2.5 执行

构建和部署的应用程序尚未与自适应平台集成,因此不会在目标 ECU 启动时自动启动。所以,应用程序必须手动启动,需要启动一个命令窗口来与新启动的虚拟机对话。这只需使用以下命令即可完成:

```
rvwin 20
```

请注意,如果用户部署到不同的目标 ECU,例如 QNX 目标 10,那么只需适当调整 rvwin 命令。要手动启动应用程序,请在命令窗口中输入以下内容:

```
/opt/vrte/usr/bin/Exercise1
```

如果一切顺利,应该会看到一些打印出的运行状态。在下一节中,本文将把 HelloWorld 应用程序与执行管理集成在一起,以便自适应平台在平台启动时自动启动应用程序。

6.3 执行管理的集成

在前面的章节中启动了一个虚拟 ECU,然后构建并部署了一个非常简单的应用程序——事实上非常简单,它根本不与自适应平台交互。在本节中将为执行管理创建必要的配置,并添加应用程序生命周期管理配置文件。

本节读者将会学到：
1）如何在自适应平台的控制下自动执行自适应应用。
2）如何启动执行管理编辑器及其总体布局。
3）如何使用执行管理编辑器定义可执行文件和进程元素。
4）RTA-VRTE 内执行管理的 ECU（基于数据）配置如何工作。
5）自适应应用程序如何履行其对执行管理的责任。

6.3.1　AUTOSAR 项目

如果还没有运行，双击桌面上的图标启动 VRTE Adaptive Studio。与 6.2 节一样，在选择了 Artop 视图的情况下，从 File 菜单中选择"New -AUTOSAR Project"开始创建新项目。

与 6.2 节一样，需要在对话框中进行如下设置：

1）将项目名称设置为"Exercise2"。

2）将"Location"设置为 /home/developer/vrte/project/Exercise2（用户可能需要取消选中"Use default location"复选框）。如果正确安装了练习源文件，并且正确创建了 Eclipse 项目，那么该文件夹应该已经存在。

单击"Finish"以创建项目，如图 6-13 所示。

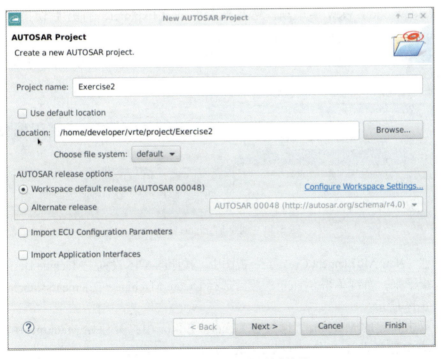

图 6-13　Exercise2 项目创建结果

6.3.2 执行管理编辑器

RTA-VRTE 的执行管理使用经过处理的清单进行配置，该清单使执行管理能够确定何时以及如何在目标 ECU 上启动应用程序进程。早期版本的 RTA-VRTE 依赖于使用生成的源文件 ExMConfig.cpp 的预编译配置。在此版本的 RTA-VRTE 中，预编译配置被弃用，而支持 ECUCFG（基于数据的）配置。RTA-VRTE 在 ECUCFG 文件中定义了基于数据的执行管理配置，该文件由执行管理守护进程在运行时加载。执行清单信息被处理成基于数据的 ECU 配置，该配置包含在节点数据文件中，即在项目的 gen 文件夹中生成的 EXM_nodeData.ecucfg。需要注意的是，执行管理只能启动注册的自适应应用程序，未能正确配置每个可执行文件和进程将导致应用程序无法启动。Adaptive Studio 包括一个自定义编辑器，可以简化可执行文件和进程的配置，并允许自动生成 ECUCFG 文件。

配置执行管理需要按照以下步骤：

1. 定义 Machines 和 Machine Designs

Machines 是支持自适应平台的实例。机器配置与整个平台实例相关的信息，例如可用状态和进程到机器的映射，以及决定执行管理何时启动和停止进程的状态。Machine Designs 允许配置服务访问控制、网络连接、服务发现配置等。Machines 应与 Machine Designs 相关联。在 C/C++ 视图可见的情况下，选择 Window-Show View 菜单项，然后选择 Project Explorer，打开后切换到 AR Explorer 选项卡—Adaptive Studio 中的 AR Explorer 视图，在 Exercise2 下右键单击 System，然后选择 Create Machine—[Elements | Machine Design]，如图 6-14 所示。

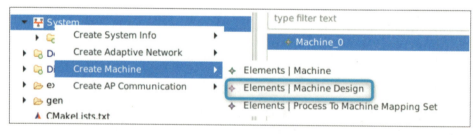

图 6-14 创建 Machine Design

在"New AR Element Creation"视图中，按照图 6-15 设置"Machine Design"。

接下来，右键单击 System，然后选择 Create Machine—[Elements|Machine]，如图 6-16 所示。

双击新建的 Machine，通过在 Generic Editor 中打开原始 Machine 并在下拉列表中选择设计，将 Machine Designs 与原始 Machines 相关联，如图 6-17 所示。

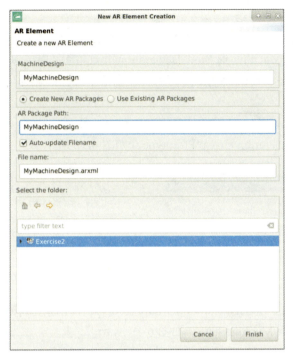

图 6-15　设置 Machine Design

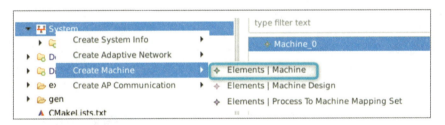

图 6-16　创建 Machine

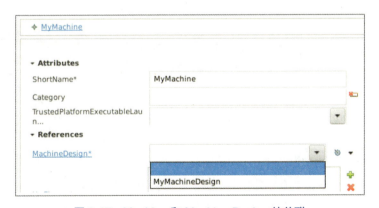

图 6-17　Machine 和 Machine Design 的关联

2. 关联机器和功能组

要将已定义的函数组（ModeDeclarationGroup）与已定义的 Machine 相关联，需要创建一个从 Machine 到 ModeDeclarationGroup 的引用。这种方法使得同一功能组定义可以在多台机器上重复使用。在本节中，已经创建了功能组"机器状态"。

在 AR Explorer 中，右键单击现有 Machine，然后选择 New Child—Function Groups | Mode Declaration Group Prototype，如图 6-18 所示。

图 6-18　新建功能组

双击机器中的 ModeDeclarationGroupPrototype，在通用编辑器中打开它，将类型设置为功能组 MachineState，如图 6-19 所示。

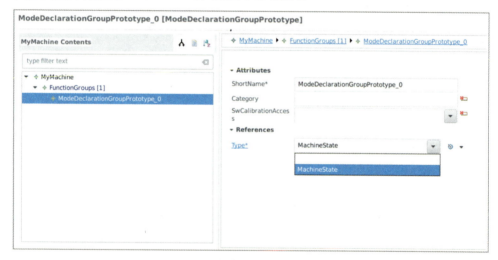

图 6-19　对应机器状态到功能组

一个 Function Group 已经被定义并与一台 Machine 相关联，它可以在执行编辑器中用于控制系统状态改变时自适应应用程序进程的启动 / 停止。

6.3.3　执行编辑器

执行管理支持执行管理启动的每个可执行文件的 ECUCFG（基于数据的配置）。VRTE Adaptive Studio 包括一个执行编辑器，用于定义应用程序进程、可执行文件等，以及支持从 AUTOSAR ARXML 配置生成预编译源代码或基于数据的 ECUCFG 配置。

右键单击项目资源管理器选项卡中的项目名称，并选择 VRTE Editor 执行编辑器打开 Execution Editor 管理配置的自定义编辑器。空白的"Execution 编辑器"窗口由一个主窗格（当前为空白）和三个按钮组成，如图 6-20 所示。

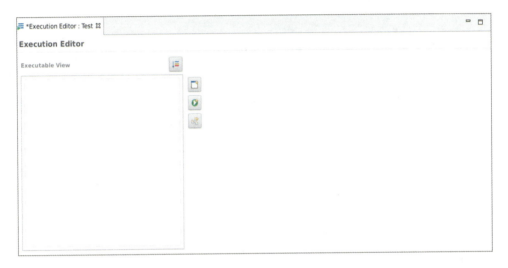

图 6-20 执行管理编辑器

三个按钮从上到下依次为：
1）新建可执行文件。
2）新建进程。
3）新建依赖关系。

"Group By"功能支持在执行编辑器中查看不同的可执行文件和进程。单击按钮选择进程按机器、按可执行文件（默认）或按功能组进行分组，如图 6-21 所示。

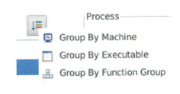

图 6-21 分组类型

接下来定义一个可执行文件，在自适应平台中，可执行配置元素将可执行代码与软件组件原型相关联。在执行编辑器中，单击按钮打开 Add Executable 对话框。对于每个可执行文件，需要定义可执行文件元素的名称（注意这是 ARXML 配置中元素的名称）和清单文件的 ARXML 路径。可以为单个目标 ECU 定义多个可执行文件，如图 6-22 所示。

图 6-22　定义可执行文件

单击 [OK] 创建可执行文件。创建后，可执行文件可以通过选择新的可执行文件的名称在执行编辑器中打开。一旦打开，就可以设置对 Software Component Prototype 的引用（如果在项目的 ARXML 中定义的话），并且可以设置可执行文件的路径。通过单击 Exercise2 打开新的可执行元素参数子编辑器，将路径设置为 /opt/vrte/usr/bin/Exercise2，如图 6-23 所示。

图 6-23　配置可执行文件生成路径

下面开始为可执行文件创建进程。在执行编辑器中，选择适当的可执行文件选项，然后单击按钮打开添加进程对话框，如图 6-24 所示。

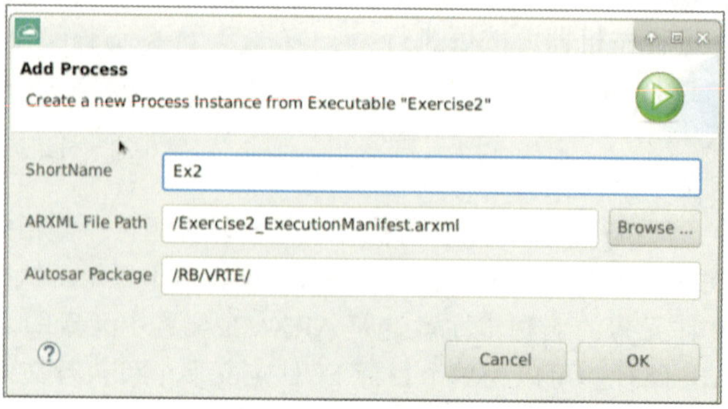

图 6-24　创建进程

对于每个进程，需要定义进程元素的名称（与可执行元素一样，这是 ARXML 配置中元素的名称）和清单文件。注意，放在同一个 ARXML 包中的进程和可执行文件（即使它们在不同的 ARXML 文件中）必须有不同的简称。单击 [确定] 创建流程。"执行管理编辑器"窗口由两个窗格组成；可执行文件；进程窗格及参数子编辑器（首次启动时，窗口为空白），如图 6-25 所示。

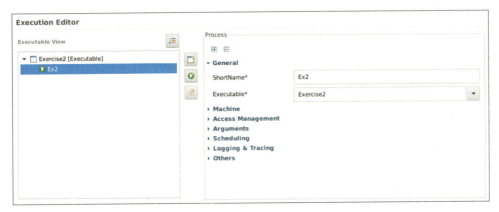

图 6-25 进程配置界面

然后需要定义该进程适用的机器和功能组状态，功能组（以及它们的状态）是按机器定义的（在之前已经创建）。在进程的参数子编辑器中，选择机器的下拉列表，并选择预配置的 MyMachine。选择机器后，单击功能组状态旁边的三个点，并在对话框中选择 STARTUP 状态，如图 6-26 所示。

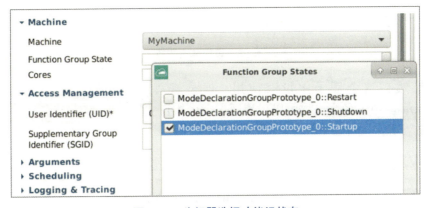

图 6-26 为机器选择功能组状态

单击 [OK] 设置为激活状态。接下来，选择访问管理下拉列表，并将进程的 UID 和 GID 设置为 0 和 0，如图 6-27 所示。

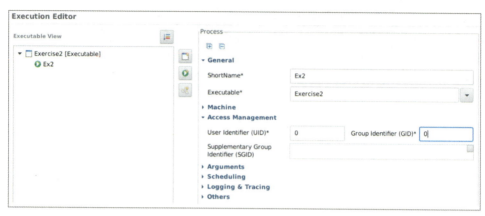

图 6-27　设置 UID 和 GID

选择 Arguments 下拉列表并设置 LD_LIBRARY_PATH 环境变量，以便可以找到运行时 SDK 库，如图 6-28 所示。

```
LD_LIBRARY_PATH=/lib:/usr/lib:/opt/vrte/lib:/opt/vrte/usr/lib
```

图 6-28　设置环境变量

虽然在这个例子中没有使用，但是进程元素也可以定义 invocation arguments。由于多个进程可以引用同一个可执行文件，因此执行管理可以使用不同的参数来执行每个进程。

6.3.4　ECUCFG 的生成

如上所述，RTA-VRTE 在运行时由执行管理守护进程加载的 ECCFG 文件中定义了基于数据的执行管理配置。执行清单信息被处理成数据库化的 ECUCFG，该配置包含在 node data 文件中。通过选择合适的 VRTE 生成器来创建 ECUCFG，如图 6-29 所示。

第 6 章　Adaptive AUTOSAR 软件模块的配置与开发

图 6-29　生成 ECUCFG 文件

在 Adaptive Studio 中打开文件，并展开树：

```
Model EXM_2.0 > ROOT("ROOT") > Container Process >
Process ("/RB/VRTE/Processes/Ex2")
```

在这里，用户可以看到之前为进程配置的属性，进一步扩展树：

```
Container startupConfig>ProcessStartupConfig("0") >
Container functionGroupStateDependency>ProcessFunctionGro
upStateDependency("0")
```

在这里，用户可以看到进程的启动配置。如前所述，它被配置为在机器"MyMachine"的功能组"MachineState"的"Startup"状态下启动。本节中，配置应该类似于以下内容，如图 6-30 所示。

图 6-30　配置结果

注意，生成的配置文件将包含附加配置，例如机器和功能组状态的配置。这些配置是自动生成的，在本节中可以暂时忽略。一旦生成，ECU 配置文件必须安装在虚拟目标上以便使用。在构建和部署过程中，当 CMakeLists.txt 文件中出现类似以下行的行时，会自动执行此操作：

```
install (FILES gen/EXM_nodeData.ecucfg DESTINATION bin
RENAME EXM_nodeData_A.ecucfg)
```

6.3.5　软件生命周期

除了由执行管理启动之外，自适应应用程序还必须使用 AUTOSAR 进程生命周期界面中的方法来报告生命周期状态的变化。两个转变很重要：

1）从初始化到 ara::exec::ExecutionState::kRunning，当应用程序完成初始化并且准备提供服务时，应用程序会报告 kRunning 状态转换。

2）从 ara::exec::ExecutionState::kRunning 到 ara::exec::ExecutionState::kTermination，应用程序在即将终止时报告 kTerminating 状态转换。

自适应平台包括一个应用程序接口，用于报告应用程序生命周期状态到执行管理之间的转换。该应用编程接口作为类执行客户端的成员函数实现。一旦创建了类 ExecutionClient 的实例（通常在全局范围内），应用程序就可以使用 ReportExecutionState API 报告状态转换。

对于简单应用程序，需要在主源文件中添加四项内容：

1）包括头文件 ara/exec/execution_client.h 以获得对应用程序生命周期界面的访问。

2）实例化类 ara::exec::ExecutionClient 的实例。

3）进入 main 后，通知执行管理，应用程序正在运行。

4）退出 main 时，通知执行管理，应用程序正在终止。

在文件的开头添加必要的 include，还添加了一个 using 声明来简化下面的一些代码。

```
#include <iostream>
#include <ara/exec/execution_client.h>

using namespace ara::exec;
```

现在可以实例化类 ExecutionClient 的实例。应该在全局范围内创建实例，以确保其生命周期至少与应用程序本身一样长。

```
//Instantiate Execution Lifecycle interface class
ExecutionClient ac;
```

进入 main 时，需要通知执行管理，应用程序状态现在是 kRunning：

```
//Inform EM that application is now running
ac.ReportExecutionState(ExecutionState::kRunning);
```

最后，在退出 main 时，需要通知执行管理应用程序，应用程序状态现在正在终止。对于本练习，这应该发生在 return 语句之前：

```
//Finished...inform Execution Management
ac.ReportExecutionState(ExecutionState::kTerminating);
```

最后保存文件。

构建部署和执行如下所述。在项目文件夹 /home/developer/vrte/project 中的命令提示符下，输入以下命令：

```
rvbuild -d Exercise2 20
```

如前所述，该命令将构建应用程序并将其部署到 Linux/x86 目标 ECU20，但是此外，执行管理的配置意味着 Exercise2 应用程序将自动启动，如图 6-31 所示。

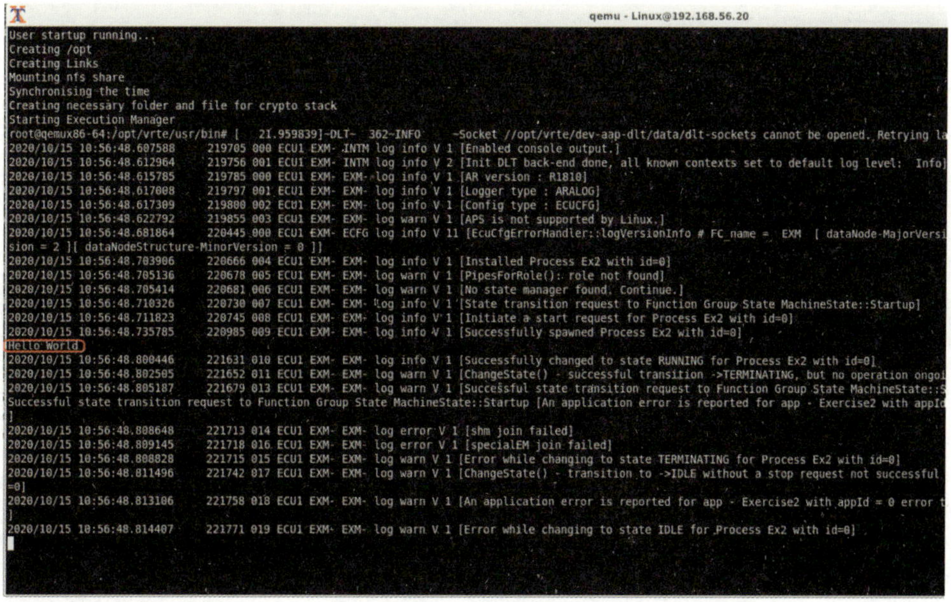

图 6-31 运行结果

请注意，运行执行管理时，日志将包含许多关于状态转换和应用程序终止的错误和警告。这些日志消息是正常的，这是由于本练习中简化了执行管理的配置。显示的另外两个警告是 PipesForRole（）：找不到角色和找不到状态管理器。这是因为每个应用程序都需要一个 StateManager 可执行文件，由于其简化的配置，本练习不包含该文件。出于本练习的目的，可以忽略这些消息。后面的练习将包含一个虚拟状态管理器来避免这个问题。

6.4 服务接口配置

在本节中，将创建服务接口"Clock"，它定义自适应应用程序之间的通信内容。

VRTE Adaptive Platform 是 RTA-VRTE 中包含的 AUTOSAR 编辑器。除了支持所有自适应 AUTOSAR ARXML 元素的配置之外，它还包括支持更高级抽象的特性，这些特性简化了自适应平台的工作。在本节中，将使用应用程序设计编辑器（Application Design Editor）来创建服务接口。

Application Design Editor 提供了一种领域特定语言（DSL），用于以用户友好的方式编辑自适应应用程序的 AUTOSAR 元素。该编辑器可用于为服务接口、数据类型（包括数组和结构）和自适应软件组件自动创建 ARXML。应用程序设计编辑器提供语法突出显示和自动完成以及错误指示。当用户输入时，一个语法错误由空白处的一个红叉表示，一个语义错误，例如一个丢失的导入，由一个黄色三角形表示。

在本节中，读者将学习：

1）如何使用应用程序设计编辑器创建新的服务界面。

2）如何使用比标准 ARXML 简单得多的领域特定语言来定义复杂的数据类型和重用现有的数据类型。

3）如何从领域特定语言 DSL 生成 ARXML。

6.4.1 AUTOSAR 项目

如果还没有运行，双击桌面上的图标启动 VRTE Adaptive Studio。与 6.3 节一样，在选择了 Artop 视图的情况下，从 File 菜单中选择"New -AUTOSAR Project"开始创建新项目。

与 6.3 节一样，需要在对话框中进行如下设置：

1）将项目名称设置为"Exercise3"。

2）将"Location"设置为 /home/developer/vrte/project/Exercise3（用户可能需要取消选中"Use default location"复选框）。如果正确安装了练习源文件，并

且正确创建了 Eclipse 项目，那么该文件夹应该已经存在。

单击 [FINISH] 创建项目。

6.4.2 创建新的文件

应用程序设计编辑器使用扩展名为 ".hadl" 的标准文本文件。要创建新文件，请右键单击项目资源管理器选项卡中的项目名称，然后选择新建文件。在"新建文件"对话框中，确保父项目是正确的，然后给新文件命名，例如 Interface.hadl。新文件的扩展名必须为 .hadl。没有此扩展名，文件保存时不会自动从 DSL 转换为 ARXML。

单击 [FINISH] 创建文件。或者，"File"菜单包括一个 Application Design File（hadl）菜单项，可用于创建 DSL 文件。在这种情况下，将在对话框中选择项目。

6.4.3 时钟服务接口

在新创建的 .hadl 文件可以定义所需的数据类型和接口，它们共同定义了时钟应用程序的服务接口。通过在项目资源管理器中双击文件的名称来打开该文件。服务接口是 AUTOSAR 基本类型的组合，必须首先使用 import 语句导入。按 "CTRL+ 空格"会打开一个上下文相关的代码完成对话框。当用于插入数据类型时，这将自动添加导入语句。使用这种方法，可以省略手动输入下面的导入语句。

本节需要 uint8_t 和 int8_t 类型：

```
importAUTOSAR.StdTypes.uint8_t
import AUTOSAR.StdTypes.int8_t
```

自适应 AUTOSAR 的元素包含在一个或多个包中，".hadl"文件可用于使用 package 命令创建任意包结构。在本练习中，将只使用两个级别的包：

```
package etas.com {
```

在 package 中定义了组成服务接口的 AUTOSAR 配置的元素。对于这个练习，只需要两个：接口和数据类型。服务接口必须命名，并提供命名空间。名称空间名称是一个完全限定的名称，使得名称空间元素的层次结构能够出现在为接口生成的框架 / 代理代码中。

在本节中，只在界面中使用一个 Event，即时钟时间。

```
interface clock namespace etas.com {
event clockEvent of ClockObjects
}
```

事件的数据类型也需要定义。在本例中，它是一个复杂的数据类型，一个包含四个成员的结构（请记住，使用 <CTRL>+ 来插入数据类型引用和自动添加导入语句）：

```
struct ClockObjects {
currentSecond of uint8_t
currentMinute of uint8_t
currentHour of uint8_t
currentTime of int8_t[32]
}
```

为了完成定义，需要定义软件组件，包括链接到相关服务接口的需求端口（R 端口）和提供端口（P 端口）两种端口：

```
component MySWC {
provide PPort for clock
require RPort for clock
}
```

6.4.4　ARXML 的生成

从应用程序设计编辑器的特定领域的语言（Domain Specific Languages，DSL）到 ARXML 的转换方式在 ".hadl" 文件已保存。第一次保存完成后，一个新文件会自动添加到项目中，该文件具有相同的基本名称，但扩展名为 ".arxml"。当文件再次被保存时，ARXML 文件被更新。

使用 xml 编辑器打开新创建的 Interface.arxml 接口文件，如图 6-32 所示。

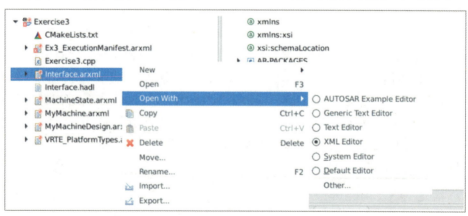

图 6-32　使用 xml 编辑器打开接口文件

6.5 SOME/IP 实例清单配置

在本练习中将学习如何配置 SOME/IP 协议栈，以便提供和订阅服务接口"CLOCK"。SOME/IP 配置编辑器为机器间通信配置、IP 配置和相关服务实例标识符。自适应平台内的通信路径是使用服务发现动态建立的，因此编辑器只需为单台机器配置提供的和需要的服务；服务之间的连接是在运行时使用生成的通信管理 Proxy 和 Skeleton 类中的方法建立的。

在本节中，读者将学习到：

1）如何启动实例编辑器及其总体布局。
2）SOME/IP 实例清单的元素，包括服务实例标识和映射。
3）网络配置，包括机器及其如何连接到网络（以太网集群）。
4）ARXML 生成。

6.5.1 AUTOSAR 项目

如果还没有运行，双击桌面上的图标启动 VRTE Adaptive Studio。与 6.4 节一样，在选择了 Artop 视图的情况下，从 File 菜单中选择"New-AUTOSAR Project"开始创建新项目。

与 6.4 节一样，需要在对话框中进行如下设置：

1）将项目名称设置为"Exercise4"。

2）将"Location"设置为 /home/developer/vrte/project/Exercise4（用户可能需要取消选中"Use default location"复选框）。如果正确安装了练习源文件并且正确创建了 Eclipse 项目，那么该文件夹应该已经存在。

6.5.2 网络配置

每个项目至少需要一台机器，如果使用机器间通信，则每台机器至少需要一个定义其与以太网连接的 IP 配置。在本节中，已经创建了两个不同的机器设计（服务端 MachineDesign_A 和客户端 MachineDesign_B）。本节将看到如何为机器设计设置网络，机器设计配置必须遵循相同的步骤。

切换到 Adaptive Studio 中的 AR Explorer 视图，通过右键单击 AR Explorer 中的"System"并选择"Create Adaptive Network—Create Ethernet Network—Elements | Ethernet Cluster"，如图 6-33 所示。

创建一个名为"EthernetCluster_A"的新以太网集群，如图 6-34 所示。

在新集群中，创建一个 Ethernet Cluster Conditional，如图 6-35 所示。

在新的条件集群中，创建一个 Ethernet Physical Channel，如图 6-36 所示。

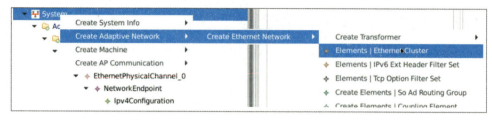

图 6-33　单击创建以太网集群

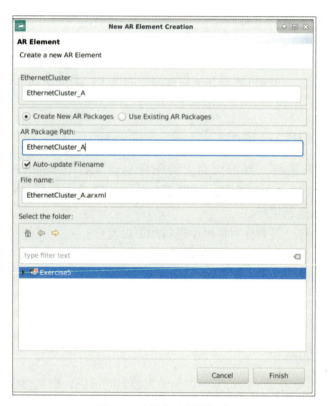

图 6-34　创建以太网集群

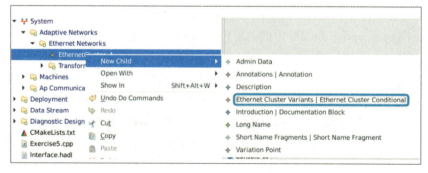

图 6-35　创建 Ethernet Cluster Conditional

第 6 章　Adaptive AUTOSAR 软件模块的配置与开发

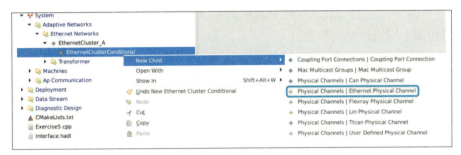

图 6-36　创建 Ethernet Physical Channel

在新的物理通道中，为机器创建一个 Network Endpoint，并将其命名为 Network Endpoint_A，如图 6-37 所示。

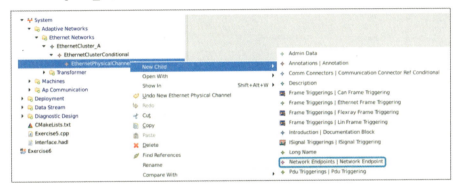

图 6-37　创建 Network Endpoint

对于端点，创建一个 IPv4 配置，然后通过双击端点在编辑器中打开它来设置端点的 IPv4 地址和网络掩码，如图 6-38 所示。

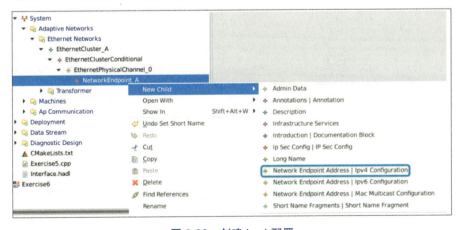

图 6-38　创建 Ipv4 配置

在 Ipv4Address 和 NetworkMask 中添加一个值，如图 6-39 所示。

1）将 IPv4 地址设置为 192.168.56.20（Linux 目标 ECU，如果选择了另一个目标 ECU，则进行适当的调整）。

2）将网络掩码设置为 255.255.255.0。

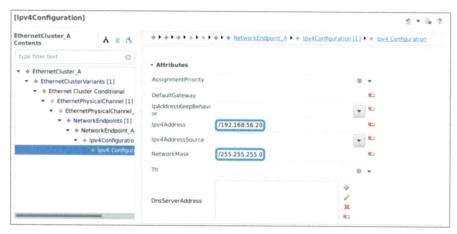

图 6-39 Ipv4 的配置

重复这些步骤，创建具有以下修改的第二个以太网集群：根据需要更改元素名称，将 Ethernet Cluster 和 NetworkEndpoint 的 _A 替换为 _B，将 NetworkEndpoint_B 的 IPv4 地址设置为 192.168.56.21（Linux 目标 ECU，如果选择了另一个目标 ECU，则根据需要进行调整），如图 6-40 所示。

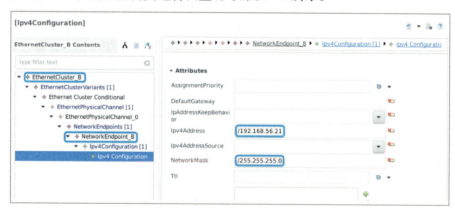

图 6-40 EthernetCluster_B 的设置

接下来配置多播地址。按照与前面相同的步骤创建第三个以太网集群，命名为 MulticastEthernetCluster。这一次，在创建网络端点时，将其命名为 MulticastEndpoint，以添加多播地址，例如 224.244.224.245，作为机器单播端点地址之外的第二个 IP 配置，作为用于 SOME/IP 服务发现的地址。一旦添加了第二个 IP 配置，在配置 SOME/IP 服务发现时，它将可用作多播地址。创建新的 IPv4 配置，然后设置 IPv4 地址和网络掩码，如图 6-41 所示，将 IPv4 地址设置为 224.244.224.245（多播 IP）；将网络掩码设置为 255.255.255.0。

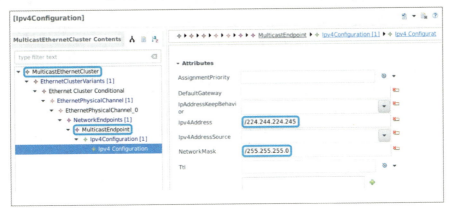

图 6-41　多播的设置

以太网集群元素代表以太网网络，以太网集群聚合一个以太网物理通道元素，该元素通过 IP 配置定义网络。请注意，由于 IP 配置定义了 IP 地址和网络掩码/网络地址，物理信道实际上定义了子网，因此可能不对应于物理网络！

MachineDesign 需要与集群的 IP 配置相关联。这是使用引用网络端点的通信连接器元素创建的，因此将机器和 IP 子网相关联。连接到 IP 子网的每台机器将定义一个连接器元素，该元素引用同一以太网物理通道上的不同端点。通过右键单击 AR Explorer 中的机器设计（MachineDesign_A）并创建新的 Communication Connector | Ethernet Communication Connector。将此元素命名为 EthernetCommunicationConnector_A，如图 6-42 所示。

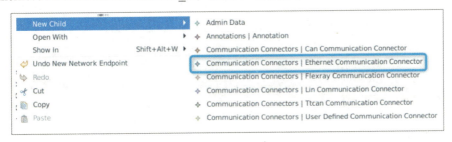

图 6-42　创建 EthernetCommunicationConnector_A

创建后，在通用编辑器中打开新的连接器（双击 EthernetCommunicationConnector_A），并在参考部分选择适当的 UnicastNetworkEndpoint，如图 6-43 所示。

最后配置服务发现。在 AR Explorer 中，右键单击机器设计然后选择 New Child—Service Discover Configs | Someip Service Discovery，如图 6-44 所示。

图 6-43　选择 UnicastNetworkEndpoint

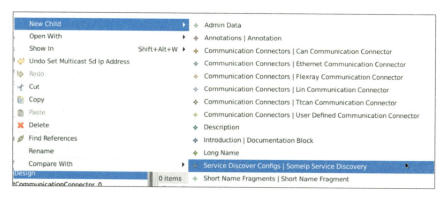

图 6-44　新建服务发现

在通用编辑器中打开新的配置元素，并将 MulticastSdlpAddress 为 MulticastEndpoint，将 SomeipServiceDiscoveryPort 端口设置为 30490，如图 6-45 所示。

图 6-45　服务发现的配置

6.5.3 实例清单编辑器

实例清单编辑器为机器间的通信配置网络配置和相关服务实例标识符。自适应平台内的通信路径是使用服务发现动态建立的，因此编辑器只需为单台机器配置提供的和需要的服务；服务之间的连接是在运行时使用生成的通信管理 Proxy 和 Skeleton 类中的方法建立的。

1. 打开实例清单编辑器

右键单击 AUTOSAR Explorer 选项卡中的项目名称，并选择 VRTE Editors-Instance Manifest Editor 以打开 SOME/IP 配置的自定义编辑器，如图 6-46 所示。

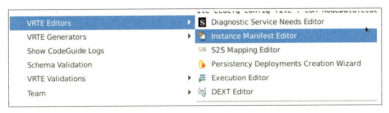

图 6-46　Instance Manifest Editor 的打开

"Instance Manifest Editor" 窗口由两个窗格组成；左侧窗口显示机器及其配置的树形视图，右侧窗口显示配置元素的子编辑器（最初为空白），如图 6-47 所示。

图 6-47　Instance Manifest Editor 窗口

2. 服务的部署

第一个任务是为每个定义的服务接口创建一个部署。部署将定义网络上每个服务实例的共同特征。在实例清单编辑器中，选择接口部署选项卡以选择子编辑器，如图 6-48 所示。

单击接口部署选项卡中的 [ADD DEPLOYMENT] 按钮，创建新的 SOME/IP Service Interface Deployments。此配置元素描述了服务接口在 SOME/IP 网络中的使用方式。在新建接口部署对话框中，选择服务 Interface 为 clock，并将 Deployment Name field 设置为 clock_event，如图 6-49 所示。

图 6-48　接口部署

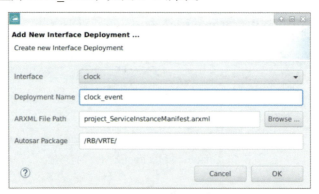

图 6-49　接口部署的设置

最后单击 [OK] 创建部署，如图 6-50 所示。

图 6-50　配置接口部署详细信息

选择新的 SOME/IP Service Interface Deploymen 元素的名称，以打开部署的详细信息窗口。

将 Deployment ID 定义为 99。这是标识服务接口的唯一标识符。在服务发现期间，Deployment ID 作为 SOME/IP 服务标识发送，并使特定"类型"的所有服务能够被定位。

定义 Deployment ID 后，定义事件的传输协议和标识。将这些定义为 Service Interface Deployment 的一部分可以确保通信双方使用相同的值。对于事件 clock_ event，将事件 ID 设置为 127，将协议设置为 UDP，并选中序列化复选框。在传输的过程中需要序列化来确保正确的数据传输。非序列化传输可能会导致应用程序崩溃，因此建议使用序列化。

3. 实例的映射

自适应 AUTOSAR 机器通过 IP 配置向网络提供服务。因此，需要确保每个服务都可以通过实例标识唯一识别。首先，切换到服务实例选项卡，在 SOME/IP 配置 MachineDesign_A [Machine Design] 上，单击 [ADD SERVICE] 添加新服务。然后，在"Add Service"对话框中选择 clock_event 作为 Service Interface Deployment，如图 6-51 所示。

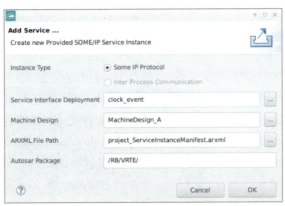

图 6-51　加入服务设置

通过在 Instance Manifest Editor 中选择名称，打开新创建的 Provided SOME/IP Service Interface。将 Service Instance ID 设置为 19，服务实例标识（Service Instance ID）是唯一的标识符，用于标识服务的特定实例，服务实例标识使 SOME/IP 服务发现能够定位特定的服务，最后设置 UDP 端口为 5000。

要配置客户端，请重复上面描述的步骤，但现在对于其他 SOME/IP 配置，在 MachineDesign_B [Machine Design] 单击 MachineDesign_B_RSSI[Client] 后，单击 [ADD CLIENT]，如图 6-52 所示。

图 6-52　配置客户端

6.5.4 JSON 文件的自动生成

在 Project Explorer 中右键单击项目名称，然后选择 VRTE Generators-Generate Some/IP Configuration，如图 6-53 所示。

图 6-53 生成 JSON 配置文件

如果成功，一个 JSON 文件夹会被添加到包含配置文件的项目中。用户可能需要在 Adaptive Studio 中刷新视图，以查看新创建的 JSON 文件夹。需要注意的是，用于 SOME/IP 配置的 JSON 文件必须命名为 MachineDesign_A_EthernetCommunicationConnector_A.json 和 MachineDesign_B_EthernetCommunicationConnector_B.json，才能自动复制到虚拟目标。如果 JSON 文件具有不同的名称，除非使用 -j 选项指定，否则 rvdeploy 脚本不会将它们复制到虚拟目标。

6.6 Skeleton 和 Proxy 类的生成

一旦定义了服务接口，Adaptive Studio 就支持生成通信基础设施 Proxy 和 Skeleton 类。

在本节中，用户读者将学习如何使用 SOME/IP 为面向服务的通信生成通信基础设施类（C++）。

6.6.1 AUTOSAR 项目

如果还没有运行，双击桌面上的图标启动 VRTE Adaptive Studio。与 6.5 节一样，在选择了 Artop 透视图的情况下，从 File 菜单中选择"New -AUTOSAR Project"开始创建新项目。

与 6.5 节一样，需要在对话框中进行如下设置：

1）将项目名称设置为"Exercise5"。

2）将"Location"设置为 /home/developer/vrte/project/Exercise5（用户可能需要取消选中"Use default location"复选框）。如果正确安装了练习源文件，并

且正确创建了 Eclipse 项目，那么该文件夹应该已经存在。

6.6.2 代码的自动生成

之前的章节已经定义了必要的服务接口，这些接口已经预装在项目文件夹中。在 Project Explorer 中右键单击项目名称，然后选择菜单项目 VRTE Generators -Generate Proxiesand Skeletons，控制台将显示生成的文件，如图 6-54 所示。

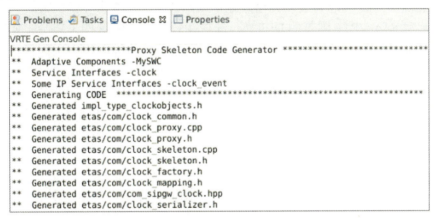

图 6-54　生成过程

RTA-VRTE 可以为项目中的所有服务接口生成 Proxies 和 Skeletons 类。生成的代码将被添加到 gen 文件夹中（用户可能需要在 Adaptive Studio 中刷新视图才能看到 gen 文件夹）。文件是在以命名空间命名的子文件夹中生成的 ".hadl" 文件，如图 6-55 所示。

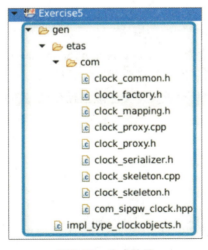

图 6-55　生成结果

6.7 时钟服务器配置

前面章节的结果现在可以结合起来,在多个目标 ECU 上创建、构建和执行时钟服务器应用程序。

6.7.1 DLT Viewer

本节使用日志和跟踪功能集群来显示使用远程日志记录的输出。因此,必须首先启动 DLT Viewer 应用程序来显示记录的信息。双击虚拟机桌面上的图标,启动 RTA-VRTE 附带的 DLT Viewer 应用程序。要使用 DLT Viewer 查看日志消息,首先需要定义一个 ECU,该 ECU 包含监控的目标 ECU 的配置。可以在 DLT Viewer 中定义多个 ECU,以访问来自多个目标 ECU 的消息。选择配置 ECU 添加菜单项,并在对话框中:

1)"ECU"选项卡上:将 ECUID 设置为 ECU1;确保新 ECU 的协议为 TCP。

2)在"TCP"选项卡上:将 IP 地址(主机名)设置为目标 ECU 的 IP 地址,即 192.168.56.20 或 192.168.56.21。

3)在 DLTViewer 中,右键单击新的 ECU,将其"连接"到网络,这将开始显示来自目标 ECU 的日志消息。工具栏中的图标也可用于连接/断开 DLT ViewerECU。

6.7.2 AUTOSAR 项目

如果还没有运行,双击桌面上的图标启动 VRTE Adaptive Studio。与 6.6 节一样,在选择了 Artop 透视图的情况下,从 File 菜单中选择"New -AUTOSAR Project"开始创建新项目。

与 6.6 节一样,需要在对话框中进行如下设置:

1)将项目名称设置为"Exercise6"。

2)将"位置"设置为 /home/developer/vrte/project/Exercise6(用户可能需要取消选中"Use default location"复选框)。如果正确安装了练习源文件,并且正确创建了 Eclipse 项目,那么该文件夹应该已经存在。

6.7.3 项目配置

为了方便和结果保持一致,之前的章节的结果已经合并到本节的练习文件夹中。

Exercise2 开发了执行管理配置(执行清单)。执行管理 ECU 配置文件位于 gen/Machine_A 和 gen/Machine_B 文件夹中。通信管理配置文件在 gen 文件夹中。

Exercise 3 定义了服务界面。".hadl"文件及其各自的".arxml"文件包含在 arxml 文件夹中。

Exercise 4 提供了 SOME/IP 配置。这是在 ARXML 文件 MachineDesign_A.arxml 和 MachineDesign_B.arxml 中定义的。JSON 文件位于 JSON 文件夹中，名为 MachineDesign_A_EthernetCommunicationConnector_A 和 MachineDesign_B_EthernetCommunicationConnector_B。

Exercise 5 创建了生成的 Skeleton 和 Proxy 类。这些包含在 gen/etas/com 文件夹中（该文件夹的名称是从服务接口的命名空间中派生出来的）。

与前面的练习一样，在部署示例应用程序时，有必要部署其他几个文件，用正确的 IP 地址部署它们，并建立各种符号的链接。RTA-VRTE 构建脚本自动化了这一过程。从项目文件夹 /home/developer/vrte/project 中的终端输入以下命令：

```
rvbuild -sqc -d Exercise6 20
```

这将：

1）在清除输出文件（-c）后，将项目（-d Exercise6）构建一个不输出编译信息（q）的服务器（-s）。

2）部署到目标 ECU，即虚拟机，如 20。选择此选项将选择 Linux 作为构建的目标操作系统。使用目标 ECU 标识符 10 部署到 QNX 目标 ECU 虚拟机，请注意，这需要 QNX 的单独许可证。

3）从 Linux（或 QNX）软件开发工具包部署标准库文件、可执行文件和脚本。

4）运行虚拟机（默认）。

目标 ECU 应启动并开始运行，并且应由自适应平台初始化 SOME/IP，如图 6-56 所示。

从同一终端输入以下命令：

```
rvbuild -lqc -d Exercise6 21
```

这将：

1）在清除输出文件（-c）后，将项目（-d Exercise6）构建一个不输出编译信息（q）的客户端（-l）。

2）部署到目标 ECU，即虚拟机，如 21。选择此选项将选择 Linux 作为构建的目标操作系统。使用目标 ECU 标识符 11 部署到 QNX 目标 ECU 虚拟机，请注意，这需要 QNX 的单独许可证。

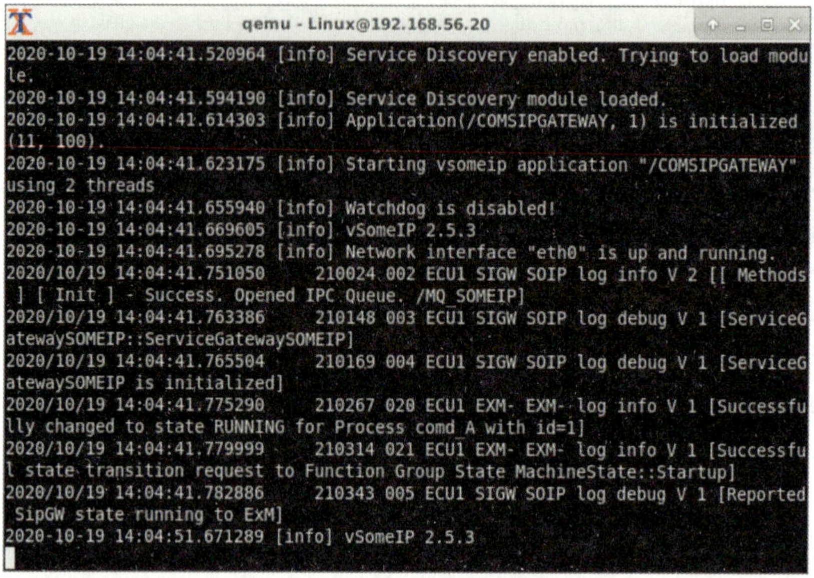

```
qemu - Linux@192.168.56.20
2020-10-19 14:04:41.520964 [info] Service Discovery enabled. Trying to load modu
le.
2020-10-19 14:04:41.594190 [info] Service Discovery module loaded.
2020-10-19 14:04:41.614303 [info] Application(/COMSIPGATEWAY, 1) is initialized
(11, 100).
2020-10-19 14:04:41.623175 [info] Starting vsomeip application "/COMSIPGATEWAY"
using 2 threads
2020-10-19 14:04:41.655940 [info] Watchdog is disabled!
2020-10-19 14:04:41.669605 [info] vSomeIP 2.5.3
2020-10-19 14:04:41.695278 [info] Network interface "eth0" is up and running.
2020/10/19 14:04:41.751050      210024 002 ECU1 SIGW SOIP log info V 2 [[ Methods
 ] [ Init ] - Success. Opened IPC Queue. /MQ_SOMEIP]
2020/10/19 14:04:41.763386      210148 003 ECU1 SIGW SOIP log debug V 1 [ServiceG
atewaySOMEIP::ServiceGatewaySOMEIP]
2020/10/19 14:04:41.765504      210169 004 ECU1 SIGW SOIP log debug V 1 [ServiceG
atewaySOMEIP is initialized]
2020/10/19 14:04:41.775290      210267 020 ECU1 EXM- EXM- log info V 1 [Successfu
lly changed to state RUNNING for Process comd_A with id=1]
2020/10/19 14:04:41.779999      210314 021 ECU1 EXM- EXM- log info V 1 [Successfu
l state transition request to Function Group State MachineState::Startup]
2020/10/19 14:04:41.782886      210343 005 ECU1 SIGW SOIP log debug V 1 [Reported
 SipGW state running to ExM]
2020-10-19 14:04:51.671289 [info] vSomeIP 2.5.3
```

图 6-56　构建服务器结果

3）从 Linux（或 QNX）软件开发工具包部署标准库文件、可执行文件和脚本。

4）运行虚拟机（默认）。

与服务器目标 ECU 一样，客户端目标 ECU 现在应该启动，并由自适应平台初始化 SOME/IP，如图 6-57 所示。

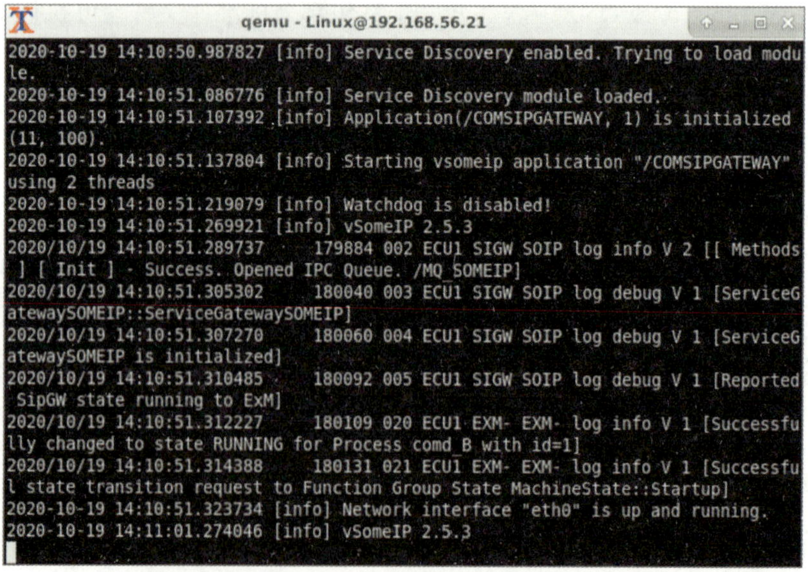

```
qemu - Linux@192.168.56.21
2020-10-19 14:10:50.987827 [info] Service Discovery enabled. Trying to load modu
le.
2020-10-19 14:10:51.086776 [info] Service Discovery module loaded.
2020-10-19 14:10:51.107392 [info] Application(/COMSIPGATEWAY, 1) is initialized
(11, 100).
2020-10-19 14:10:51.137804 [info] Starting vsomeip application "/COMSIPGATEWAY"
using 2 threads
2020-10-19 14:10:51.219079 [info] Watchdog is disabled!
2020-10-19 14:10:51.269921 [info] vSomeIP 2.5.3
2020/10/19 14:10:51.289737      179884 002 ECU1 SIGW SOIP log info V 2 [[ Methods
 ] [ Init ] - Success. Opened IPC Queue. /MQ_SOMEIP]
2020/10/19 14:10:51.305302      180040 003 ECU1 SIGW SOIP log debug V 1 [ServiceG
atewaySOMEIP::ServiceGatewaySOMEIP]
2020/10/19 14:10:51.307270      180060 004 ECU1 SIGW SOIP log debug V 1 [ServiceG
atewaySOMEIP is initialized]
2020/10/19 14:10:51.310485      180092 005 ECU1 SIGW SOIP log debug V 1 [Reported
 SipGW state running to ExM]
2020/10/19 14:10:51.312227      180109 020 ECU1 EXM- EXM- log info V 1 [Successfu
lly changed to state RUNNING for Process comd_B with id=1]
2020/10/19 14:10:51.314388      180131 021 ECU1 EXM- EXM- log info V 1 [Successfu
l state transition request to Function Group State MachineState::Startup]
2020-10-19 14:10:51.323734 [info] Network interface "eth0" is up and running.
2020-10-19 14:11:01.274046 [info] vSomeIP 2.5.3
```

图 6-57　构建客户端的结果

现在，用户需要启动一个命令窗口，使用 rvwin 命令与虚拟机对话。首先，对于服务器机器：

```
rvwin 20
```

在打开的终端窗口中，输入命令：

```
cd /opt/vrte/usr/bin
./clock
```

时钟服务器现在将启动并开始提供服务（参见 192.168.56.20 连接到 ECU1 时使用 DLT Viewer 的日志），如图 6-58 所示。

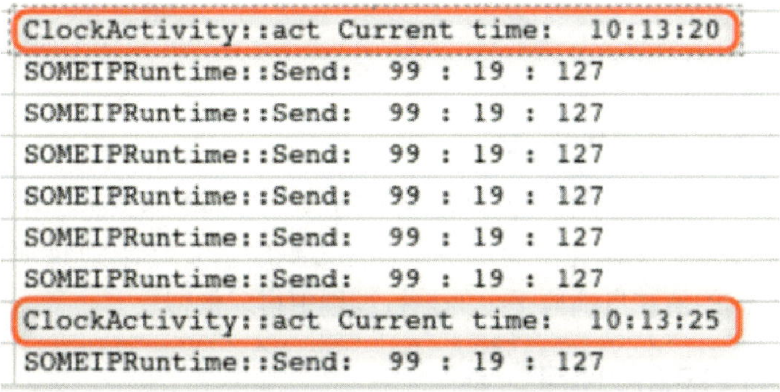

```
ClockActivity::act Current time:   10:13:20
SOMEIPRuntime::Send:    99 : 19 : 127
SOMEIPRuntime::Send:    99 : 19 : 127
SOMEIPRuntime::Send:    99 : 19 : 127
SOMEIPRuntime::Send:    99 : 19 : 127
SOMEIPRuntime::Send:    99 : 19 : 127
ClockActivity::act Current time:   10:13:25
SOMEIPRuntime::Send:    99 : 19 : 127
```

图 6-58　DLTViewer 查看结果

最后，在原始终端中，输入 rvwin 命令以连接到客户端机器：

```
rvwin 21
```

在打开的终端窗口中，发出命令：

```
cd /opt/vrte/usr/bin
./clockReader
```

clockReader 现在将开始并尝试订阅所提供的服务。如果连接成功，将显示当前时间（参见 192.168.56.21 连接到 ECU1 时使用 DLT Viewer 的日志），如图 6-59 所示。

Adaptive AUTOSAR 平台与车用高性能控制器开发

```
Service Interface ID   99   found
Instance Interface ID   19   found
External Service currently offered
SOMEIPRuntime::isAvailable:  99 : 19 = true
GenericEventGatewaySOMEIP2POSH: Offer Event4Posh
ClockReaderActivity::act  tick
ClockReaderActivity::act Current time 14:13:25
SOMEIPRuntime::isAvailable:  99 : 19 = true
GenericEventGatewaySOMEIP2POSH: Offer Event4Posh
ClockReaderActivity::act  tock
```

图 6-59　clockReader 显示结果

6.8　Persistency 配置

在本练习中，用户将学习如何使用 RTA-VRTE 的 Persistency 模块访问文件和键值存储数据库：初始化并写入键值存储数据库将 KVS 数据库刷新到文件系统，以确保它们的值在自适应平台的执行过程中得以保留。

6.8.1　AUTOSAR 项目

如果还没有运行，双击桌面上的图标启动 VRTE Adaptive Studio。与 6.7 节一样，在选择了 Artop 透视图的情况下，从 File 菜单中选择"New -AUTOSAR Project"开始创建新项目。

与 6.7 节一样，需要在对话框中进行如下设置：

1）将项目名称设置为"Exercise7"。

2）将"location"设置为 /home/developer/vrte/project/Exercise7（用户可能需要取消选中"Use default location"复选框）。如果正确安装了练习源文件，并且正确创建了 Eclipse 项目，那么该文件夹应该已经存在。

6.8.2　数据库的访问

预安装的练习文件包括应用程序的基本结构。在本节中，需要添加适当的 Persistency 应用编程接口调用，以便向键值数据库添加新条目。打开 src/Exercise7.cpp 并添加以下内容：

1)通过向构造函数传递数据库 shortname,创建 ara::core::InstanceSpecifier 类的实例。这个实例是通过标准的类实例化构造的。

2)创建 ara::per::KeyValueStorage 类的实例。该类是持久性功能集群的应用程序接口,用于键值数据库访问。它在标题 ara/per/key_value_storage.h 中定义。该实例是使用 OpenKeyValueStorageFactory 函数构造的。请注意,OpenKeyValueStorageFactory 函数返回一个包含 SharedHandle 的 ara::core::Result。为了通过键值存储类访问数据库,必须获得结果的值。

3)通过调用 KeyValueStorage::RemoveAllKeys 方法清理数据库。

4)调用 KeyValueStorage::SetValue 方法。该方法用于在打开的键值数据库文件中将指定键的值设置为指定值。请注意,键/值保留在内存中,只有在调用同步存储时才会刷新到文件系统。

5)调用 KeyValueStorage::SyncToStorage 方法。自适应应用程序使用该方法将键值数据库文件刷新到文件系统。

最后确保文件的保存。

6.8.3 构建部署和执行项目

在项目文件夹 /home/developer/vrte/project 中的命令提示符下,输入以下命令:

```
rvbuild -d Exercise7 20
```

该命令将构建应用程序并将其部署到 Linux 目标 ECU20,执行管理的配置意味着应用程序将自动启动。

6.8.4 数据库

成功执行后,将在目标 ECU 的 /opt/vrte/usr/share/dbfiles 文件夹中创建一个数据库文件,即 Exercise7.csv。要查看数据库,请使用 rvwin 脚本打开目标 ECU 的交互式界面:

```
rvwin 20
```

在新的终端窗口中,更改数据库位置:

```
cd /opt/vrte/usr/share/dbfiles
```

Exercise7.csv 文件是一个包含键/值对的 csv 文件。使用 cat 命令查看数据库,如图 6-60 所示。

图 6-60　数据库中的内容

6.8.5　访问文件

持久性功能集群还提供对文件的直接访问，修改应用程序以创建对文件的写访问。

1）创建 InstanceSpecifier。

2）使用 ara::per::OpenFileStorage 函数获取对文件存储对象工厂的访问权限。

3）从 OpenFileStorage 函数返回的结果中获取值。

4）通过 ara::per::ReadWriteAccessor 方法创建 ara::per::FileStorage::OpenFileReadWrite 对象。

5）使用 std::move 并从 OpenFileReadWrite 方法返回的结果中获取值，以访问 ReadWriteAccessor。使用重载的 ara::per::ReadWriteAccessor::operator<< 方法向文件写入消息。

6）使用 ara::per::ReadWriteAccessor::flush 方法将文件刷新到磁盘。

6.9　Log 配置

在本节中，读者将学习如何使用 ara::log 将消息写入控制台和远程日志客户端。

在本练习中，读者将学习：

1）初始化 ara::log 功能集群，设置日志模式和默认日志级别。

2）使用默认上下文来写入日志消息。

3）创建特定于应用程序的上下文，并使用它来编写消息。

4）使用 DLT Viewer 远程查看消息。

6.9.1　AUTOSAR 项目

如果还没有运行，双击桌面上的图标启动 VRTE Adaptive Studio。与 6.8 节一样，在选择了 Artop 透视图的情况下，从 File 菜单中选择"New-AUTOSAR Project"开始创建新项目。

与 6.8 节一样，需要在对话框中进行如下设置：

1）将项目名称设置为"Exercise8"。

2）将"Location"设置为 /home/developer/vrte/project/Exercise8（可能需要取消选中"Use default location"复选框）。如果正确安装了练习源文件，并且正确创建了 Eclipse 项目，那么该文件夹应该已经存在。

6.9.2 日志的创建和编写

预安装的项目文件包括应用程序的基本结构。

打开 src/Exercise8.cpp 并进行以下更改：

1）定位并更改 <loglevel> 以将 kVerbose 设置为默认（default）日志级别。

2）找到并更改 <logmode> 以将日志目标设置为 kConsole 和 kRemote。

3）使用 ara::log::CreateLogger 创建特定于应用程序的 Logger。

4）使用自定义的 Logger 将消息写入日志。需要更改的实例由 <info> 标记。

5）请记住在继续下一步之前保存文件。

6.9.3 DLT Viewer

RTA-VRTE 中包括一个 DLTViewer 应用程序，可以在主机虚拟机上运行，以显示日志消息并控制应用程序的默认日志级别，如图 6-61 所示。

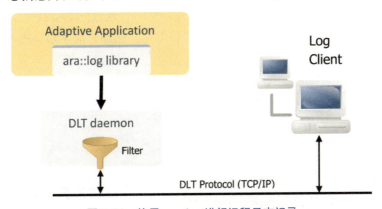

图 6-61　使用 ara::log 进行远程日志记录

要使用 DLT Viewer 查看日志消息，首先需要定义一个包含要收集消息的目标 ECU 配置的 ECU。使用桌面上的图标启动 DLT Viewer。创建代表相应目标 ECU 的新 ECU，选择配置 ECU 添加菜单项。

1）在"ECU"选项卡上：将 ECUID 设置为与目标电子控制单元上由 /opt/vrte/usr/etc 中的 dlt.conf 文件定义的 ECUID 相同，默认的 ECUID 是 ECU1；确保新 ECU 的协议为 TCP。

2）在"TCP"选项卡上：将 IP 地址（主机名）设置为目标 ECU 的 IP 地址，即 192.168.56.20 或 192.168.56.21，并确保使用默认端口 3490。

在 DLTViewer 中，右键单击新的 ECU，并选择 ECU 连接将其"连接"到网络，这将开始显示来自目标 ECU 的日志消息。

6.9.4 构建部署和执行

在项目文件夹 /home/developer/vrte/project 中的命令提示符下，输入以下命令：

```
rvbuild -d Exercise8 20
```

该命令将构建应用程序并将其部署到 Linux 目标 ECU20，执行管理的配置意味着应用程序将自动启动。

6.10 RTA-VRTE 示例工程

6.10.1 AraEM_OneArg

在目标 ECU 上显示由执行管理传递给应用程序的命令行参数的自适应应用程序。执行管理符合命令行参数传递的标准惯例，因此源代码（araem_onearg.cpp）包含 argv 数组上的简单循环。当构建示例时，进程的参数在电子控制单元中配置，执行清单被解析并转换为电子控制单元。例如，对于目标版本 R21-01，如图 6-62 所示。

```
▼ 🗎 Process("/RB/VRTE/Processes/AraEM_OneArg")
    ▪ vrte_isOneShot = "true"
    ▪ vrte_path = "/opt/vrte/usr/bin/AraEM_OneArg"
    ▪ vrte_gid = "0"
    ▪ vrte_uid = "0"
    ▪ vrte_role = "APP"
    ▪ executable_name = "AraEM_OneArg"
    ▪ shortName = "AraEM_OneArg"
    ↳ executable_reportingBehavior -> ExecutionStateReportingBehaviorEnum/reportsExecutionState
  ▼ 🗎 Container startupConfig
    ▼ 🗎 ProcessStartupConfig("0")
        ▪ shortName = "AraEM_OneArg_StartupConfig"
      ▼ 🗎 Container startupOption
        ▼ 🗎 StartupOption("0")
            ▪ optionArgument = "AraEM_OneArg one two three"
            ↳ optionKind -> CommandLineOptionKindEnum/commandLineSimpleForm
```

图 6-62 AraEM_OneArg 配置

在 vrte/project 文件夹的命令提示符下，输入以下命令：

```
rvbuild -d AraEM_OneArg 20
```

这个过程中包括：

1）构建项目（-d AraEM_OneArg）并生成 ECUCFG 配置，特别是用于执行管理的 ECUCFG 配置（EXM_nodeData.ecucfg）。

2）部署到虚拟机"20"，这也迫使 Linux/x86 成为构建的目标操作系统和体系结构。或者，使用"10"将应用程序部署到 QNX/x86 目标 ECU 虚拟机。

3）从目标软件开发工具包部署标准库文件和可执行文件。

4）运行虚拟机（默认）。

6.10.2　AraEM_Dependency

创建一个自适应应用程序，演示如何使用执行依赖关系来确定应用程序实例的启动顺序。依赖性示例包含三个自适应应用程序，A、B 和 C。A 首先启动，B 仅在 A 终止后启动，C 在 B 报告它正在运行时启动。

在 vrte/project 文件夹中的命令提示符下，输入以下命令：

```
rvbuild -d AraEM_Dependency 10
```

在这个过程中：

1）构建项目（-d AraEM_Dependency）并生成 ECUCFG 配置。

2）部署到虚拟机"10"，这也迫使 QNX/x86 成为构建的目标操作系统和体系结构。

3）从目标软件开发工具包部署标准库文件和可执行文件。

4）运行虚拟机（默认）。

6.10.3　AraEM_StateManager

一个自适应应用程序，演示创建用户状态管理器应用程序，负责启动机器和功能组的状态转换。

AraEM_StateManager 示例由两个应用程序组成：

1）负责更改状态的 AraEM_StateManager 应用程序。

2）一个示例应用程序 Stm_ExampleApp1，被分配给一个特定的函数组。

执行管理配置创建函数组，并在启动机器状态下注册平台应用程序。然后，执行管理配置在启动机器状态下注册 AraEM_StateManager 应用程序，在函数组 Stm_ExampleFunctionGroup 状态下注册示例应用程序 Stm_ExampleApp1。

运行时，AraEM_StateManager 应用程序：

1）获取函数组 MachineState 的状态，并验证该组不再处于转换状态——这表示平台应用程序的启动已完成。

2）获取并记录函数组 Stm_ExampleFunctionGroup 的状态（预期状态 Stm_ExampleApp1_Off）。

3）将功能组 Stm_ExampleApp1 的状态切换到 Stm_ExampleApp1_On 状态。这具有使 Stm_ExampleApp1 示例应用程序能够运行的效果——请参见下面截图中的第一条绿线。

4）等待 5s。

5）将函数组 Stm_ExampleFunctionGroup 的状态切换到 Stm_ExampleApp1_Off 状态，禁用 Stm_ExampleApp1 示例应用程序，然后由执行管理终止该应用程序——请参见下面屏幕截图中的第二条绿线。

State Manager 应用程序使用 ara::log 来显示进度、结果等。因此，建议启动数据链路测试查看器，并使用默认的数据链路测试 ECU 标识符 ECU1，为目标电子控制单元的 IP 地址向 DLT Viewer 添加一个 ECU。

当 DLT 测试日志被 DLT Viewer 捕获时，可以应用过滤器来将输出减少到只有 AppIds “STMA”（AraEM_StateManager 应用程序）和 “EXAP”，如图 6-63 所示。

Index	Timestamp	Apid	Ctid	Type	Subtype	Payload
19	21.9867	STMA	STMA	log	debug	MyStateClient::ChangeStateTo(FG=' MachineState ')
20	22.0087	STMA	STMA	log	debug	MyStateClient::GetState: Wait for notification
21	22.0075	STMA	STMA	log	debug	GetStateFinished --> OK
22	22.0161	STMA	STMA	log	info	GetState (FG=' MachineState ') Complete --> [' Startup ' ,
23	22.0187	STMA	STMA	log	info	Get State complete, MachineState = Startup , result = OK
24	22.0524	STMA	STMA	log	debug	MyStateClient::ChangeStateTo(FG=' Stm_ExampleFunctionGroup ')
25	22.0559	STMA	STMA	log	debug	GetStateFinished --> OK
26	22.0579	STMA	STMA	log	debug	MyStateClient::GetState: Wait for notification
27	22.0588	STMA	STMA	log	info	GetState (FG=' Stm_ExampleFunctionGroup ') Complete --> ['
28	22.0599	STMA	STMA	log	info	Stm_ExampleFunctionGroup.state = Off , result = OK
29	22.0653	STMA	STMA	log	debug	ChangeStateTo (FG=' Stm_ExampleFunctionGroup ', state=' Stm_E.
30	22.0723	STMA	STMA	log	debug	ChangeStateTo : Wait for notification
36	22.1754	STMA	STMA	log	debug	SetStateFinished --> OK
37	22.1784	STMA	STMA	log	debug	ChangeStateTo (FG=' Stm_ExampleFunctionGroup ', state=' Stm_E.
40	22.1833	EXAP	DFLT	log	info	./Stm_ExampleAppl : process running
46	27.1807	STMA	STMA	log	debug	ChangeStateTo (FG=' Stm_ExampleFunctionGroup ', state=' Off '
47	27.2088	STMA	STMA	log	debug	ChangeStateTo : Wait for notification
48	27.2644	EXAP	DFLT	log	info	./Stm_ExampleAppl : process terminating
54	27.3018	STMA	STMA	log	debug	SetStateFinished --> OK
55	27.3028	STMA	STMA	log	debug	ChangeStateTo (FG=' Stm_ExampleFunctionGroup ', state=' Off '.

图 6-63 DLT 测试日志

在 vrte/project 文件夹中的命令提示符下，输入以下命令：

```
rvbuild -d AraEM_StateManager 10
```

在这个过程中：

1）构建项目（-d AraEM_StateManager）并生成 ECUCFG 配置。

2）部署到虚拟机"10"，这也迫使 QNX/x86 成为构建的目标操作系统和体系结构。

3）从目标软件开发工具包部署标准库文件和可执行文件。

4）运行虚拟机（默认）。

6.10.4　AraEM_RuntimeBudget

该自适应应用程序演示了自适应应用程序的运行时资源控制。AraEM_RuntimeBudget 示例由两个应用程序组成：ProcessA 和 ProcessB，它们都是由相同的源代码构建的。每个进程都映射到一个单独的资源组。

这两个进程按顺序运行（ProcessB 对 ProcessA 的终止具有执行依赖性），ProcessA 的资源组配置最少为 CPU 运行时预算的 5%，最多为 45%；ProcessB 的资源组配置最低为 CPU 运行时预算的 5%，最高为 30%。

运行时，ProcessA/ProcessB 首先确定它们的执行分区（资源组），然后使用 QNX aps 命令显示使用信息。与此同时，这些进程运行一个单独的线程，试图通过消耗尽可能多的时间来加载中央处理器。

在 vrte/project 文件夹中的命令提示符下，输入以下命令：

```
rvbuild -d AraEM_RuntimeBudget 10
```

这个过程中：

1）构建项目（-d AraEM_RuntimeBudget），包括构建预编译配置 libExMConfig.so 库，该库包含来自 ExMConfig.cpp 的运行时预算配置。

2）部署到虚拟机"10"，这也迫使 QNX/x86 成为构建的目标操作系统和体系结构。

3）部署包含执行管理运行时预算配置的 libExMConfig.so 库。

4）从目标软件开发工具包部署标准库文件和可执行文件。

5）运行虚拟机（默认）。

6.10.5　AraLOG_Remote

一个自适应应用程序，演示了使用日志和跟踪功能集群将信息记录到控制台和远程使用 DLT。

在目标 ECU 启动时，远程示例应用程序在执行管理的控制下自动运行。运行时，示例应用程序运行两个测试；首先，使用 ara::log API 进行日志记录；其次，直接进行 DLT 访问。RTA-VRTE 附带的 DLTViewer 可用于查看日志消息。

用正确的 IP 地址将 ECU 连接到 ECU1，以便目标电子控制单元能够查看和过滤输出日志消息。

在 vrte/project 文件夹中的命令提示符下，输入以下命令：

```
rvbuild -d AraLOG_Remote 10
```

这个过程中：

1）构建项目（-d AraLOG_Remote）并生成 ECUCFG 文件。

2）部署到虚拟机"10"，这也迫使 QNX/x86 成为构建的目标操作系统和体系结构。

3）从目标软件开发工具包部署标准库文件和可执行文件。

4）运行虚拟机（默认）。

6.10.6 AraPER_Kvs

一个自适应应用程序，演示了如何使用持久性功能集群来编写文件以及创建和更新键值存储（KVS）数据库。在目标 ECU 启动时，AraPER_Kvs 示例应用程序在执行管理的控制下自动运行。运行示例应用程序时，会创建多个包含文件和数据库访问结果的文件。

首先，在文件夹 /opt/vrte/share/dbfiles/ 中创建 FileStorageTestFile。该文件夹表示使用 AUTOSAR API 直接访问文件的结果，并包含示例应用程序中定义的消息字符串的输出。然后，在 /opt/vrte/share/dbfiles/ 文件夹中创建 test.csv 文件。当使用持久性访问键值数据库时，该文件夹代表具有在示例应用程序中定义的键值对的数据库。与文件类似，test.csv 实现了一个持久键值数据库，包括主数据库、冗余信息和循环冗余校验的存储。

1. Build

在 vrte/project 文件夹中的命令提示符下，输入以下命令：

```
rvbuild -d AraPER_Kvs 20
```

这个过程中：

1）构建项目（-d AraPER_Kvs）并生成 ECUCFG 配置，特别是 persistence（STR_nodedata.ECUCFG）的 ECU CFG 配置。

2）部署到虚拟机"20"，这也迫使 Linux/x86 成为构建的目标操作系统和体系结构。或者，使用"10"将应用程序部署到 QNX/x86 目标电子控制单元虚拟机。

3）从目标软件开发工具包部署标准库文件和可执行文件。

4）运行虚拟机（默认）。

2. 验证

要验证示例是否正常运行，请执行以下步骤：

1）使用命令 rvwin 20 启动目标机器的命令窗口。

2）使用命令 cd/opt/vrte/usr/share/dbfiles 移动到示例应用程序存储持久数据的文件夹。

3）使用 ls 命令，用户应该会在这个文件夹中看到两个项目：test.csv 和 FileStorageTestFile。

4）使用命令 cat FileStorageTestFile/master 查看文件的内容。

5）字符串"NewFile"应该写入命令窗口，就像示例应用程序写入文件一样。

6.10.7 AraPHM_Deadline

一种自适应应用程序，演示了在受监督实体的执行过程中使用期限监督来检测运行过度/不足，以及使用健康通道将电压状态报告为健康状态。该应用程序还演示了受监督实体的检查点和截止日期的配置。

AraPHM_Deadline 示例使用 ara::log 显示结果；如果使用 RTA-VRTE 附带的 DLT 测试查看器，则使用正确的 IP 地址将电子控制单元连接到 ECU1，以便目标 ECU 能够查看和过滤输出日志消息。

AraPHM_Deadline 示例包含五个受监督的实体（se0、se2、se3、se4 和 se5），它们配置有自己的检查点（有关配置，请参见 arxml 中以"phm_ 开头的文件夹）。基于这些配置，头文件（se0.h、se2.h、se3.h、se4.h、se5.h）将在 /gen/ara/PHM/supervised_entities 文件夹中生成。健康通道（HC）和监督实体（SE）接口配置由增强现实浏览器进行。PlatformHealthManagementContribution_Demoapps .arxml 包含示例应用程序中使用的截止日期配置的定义。

一旦编译并构建了 AraPHM_Deadline 示例应用程序，将生成以下二进制文件。将在 /opt/vrte/usr/bin 文件夹中生成一个日志文件 rb-phmd.log。每个二进制文件显示不同的用例：

1）phm_SE0Normal。Demo 演示了截止日期监督通过案例，因为它的所有检查点都是在其配置的最小和最大截止日期之间报告的。定义了两个检查点：初始和最终，截止时间范围为 [0.8ms，30ms]。软件中为 InitialCheckpoint → FinalCheckpoint 转换定义的转换时间为 1ms。最大截止时间值（30ms）是一个很高的值，可以避免由于虚拟机和虚拟目标引入非常大的延迟而导致的错误。如果只在硬件目标上运行，则这个最大期限可以缩短。应该成功报告从初始 CP 到最终 CP（重复 5 次）之间的最小和最大允许期限，并且不应该报告期限监督错误，如图 6-64 所示。

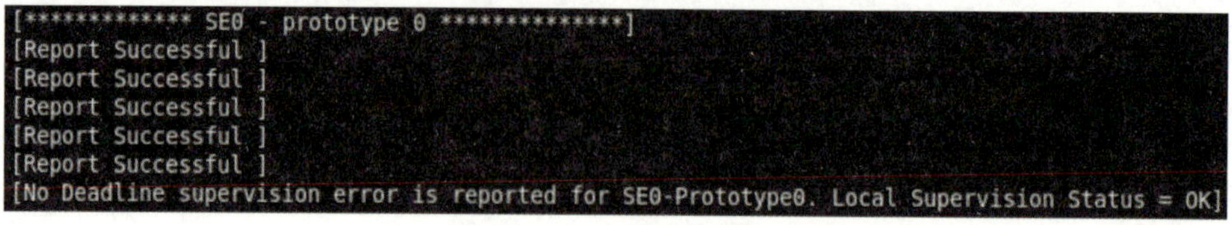

```
[************* SE0 - prototype 0 *************]
[Report Successful ]
[Report Successful ]
[Report Successful ]
[Report Successful ]
[Report Successful ]
[No Deadline supervision error is reported for SE0-Prototype0. Local Supervision Status = OK]
```

图 6-64 phm_SE0Normal

2）phm_SE2Timeout。Demo 演示了期限监管失败，因为目标检查点未在其配置的最大期限内报告。过渡的截止时间范围是 [9ms，17ms]。软件中为 InitialCheckpoint→FinalCheckpoint 转换定义的转换时间为 20ms。由于 FinalCheckpoint 是在配置的最大期限后报告的，因此应报告带有消息“Local Supervision Status = EXPIRED”的期限监管错误，如图 6-65 所示。

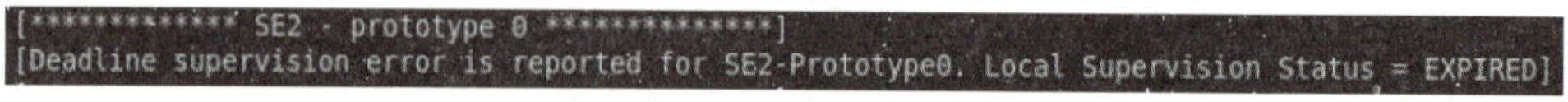

```
[************* SE2 - prototype 0 *************]
[Deadline supervision error is reported for SE2-Prototype0. Local Supervision Status = EXPIRED]
```

图 6-65 phm_SE2Timeout

3）phm_SE3Normal。定义了多个原型（0，1，2，3），并演示了截止日期监督通过案例，因为它的所有检查点都是在其所有原型的配置最小和最大截止日期之间报告的。过渡的截止时间范围是 [12ms，35ms]。软件中为 InitialCheckpoint→FinalCheckpoint 转换定义的转换时间为 15ms。不应报告任何期限监管错误，如图 6-66 所示。

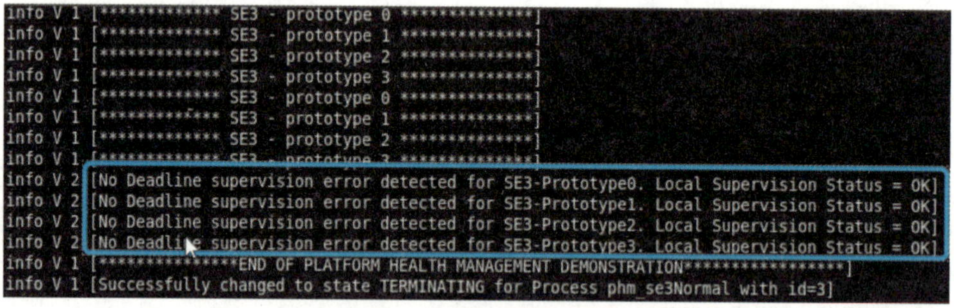

```
info V 1 [************* SE3 - prototype 0 *************]
info V 1 [************* SE3 - prototype 1 *************]
info V 1 [************* SE3 - prototype 2 *************]
info V 1 [************* SE3 - prototype 3 *************]
info V 1 [************* SE3 - prototype 0 *************]
info V 1 [************* SE3 - prototype 1 *************]
info V 1 [************* SE3 - prototype 2 *************]
info V 1 [************* SE3 - prototype 3 *************]
info V 2 [No Deadline supervision error detected for SE3-Prototype0. Local Supervision Status = OK]
info V 2 [No Deadline supervision error detected for SE3-Prototype1. Local Supervision Status = OK]
info V 2 [No Deadline supervision error detected for SE3-Prototype2. Local Supervision Status = OK]
info V 2 [No Deadline supervision error detected for SE3-Prototype3. Local Supervision Status = OK]
info V 1 [****************END OF PLATFORM HEALTH MANAGEMENT DEMONSTRATION****************]
info V 1 [Successfully changed to state TERMINATING for Process phm_se3Normal with id=3]
```

图 6-66 phm_SE3Normal

4）phm_SE4Timeout。Demo 演示了期限监管失败，因为目标检查点未在其配置的最大期限内报告。源检查点（初始和重复）和目标检查点（最终和重复）都会报告一次，然后源检查点（初始）会报告第二次，但目标检查点（最终和重复）根本不会再次报告。这个例子有两个过渡；初始检查点→最终检查点，截止时间范围 [0.8ms，2ms] 软件转换时间为 1ms；周期性检查点→周期性检查点，截止时间范围 [10ms，29ms]，软件转换时间为 15ms。应报告带有消息“Local

Supervision Status = EXPIRED"的期限监管错误,因为在报告源检查点(初始和重复)后,不会再次报告目标检查点(最终和重复),如图 6-67 所示。

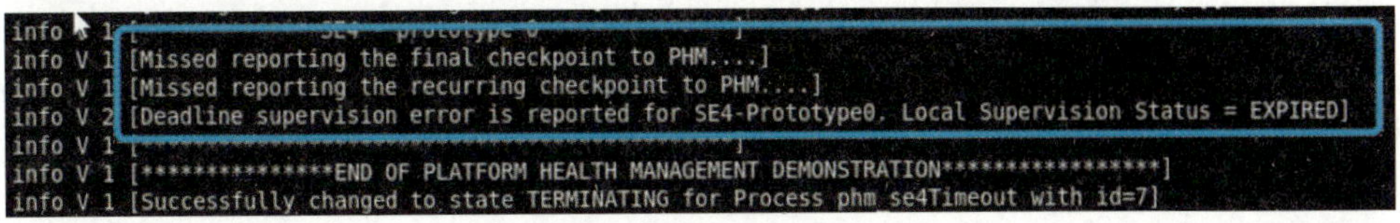

图 6-67　phm_SE4Timeout

5)phm_SE5ConsecutiveSrcError。Demo 演示了一个截止日期监控失败,因为此应用程序连续报告其源检查点(初始),而不报告其目标检查点(最终)。InitialCheckpoint → FinalCheckpoint 转换的截止时间范围是[40ms,60ms]。软件中为 FinalCheckpoint → InitialCheckpoint 转换定义的转换时间为 50ms。由于源检查点连续报告两次,而目标检查点没有报告,因此应报告带有消息"Local Supervision Status = EXPIRED"的截止时间监督错误,如图 6-68 所示。

图 6-68　phm_SE5ConsecutiveSrcError

AraPHM_Deadline 示例还包含一个使用 PHM 的示例,其中三个原型对应于电子控制单元的电压状态(正常电压、欠电压、过电压)。然后,应用程序将这些电压状态报告给 PHM,作为健康状态。

电压状态是系统报告给 PHM 的外部健康状态信息,根据报告的健康状态(电压状态),PHM 应根据应用程序提供的配置决定是否满足 PHM 条件,如图 6-69 所示。

在 vrte/Project 文件夹中的命令提示符下,输入命令:

```
rvbuild -d AraPHM_Deadline 40
```

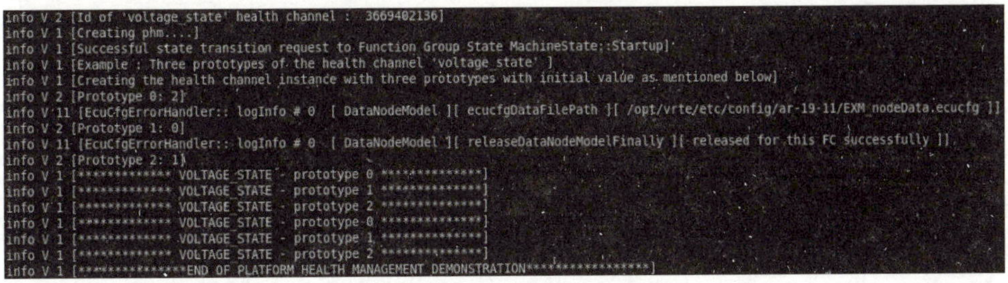

图 6-69　PHM 的示例

这个过程中：

1）构建项目（-d AraPHM_Deadline）并生成 ECUCFG 配置，特别是平台健康管理的 ECUCFG 配置（PHM_nodeData.ecucfg）。

2）生成 PHM 头文件 se0.h、se2.h、se3.h、se4.h、se5.h 和 voltage_state.h。

3）部署到虚拟机 40，这也迫使 Linux/ARM 成为构建的目标操作系统和架构。

4）从目标软件开发工具包部署标准库文件和可执行文件，尤其需要可执行的 Rb-phmd；用于评估"Global Supervision Status"和"Health Channel Condition"。

5）运行虚拟机（默认）。

6.10.8 AraCM_Event

一对通信应用程序，包含数据提供者（服务器）和数据接收者（客户端）。在服务器上输入的文本字符串被传送给注册服务的客户端。

1. 在单个目标 ECU 虚拟机上部署

要部署示例应用程序，必须部署其他几个文件，用正确的 IP 地址修补它们，并建立各种符号链接。RTA-VRTE 构建脚本自动化了这一过程。在 vrte/project 文件夹中的命令提示符下，输入以下命令：

```
rvbuild -sqc -d AraCM_Event 10
```

这个过程中：

1）在清除输出文件（-c）后，生成项目（-d AraCM_Event），抑制生成输出（-q）。

2）生成 ECUCFG，特别是通信 ECUCFG、Proxy 和 Skeleton 以及 JSON 文件。

3）部署到虚拟机 10，这也迫使选择 QNX/x86 作为构建的目标操作系统和体系结构。

4）从目标软件开发工具包部署标准库文件和可执行文件。

5）将文件 machine design_A_Ethernet communication connector_A .JSON 从项目文件夹 /<用户>/vrte/project/AraCM_Event/JSON 复制到目标上的文件夹 /opt/vrte/usr/etc/vsomeip，并使用正确的 IP 地址（-s 选项）对其进行修补。

6）运行虚拟机（默认）。

需要启动几个命令窗口来与虚拟机对话，这只需使用以下命令即可完成：

```
rvwin 10; rvwin 10
```

在第一个命令窗口中，输入：

```
/opt/vrte/usr/bin/AraCM_EventServer
```

在第二个命令窗口中，输入：

```
/opt/vrte/usr/bin/AraCM_EventClient
```

2. 在两台 ECU 虚拟机上部署

在 vrte/project 文件夹中的命令提示符下，输入以下命令：

```
 rvbuild -sqc -d AraCM_Event 20; rvbuild -lqc -d AraCM_Event 11
```

这个过程中：

（1）部署到虚拟 ECU（20）上

1）在清除输出文件（-c）后，生成项目（-d AraCM_Event），抑制生成输出（-q）。

2）生成 ECUCFG 文件，特别是通信电 ECUCFG、Proxy 和 Skeleton 以及 JSON 文件。

3）部署到虚拟机 20，这也迫使 Linux/x86 被选为构建的目标操作系统和体系结构。

4）从目标软件开发工具包部署标准库文件和可执行文件。

5）将文件 machine design_A_Ethernet communication connector_A .JSON 从项目文件夹 /< 用户 >/vrte/project/AraCM_Event/JSON 复制到目标 ECU 虚拟机上的文件夹 /opt/vrte/usr/etc/vsomeip，并使用正确的 ip 地址（-s 选项）对其进行修补。

6）运行虚拟机 20（默认）。

（2）部署到虚拟 ECU（11）上

1）构建项目（-d AraCM_Event），再次抑制构建输出（-q）并清理输出文件（-c）。

2）生成 ECUCFG 文件，特别是通信电 ECUCFG、Proxy 和 Skeleton 以及 JSON 文件。

3）部署到虚拟机 11，这也迫使选择 QNX/x86 作为构建的目标操作系统和体系结构。

4）从目标软件开发工具包部署标准库文件和可执行文件。

5）将文件 machine design_B_Ethernet communication connector_B .JSON 从项目文件夹 /< 用户 >/vrte/project/AraCM_Event/json 复制到目标 ECU 虚拟机上的文件夹 /opt/vrte/usr/etc/vsomeip，并用正确的 ip 地址（-l 选项）对其进行修补。

6）运行虚拟机 11（默认）。

需要启动几个命令窗口来使用这些命令与虚拟机对话：

```
rvwin 20; rvwin 11
```

在 192.168.56.20（Linux 目标 ECU 虚拟机）的窗口中，输入：

```
/opt/vrte/usr/bin/AraCM_EventServer
```

在另一个窗口中，对于 192.168.56.11（QNX 目标 ECU 虚拟机），输入：

```
/opt/vrte/usr/bin/AraCM_EventClient
```

6.10.9 AraCM_Method

一对通信应用程序，包含通信服务的提供者（服务端）和用户（客户端）。

服务接口 AraCM_Method.hadl（以及相关的 ARXML 文件）支持三种 Methods：

1）Method_Sum：将两个输入参数相加，并返回总和。

2）Method_void：一个没有参数的"fireandforget"method。

3）Method_VoidWithArgument：一种带参数的"fireandforget"method。

客户端创建一个 Proxy 类的实例，然后使用 ara::log 依次调用每个方法来显示进度和结果。

1. 在单个目标 ECU 虚拟机上部署

要部署示例应用程序，必须部署其他几个文件，用正确的 IP 地址部署它们，并建立各种符号链接，RTA-VRTE 构建脚本自动化了这一过程。

在 vrte/project 文件夹中的命令提示符下，输入以下命令：

```
rvbuild -sqc -d AraCM_Method 10
```

这将在运行虚拟机之前构建项目并部署到虚拟机 10（QNX）。此外还需要启动几个命令窗口来与虚拟机对话，这只需使用以下命令即可完成：

```
rvwin 10; rvwin 10
```

在第一个命令窗口中，输入：

```
/opt/vrte/usr/bin/AraCM_Method_server
```

在第二个命令窗口中，输入：

```
/opt/vrte/usr/bin/AraCM_Method_client
```

2. 在两台 ECU 虚拟机上部署

在 vrte/project 文件夹中的命令提示符下,输入命令:

```
rvbuild -sqc -d AraCM_Method 10;
rvbuild -lqc -d AraCM_Method 11
```

这将构建项目,并在运行虚拟机之前部署到虚拟机 10 和 11(均为 QNX)。此外还需要启动几个命令窗口来使用这些命令与虚拟机对话:

```
rvwin 10;
rvwin 11
```

在 192.168.56.10 的窗口中,输入:

```
/opt/vrte/usr/bin/AraCM_Method_server
```

在 192.168.56.11 的窗口中,输入:

```
/opt/vrte/usr/bin/AraCM_Method_client
```

6.10.10 AraCM_Field

一对通信应用程序,包含 Field 提供者(服务器)和订阅者(客户端)。服务接口 AraCM_Field.hadl(以及相关的 ARXML 文件)包括一个同时具有"get"和"set" method 的 Field。客户端创建一个 Proxy 类的实例,然后使用 ara::log 调用字段的"get"和"set"方法来显示进度和结果。服务器提供 Field 的"get"和"set"方法的实现,并为订阅的客户端更新 Field 的 Event。

在两台 ECU 虚拟机上部署的方法如下。

在 vrte/project 文件夹中的命令提示符下,输入以下命令:

```
rvbuild -sqc -d AraCM_Field 10;
rvbuild -lqc -d AraCM_Field 11
```

这将构建项目,并在运行虚拟机之前部署到虚拟机 10 和 11(均为 QNX),此外需要启动几个命令窗口来使用这些命令与虚拟机对话:

```
rvwin 10;
rvwin 11
```

在 192.168.56.10 的窗口中,输入:

```
/opt/vrte/usr/bin/AraCM_FieldServer
```

在 192.168.56.11 的窗口中，输入：

```
/opt/vrte/usr/bin/AraCM_FieldClient
```

6.10.11 AraS2S_Example

此示例显示了经典平台和自适应平台如何使用 Signal-2-Service 功能集群进行交互。该示例应用程序能够在两个方向上执行信号转换（即 Signal-2-Service 和 Service-2-Signal）。

1. 该应用程序的组成

该程序由两个不同的可执行文件组成：

1）s2sAdapter：按照信号到服务映射的定义，实现经典组件堆栈和自适应 ECU 之间的双向交互。

① 对于 Signal-2-Service，应用程序通过 UDP 从 ClassicECU 接收信息，提取包含的信号，然后将它们作为 Event 提供。

② 对于 Signal-2-Service，应用程序需要 Event，并在提供 Event 时，通过 UDP 通信方式发送给 ClassicECU。

2）AraS2S_Example：自适应应用程序由两个不同的元素组成。

① 对于 Signal-2-Service，应用程序通过 ara::com 代理接口订阅由 s2sAdapter 提供的服务（Event）。

② 对于 Signal-2-Service，使用 ara::com，Skeleton 来提供转换所需的 s2sAdapter 服务。

该示例项目包含 arxml 文件夹中的示例配置：Signal-2-Service 用例的两种服务包含 7 个 Event 的 Sig2Srv1 和包含 5 个 Event 的 Sig2Srv2；Service-2-Signal 用例的两个服务具有 4 个 Event 的 Srv2Sig1 和具有 2 个 Event 的 Srv2Sig2。

所有 Event 都是原始数据类型（即只有 ISignalT 触发 ISignal，而不是 ISignalGroup）。在映射中，一个事件映射到一个 ISignal，所有自适应配置都存在于单个 arxml/Adaptive.arxml 文件中，所有经典配置都存在于 arxml/System_description_CFG .arxml 中，从 Event 到信号的映射包含在 Adaptive.arxml 文件中。

2. 部署到一个目标 ECU 中

在 vrte/project 文件夹中的命令提示符下，输入以下命令：

```
rvbuild -d AraS2S_Example 10
```

这将在最终运行虚拟机之前构建项目并部署到虚拟机 10（QNX）。这两个应用程序（AraS2S_Example 和 S2S_Adapter）都将由执行管理自动运行。自适应机器上的 Signal-2-Service 通过网络发送 PDU 请求来激发，使用以下命令将一个 PDU（包含值"3.14、98、99、100、101、102、103"的字节数组将被发送）发送到使用 Python 脚本发送的 UDP 数据包模拟经典信号的虚拟机：

```
python AraS2S_Example/app/s2sClient.py -targetIP 192.168.56.10
```

用户可以使用下面的 python UDP 服务器来验证 Service-2-Signal 转换。使用以下命令接收自适应机器发送的数据单元（将接收值"abcd"）。

```
python AraS2S_Example/app/s2sServer.py
```

AraS2S_Example 是一个示例应用程序。需要注意的是，该示例需要额外的经典平台工具来构建通信矩阵（信号描述）和生成 S2S_Adaptor 应用程序使用的经典平台通信堆栈。

6.10.12　Confidence Test

此应用程序用于验证 RTA-VRTE SK 主机虚拟机的正确行为，但它也是一个有用的示例应用程序。该应用程序的行为类似于 AraCM_Event 示例应用程序。主要区别是：

1）客户机和服务端在不同的项目中，尽管服务器也在目标上构建和安装客户端。

2）服务端和客户端都由执行管理自动启动（不需要启动 ssh 会话和手动输入命令）。

3）服务端和客户端都演示了如何使用执行管理界面来设置程序环境和参数。

4）服务端只提供一个字符串"Confidence！"每次大约间隔 1s。

构建和运行：

Confidence-test 示例应用程序设计为在多种目标电子控制单元虚拟机组合上运行，以验证所有目标的行为是否正确，还提供了一个脚本来自动执行置信度测试。要运行它，请在 vrte/project 文件夹中的命令提示符下输入以下命令：

```
confidence-test
```

RTA-VRTE SK 主机虚拟机的桌面上还提供了桌面启动器。只需双击桌面上的"Confidence-test"图标，就会在多个目标上运行示例应用程序。

6.10.13 XCP Example

XCP 是一种用于连接汽车 ECU 和校准系统的网络协议。RTA-VRTE 包括一个 POSIX 上的 XCP 库,为自适应应用程序提供 XCP 服务。RTA-VRTE 附带的 XCP-on-POSIX 支持与测量和校准工具(如 INCA)配合使用,这些工具必须单独安装。

XCP-Example 应用程序由一个自适应应用程序 XCP_ClockServer 组成,该应用程序由执行管理启动。该应用程序以"时间戳"的形式生成可测量的数据,并通过服务接口时钟实例提供给其他自适应应用程序,还通过 TCP 提供 XCP 到外部测量和校准工具。XCP 协议允许外部工具读取(测量)和写入(校准)XCP_ClockServer 提供的时间戳数据。

在 vrte/project 文件夹中的命令提示符下,输入以下命令:

```
rvbuild -d XCP-Example 10
```

这将在最终运行虚拟机之前构建项目并部署到虚拟机 10(QNX)。XCP 时钟服务器由执行管理自动启动,RTA-VRTE 不包括测量和校准工具,因为这不在自适应平台的范围内。测量和校准工具(如 INCA)可以单独安装,并用于与 XCP 示例应用程序交互。

Chapter 07

第 7 章
Adaptive AUTOSAR 应用软件开发

7.1 自适应巡航控制（ACC）简介

自适应巡航控制（Adaptive Cruise Control，ACC）系统是一种智能化的自动控制系统，它是在早已存在的巡航控制技术的基础上发展而来的。实际上，它将汽车自动巡航控制系统（Cruise Control System，CCS）和车辆前向撞击报警系统（Forward Collision Warning System，FCWS）有机结合起来。也就是说，它其实还包含了预碰撞功能。在车辆行驶过程中，安装在车辆前部的车距传感器（雷达）持续扫描车辆前方道路，同时轮速传感器采集车速信号，当它与前车之间的距离过小时，ACC 系统可以通过与制动防抱死系统、发动机控制系统协调动作，使车轮适当制动，并使发动机的输出功率下降，以使车辆与前方车辆始终保持安全距离。ACC 系统在控制车辆制动时，通常会将制动减速度限制在不影响舒适的程度，当需要更大的减速度时，ACC 系统会发出声光信号通知驾驶人主动采取制动操作。当该车与前车之间的距离增加到安全距离时，ACC 系统控制车辆按照设定的车速行驶。采用该系统降低了驾驶人的工作负担，大大提高了汽车的主动安全性，扩大了巡航行驶的范围。

ACC 系统由传感器、控制单元、执行单元、人机交互界面组成。仅仅是传感器，就包括了很多类型，比如雷达传感器、车速传感器、节气门位置传感器、制动踏板传感器和离合器踏板传感器等。

1）控制单元以微处理器为核心，包括时钟电路、复位电路、电源电路、传感器输入接口电路以及与监控主机进行数据交换的串行通信接口电路，用于实现系统的控制功能。

2）执行单元包括节气门执行器和制动执行器，节气门执行器用于调整节气门的开度，使车辆作加速、减速及定速行驶；制动执行器用于紧急制动。

3）人机交互界面——机器再完善，驾驶人也要能与其沟通。现在的人机交互多数是一个高清大屏或者仪表盘屏，既时尚又好用，用于驾驶人设定系统参数及系统状态信息的显示等。驾驶人可通过设置在仪表盘上的人机交互界面（Man Machine Interface，MMI）启动或清除 ACC 控制指令。启动 ACC 系统时，要设定主车在巡航状态下的车速和与目标车辆间的安全距离，否则 ACC 系统将自动设置为默认值。

下一节将使用 VRTE Adaptive Studio 开发一款较为简单的 ACC 软件。

7.2 模型搭建

7.2.1 建立 AUTOSAR 项目

双击桌面上的图标启动 VRTE Adaptive Studio。与 7.1 节一样，在选择了 Artop 透视图的情况下，从 File 菜单中选择 "New -AUTOSAR Project" 开始创建新项目。读者需要在对话框中进行如下设置：

1）将项目名称设置为 "ACC_Demo"；

2）将 "位置" 设置为 /home/developer/vrte/project/ACC_Demo（用户可能需要取消选中 "Use default location" 复选框）。如果正确安装了练习源文件并且正确创建了 Eclipse 项目，那么该文件夹应该已经存在。

在新建的项目中，用户需要建立以下目录以建立整个项目工程的结构：

1）apps：用于存放所有应用层代码，一般将不同应用存放在不同文件夹下，在本项目中，共有如下几个应用需要编写程序实现：自适应巡航，对应文件夹 "ACC"；线控底盘域控制器通信，对应文件夹 "CWDC"；自动驾驶域控制器通信，对应文件夹 "ADCU"，如图 7-1 所示。

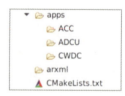

图 7-1　apps 文件结构

2）arxml：用于存放所有使用 DSL 语言的 hadl 代码文件，和通过 hadl 生成的 arxml 文件。

在项目配置阶段，还会自动生成两个目录：

1) gen：用于存放所有 ECUCFG 文件和服务接口的支撑类。
2) JSON：用于存放所有关于 SOME/IP 的配置信息。

完成文件夹的创建后，还需要建立 CMakeLists.txt 文件，在项目根目录下创建 CMakeLists.txt 以控制项目的构建。

项目的文件结构如图 7-1 所示（未生成 gen 和 JSON 目录）。

7.2.2　执行管理配置

作为一个功能集群，执行管理向应用程序提供了一个 C++ 应用编程接口，以及一个实现执行管理活动方面的守护进程。作为 RTA-VRTE 的一部分提供的执行管理库与应用程序相链接，以访问守护进程。EM 作为最重要的一环，在实际进行一个项目的时候也会优先进行配置，并确保配置的正确性。

首先，根据需求，需要建立支持 AP 平台运行的实例，即机器。在本项目中，共需要两台机器部署在两个不同的域控制器当中，分别是自动驾驶域控制器（Automated Driving Control Unit，ADCU）和线控底盘域控制器。在本项目中，将 Machine_A 作为线控底盘域控制器，将 Machine_B 作为自动驾驶域控制器。

在创建机器之前，首先需要创建机器的设计（Machine Design），要为两台机器分别配置机器设计。首先将工作区调整至 AR Explorer，右击 ACC_Demo 项目下的 system，选择 CreateMachine 下的 Element | MachineDesign，并设置名称为 MachineDesign_A，如图 7-2 所示。

图 7-2　新建 MachineDesign_A

同时按照上述步骤新建 MachineDesign_B，接下来创建 Machine_A，右击 ACC_Demo 项目下的 system，选择 CreateMachine 下的 Element | Machine，创建 Machine_A，如图 7-3 所示。

图 7-3　建立 Machine_A

按照相同步骤建立 Machine_B，双击打开 Machine_A，进入编辑器界面，将 MachineDesign 关联至 MachineDesign_A。设置结果如图 7-4 所示。

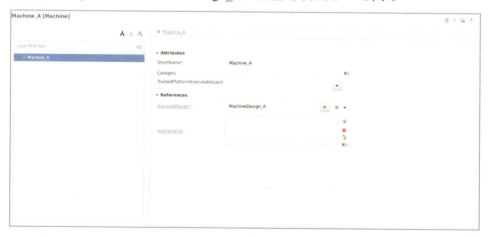

图 7-4　将 Machine_A 与 MachineDesign_A 关联

按照相同步骤将 Machine_B 的 MachineDesign 关联至 MachineDesign_B，下一步要将已定义的函数组（模式声明组）与已定义的 Machine 相关联，需要创建一个从 Machine 到 ModeDeclaration-Group 的引用。这种方法使得同一功能组定义可以在多台机器上重复使用。在本节中，已经创建了功能组"机器状态"。

在 AR Explorer 中，右击 Software，选择 NewChild - Createinfrastructure - CreateModeDeclaration - Elements | ModeDeclaration-Group，如图 7-5 所示。

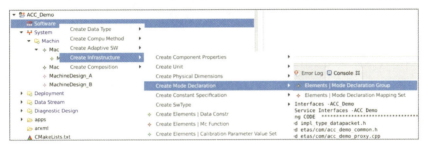

图 7-5　新建 ModeDeclaration-Group

设置名称为 MachineState，右击新建的 MachineState，选择 NewChild - Mode Declarations|ModeDeclaration，并将新建的 ModeDeclaration 名称更改为 off，重复上述步骤，分别在 MachineState 中建立 Off、Reset、Shutdown 和 Startup 四种状态，建立后双击 MachineState 进入设置编辑器，将 MachineState 的 InitialMode 设置为 Off，设置后的结果如图 7-6 所示。

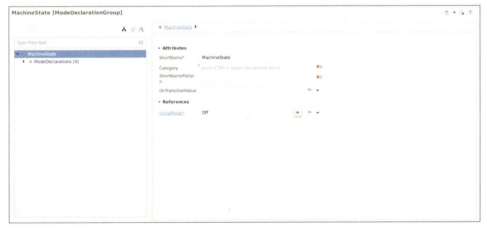

图 7-6　Machine 设置后的结果

右键单击现有 Machine_A，然后选择 New Child- Function Groups | Mode Declaration Group Prototype，双击新生成的 ModeDeclarationGroupPrototype_0，进入设置界面，将 Type 选择为刚刚创建的 MachineState。设置结果如图 7-7 所示。

按照上述步骤同样为 Machine_B 关联 MachineState，下一步，需要右击项目名称，在 VRTE Editor 中找到 Execution Editor 并单击，打开 Execution Editor 管理配置的自定义编辑器。在本项目中，通过 7.1 节的需求分析了解到将会用到几个在 ECU 运行时自启动的进程，分别是：DLT、RouDi、Comd 和 SM。

图 7-7 ModeDeclarationGroupPrototype 的设置

1) DLT 主要用于对程序运行时的日志进行追踪。

2) RouDi 主要用于进程间通信的服务发现和进程守护。

3) Comd 主要用于程序间的通信。

4) SM 负责状态管理。

首先建立 DLT 可执行文件，单击 [Add Executable]，并将该可执行文件命名为 DLT，设置结果如图 7-8 所示。

图 7-8 DLT 可执行文件的添加

单击新建的 DLT 可执行文件，在右侧配置界面将软件地址配置为（图 7-9）：

```
/opt/vrte/usr/bin/rb-dltd
```

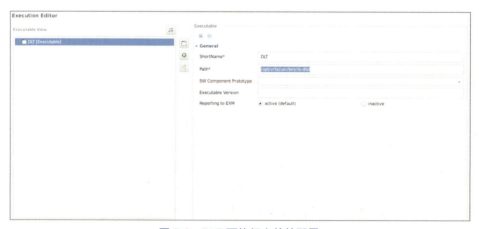

图 7-9 DLT 可执行文件的配置

继续单击 [Add Process]，将新建的进程命名为 dlt_A。新建 dlt 进程如图 7-10 所示。

图 7-10　新建 dlt_A 进程

在 dlt_A 的设置界面，在 Machine 中将 Machine 关联至 Machine_A，将 FunctionGroupState 关联至 MachineA 的 ModeDeclarationGroupPrototype_0::Startup；将 AccessManagement 中的 UID 和 GID 均设置为 0，设置结果如图 7-11 所示。

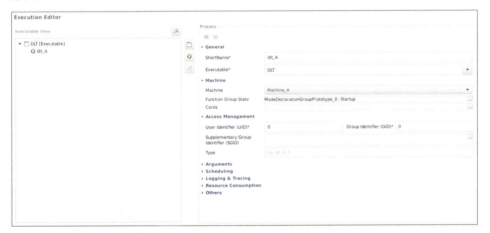

图 7-11　Machine 和 AccessManagement 的设置

在 Argument 中，将 Arguments 设置为：

-c /opt/vrte/usr/etc/dlt.conf

环境变量设置为：

LD_LIBRARY_PATH=/lib:/usr/lib:/opt/vrte/usr/lib:/opt/vrte/lib

在 Others 中，将 Role 设置为 APP，将 Termination Management 设置为 by

EXM，设置结果如图 7-12 所示。

图 7-12　Arguments 和 Others 的设置

按照上述步骤在 DLT 可执行文件下新建并设置 dlt_B 进程，dlt_B 的设置与 dlt_A 的设置唯一不同的地方在于 Machine 的关联，只需要把 dlt_B 的 machine 设置为 Machine_B 即可。dlt_B 最终的设置结果如图 7-13 所示。

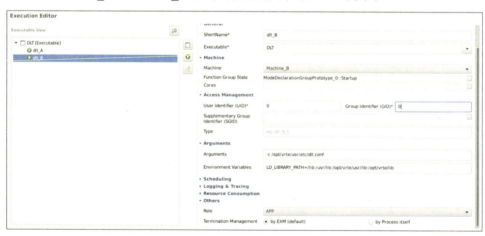

图 7-13　dlt_B 的设置

下一步需要新建 RouDi 的可执行文件，单击 [Add Executable]，并将该可执行文件命名为 RouDi，单击新建的 RouDi 可执行文件，将 Path 设置为：

/opt/vrte/usr/bin/RouDi

在选中 RouDi 的前提下单击 [Add Process]，并将新建的进程命名为 RouDi_A，在 Machine 中将 RouDi_A 关联至 Machine_A，并将 Function Group State 设

置为 ModeDeclarationGroupPrototype_0::Startup；将 AccessManagement 中的 UID 和 GID 均设置为 0；将 Arguments 中的环境变量设置为：

```
LD_LIBRARY_PATH=/lib:/usr/lib:/opt/vrte/usr/lib:/opt/vrte/lib
```

在 Others 中将 Role 设置为 APP，并将 TerminationManagement 设置为 by EXM。RouDi_A 进程的设置结果如图 7-14 所示。

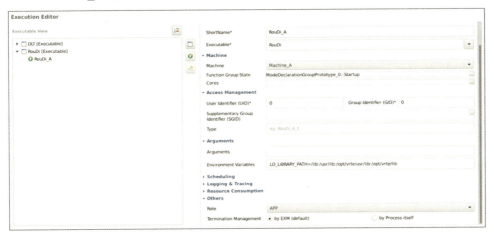

图 7-14　RouDi_A 的设置结果

在 RouDi 可执行文件下新建 RouDi_B 进程，并按照上述步骤配置 RouDi_B 进程，与 RouDi_A 进程不同的是，RouDi_B 关联的 Machine 为 Machine_B，RouDi_B 的配置结果如图 7-15 所示。

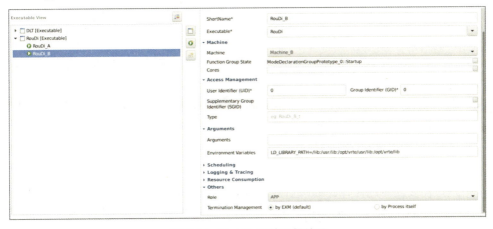

图 7-15　RouDi_B 的配置结果

下面来设置 comd 软件的相关配置，首先单击 [Add Executable]，并将该可执行文件命名为 comd，单击新建的 comd 可执行文件，将其中的 Path 设置为（图 7-16）：

/opt/vrte/usr/bin/someip_domain_gateway

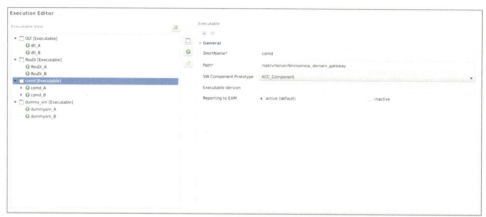

图 7-16　comd 可执行文件的路径设置

在选中 comd 的前提下单击 [Add Process]，并将新建的进程命名为 comd_A，在 Machine 中将 comd_A 关联至 Machine_A，并将 Function Group State 设置为 ModeDeclarationGroupPrototype_0::Startup；将 Access Management 中的 UID 和 GID 均设置为 0；将 Arguments 中的环境变量设置为：

LD_LIBRARY_PATH=/lib:/usr/lib:/opt/vrte/usr/lib:/opt/vrte/lib VSOMEIP_CONFIGURATION=/opt/vrte/usr/etc/vsomeip/

注意：两个环境变量中间使用空格分隔。

在 Others 中将 Role 设置为 APP，并将 Termination Management 设置为 by EXM，comd_A 进程的设置结果如图 7-17 所示。

按照上述步骤配置 comd_B 进程，与 comd_A 不同的是，comd_B 关联的 Machine 为 Machine_B，comd_B 的配置结果如图 7-18 所示。

这里需要注意的是，comd 进程还和其他进程有依赖关系，comd 的进程依赖于 RouDi 进程的运行，所以在这里需要加入 comd 进程的依赖关系，选中 comd_A 进程，单击 [Add Dependency]，并将新建的 Dependency 中的 Process 关联至 RouDi_A，将 DependencyType 选择为 Running，其配置结果如图 7-19 所示。

第 7 章　Adaptive AUTOSAR 应用软件开发

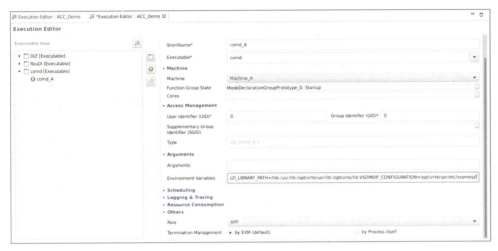

图 7-17　comd_A 的配置

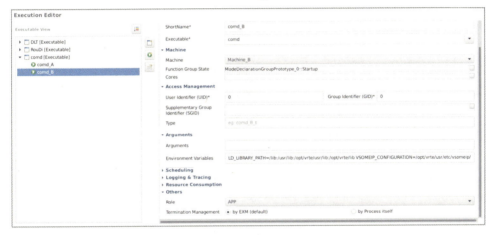

图 7-18　comd_B 的配置

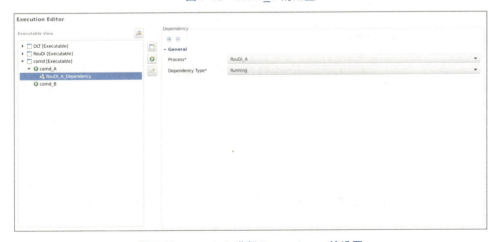

图 7-19　comd_A 进程 Dependency 的设置

按照上述步骤，同样为 comd_B 配置 Dependency，将 Process 关联至 RouDi_B 即可。

最后一个可执行文件，因为 APAUTOSAR 要求有 SM 的存在，尽管本项目中没有使用到 SM 进行状态管理，但是如果项目中没有 SM，在运行的时候就会报错，因此在这里创建一个 dummy_sm 进程。这个 SM 不处理任何事情也不会做出任何决策。它的存在只是为了保证项目能够正常运行。

下面来设置 dummysm 软件的相关配置，首先单击 [Add Executable]，并将该可执行文件命名为 dummy_sm，单击新建的 dummy_sm 可执行文件，将其中的 Path 设置为：

```
/opt/vrte/usr/bin/dummysm
```

按照之前配置其他进程的步骤，为 dummysm 配置部署在 machineA 和 machineB 两台机器上的进程，和其他进程不同的是，dummysm_A 和 dummysm_B 两个进程环境变量为：

```
LD_LIBRARY_PATH=/lib:/usr/lib:/opt/vrte/usr/lib:/opt/vrte/lib
```

同时，在 Others 选项中的 Role 要配置为 SM，否则项目在运行的时候会报错。该配置的结果如图 7-20 所示。

图 7-20　SM 的设置

至此，所有有关执行管理的配置就暂时告一段落，在后续配置完其他内容后，执行管理还需要添加一些配置。

7.2.3 通信管理配置

在本节将使用应用程序设计编辑器（Application Design Editor）来创建服务接口。Application Design Editor 提供了一种领域特定语言（DSL），用于以用户友好的方式编辑自适应应用程序的 AUTOSAR 元素。该编辑器可用于为服务接口、数据类型（包括数组和结构）和自适应软件组件自动创建 ARXML。

在开始使用 DSL 语言编写 hadl 文件之前，需要先建立项目软件在通信时用到的数据类型。在本项目中，为了能够传递各种距离、速度信息，会用到浮点类型的数据，故需要建立浮点类型的数据；在传递各控制器状态的时候，状态信息可以用枚举量来承载，所以需要定义 uint_8 来传递各类状态。

接下来创建这两种数据类型。将项目浏览界面切换到"ARExplorer"，选中"ACC_Demo"项目，右键单击"Software"找到 NewChild - CreateDataType - CreateImplementationDataType - Elements | StdCpp Implementation Data Type，如图 7-21 所示。

图 7-21　选择新建数据类型

接着将新的数据类型命名为 float，并将 arxml 文件命名为 VRTE_PlatformTypes，地址设置为 StdTypes，设置界面如图 7-22 所示。

图 7-22　float 数据类型的建立

Adaptive AUTOSAR 平台与车用高性能控制器开发

双击新生成的 float 数据类型，将 Category 设置为 VALUE，设置结果如图 7-23 所示。

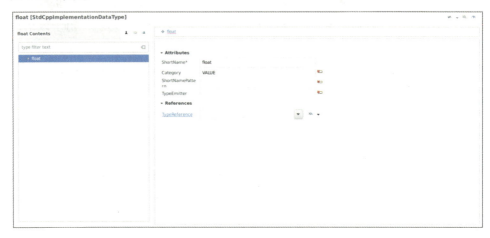

图 7-23　float 设置结果

下一步设置 uint8_t 的数据类型。右键单击 "Software" 找到 NewChild - CreateDataType - Create-ImplementationDataType - Elements | StdCppImplementationDataType，这会将类型名称定义为 uint8_t，勾选 UseExistingARPackages，在下侧 Select the folder 中找到刚刚建立的 VRTE_PlatformTypes.arxml 文件，在其中找到并单击 VRTE_PlatformTypes，最后单击 [Finish]，如图 7-24 所示。

双击新建的 uint8_t 数据类型将 Category 设置为 VALUE，将 TypeEmitter 设置为 cstdint，设置结果如图 7-25 所示。

在编写接口，所需要的数据类型就已经定义完成了，接下来需要

图 7-24　新建 uint8_t 数据类型

开始编写程序的接口。首先新建一个空的 hadl 文件，单击 NewFile，将新建文件路径设置在 arxml 文件夹下，将文件名称命名为 serviceinterface.hadl，双击打开新建的 hadl 文件将刚刚创建的两个数据类型导入：

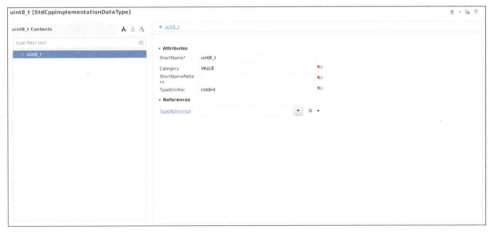

图 7-25 uint8_t 数据类型设置结果

```
importAUTOSAR.StdTypes.float
import AUTOSAR.StdTypes.uint8_t
```

接下来创建一个在 etas.com 下的包：

```
package etas.com {
```

创建在 etas.com 下的接口 ACC_Demo：

```
interfaceACC_Demo namespace etas.com {
event araCM_Event of DataPacket
method Method_Set_BreakAcc (in a of uint8_t, in b of float)
}
```

该接口有两种通信方式，分别为 Event 和 Method。线控底盘域控制器收集雷达信息后将数据打包以 Event 的方式发送给自动驾驶域控制器，当自动驾驶域控制器判断车辆需要制动或加速时，调用 Method 将信息发送至线控底盘域控制器。

下一步定义 Event 将用的数据包的结构，定义如下；

```
struct DataPacket {
Acc_Switch of uint8_t
v_set of float
Longitudinal_Velocity of float
```

Adaptive AUTOSAR 平台与车用高性能控制器开发

```
    Relative_Distance of float
    Relative_Velocity of float
}
```

还需要定义软件组件的端口，定义如下：

```
componentACC_Component {
provide PPort for ACC_Demo
require RPort for ACC_Demo
    }
}
```

不要忘了最后的"}"和保存，当单击保存后，将会在 arxml 文件夹下看到自动生成的 serviceinterface.arxml 文件，这时需要重新打开 Execution Editor，找到 comd 的可执行文件，并将 SW Component Prototype 设置为刚刚新建的 ACC_Component。设置如图 7-26 所示。

图 7-26　comd 的设置

下一步开始配置 SOME/IP 相关设置，切换到 Adaptive Studio 中的 AR Explorer 视图，通过右键单击 AR Explorer 中的"System"选择"Create Adaptive Network - Create Ethernet Network -Elements | EthernetCluster"，并将名称设置为 EthernetCluster_A。设置如图 7-27 所示。

双击新建的 EthernetCluster_A，在新集群中创建一个 Ethernet Cluster Conditional，如图 7-28 所示。

在新的条件集群中创建一个 Ethernet Physical Channel，如图 7-29 所示。

第 7 章　Adaptive AUTOSAR 应用软件开发

图 7-27　EthernetCluster_A 的设置

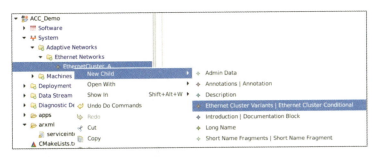

图 7-28　创建 Ethernet Cluster Conditional

图 7-29　创建 Ethernet Physical Channel

在 Ethernet Physical Channel 中，为机器创建一个 Network Endpoint，并将其命名为 NetworkEndpoint_A，如图 7-30 所示。

图 7-30　创建 Network Endpoint

对于端点，创建一个 IPv4 配置，然后通过双击端点在编辑器中打开它来设置端点的 IPv4 地址和网络掩码，如图 7-31 所示。

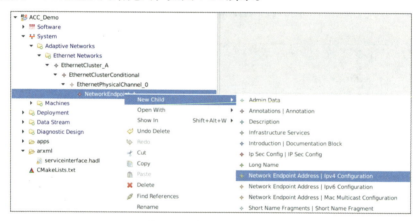

图 7-31　创建 IPv4 配置

在 IPv4Address 和 NetworkMask 中添加一个值：将 IPv4 地址设置为 192.168.56.20，同时将网络掩码设置为 255.255.255.0，如图 7-32 所示。

按照同样的步骤，设置 EthernetCluster_B，其中 NetworkEndpoint 需要命名为 Network-Endpoint_B，IPv4 地址应设置为 192.168.56.21，设置结果如图 7-33 所示。

接下来配置多播地址。按照与前面相同的步骤创建第三个以太网集群，命名为 MulticastEthernetCluster。这一次，在创建网络端点时，将其命名为 MulticastEndpoint，以添加多播地址，例如 224.244.224.245，作为机器单播端点地址之外的第二个 IP 配置，作为用于 SOME/IP 服务发现的地址。一旦添加了第二个 IP 配置，在配置 SOME/IP 服务发现时，它将可用作多播地址。创建新的 IPv4 配置，然后设置 IPv4 地址和网络掩码，如图 7-34 所示。

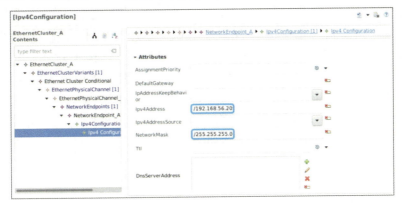

图 7-32　IPv4 的配置

图 7-33　EthernetCluster_B 的设置

将 IPv4 地址设置为 224.244.224.245（多播 IP）。
将网络掩码设置为 255.255.255.0。

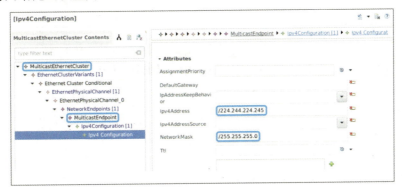

图 7-34　多播的设置

以太网集群元素代表以太网网络。以太网集群聚合一个以太网物理通道元素，该元素通过 IP 配置定义网络。请注意，由于 IP 配置定义了 IP 地址和网络掩码/网络地址，而物理信道实际上定义了子网，因此可能不对应于物理网络！

机器设计需要与集群的 IP 配置相关联。这是使用引用网络端点的通信连接器元素创建的，因此将机器和 IP 子网相关联。连接到 IP 子网的每台机器将定义一个连接器元素，该元素引用同一以太网物理通道上的不同端点。通过右键单击 AR Explorer 中的机器设计（MachineDesign_A）并创建新的 Communication Connector | Ethernet Communication Connector。将此元素命名为 EthernetCommunicationConnector_A，如图 7-35 所示。

图 7-35　创建 Ethernet Communication Connector_A

创建后，在通用编辑器中打开新的连接器（双击 Ethernet Communication-Connector_A），并在参考部分选择适当的 UnicastNetworkEndpoint，如图 7-36 所示。

图 7-36　选择 NetworkEndpoint

最后配置服务发现，在 AR Explorer 中，右键单击机器设计然后选择 New Child-Service Discover Configs | Someip Service Discovery，如图 7-37 所示。

在通用编辑器中打开新的配置元素，并将 MulticastSdlpAddress 设置为 MulticastEndpoint，将 SomeipServiceDiscoveryPort 端口设置为 30490，如图 7-38 所示。

下一步配置实例清单，右键单击 AUTOSARExplorer 选项卡中的项目名称，并选择 VRTE Editors-Instance Manifest Editor 以打开 SOME/IP 配置的自定义编辑器，如图 7-39 所示。

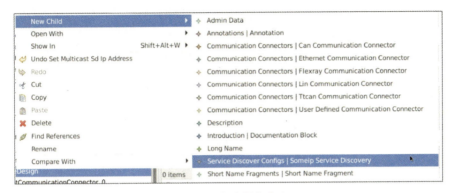

图 7-37　新建服务发现

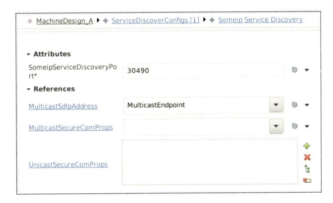

图 7-38　服务发现的配置

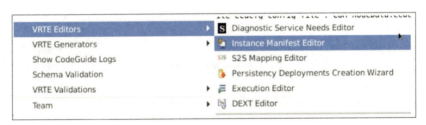

图 7-39　打开 Instance Manifest Editor

"实例清单编辑器"窗口由两个窗格组成：左侧窗格显示机器及其配置的树形视图，右侧窗格显示配置元素的子编辑器（最初为空白），如图 7-40 所示。

第一个任务是为每个定义的服务接口创建一个部署。部署将定义网络上每个服务实例的共同特征。在实例清单编辑器中，选择接口部署选项卡以选择子编辑器，如图 7-41 所示。

图 7-40　Instance Manifest Editor

单击接口部署选项卡中的 [ADD DEPLOYMENT] 按钮，创建新的 SOME/IP Service Interface Deployments。

此配置元素描述了服务接口在 SOME/IP 网络中的使用方式。在新建接口部署对话框中，选择服务 Interface 为 ACC_Demo，并将 Deployment Name field 设置为 ACC。单击新建的 ACC，进入界面，首先单击 ServiceInterface 后的 [sync]，将 DeploymentID 设置为 99，将 EventID 设置为 99，将 Protocol 设置为 UDP，选择序列化。设置结果如图 7-42 所示。

图 7-41　接口部署

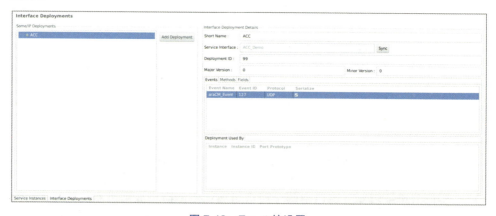

图 7-42　Event 的设置

继续单击 Method，设置 Method 的详细信息。将 MethodID 设置为 10，将 Protocol 设置为 UDP，选择序列化。设置结果如图 7-43 所示。

图 7-43　设置 Method

自适应 AUTOSAR 机器通过 IP 配置向网络提供服务。因此，需要确保每个服务都可以通过实例标识唯一识别，切换到服务实例选项卡。在 SOME/IP 配置 MachineDesign_A [Machine Design] 上，单击 [Add Service] 添加新服务。在 Add Service 对话框中，选择 ACC 作为 Service Interface Deployment，如图 7-44 所示。

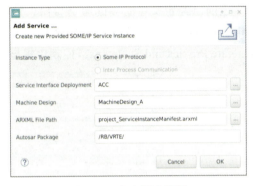

图 7-44　加入服务设置

通过在 Instance Manifest Editor 中选择名称，打开新创建的 Provided SOME/IP Service Interface。将 Service Instance ID 设置为 19，服务实例标识（Service Instance ID）是唯一的标识符，用于标识服务的特定实例。服务实例标识使 SOME/IP 服务发现能够定位特定的服务，最后设置 UDP 端口为 5000。

要配置客户端，请重复上面描述的步骤，但现在对于其他 SOME/IP 配置，MachineDesign_B_RSSI[Client]，单击 [Add Client]，如图 7-45 所示。

图 7-45　配置客户端

JSON 文件自动生成，在 Project Explorer 中右键单击项目名称，然后选择 VRTE Generators—Generate Some/IP Configuration，如图 7-46 所示。

如果成功，一个 JSON 文件夹会被添加到包含配置文件的项目中。读者可能需要在 Adaptive Studio 中刷新视图，以查看新创建的 JSON 文件夹。

图 7-46　生成 JSON 配置文件

之前已经定义了必要的服务接口，这些接口已经预装在项目文件夹中。在 Project Explorer 中右键单击项目名称，然后选择菜单项目 VRTE Generators — Generate Proxies and Skeletons，控制台将显示生成的文件，如图 7-47 所示。

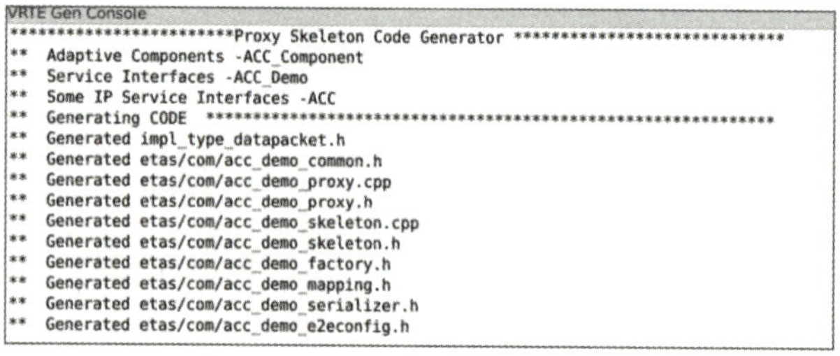

图 7-47　生成过程

RTA-VRTE 可以为项目中的所有服务接口生成 Proxies 和 Skeletons 类。生成的代码将被添加到 gen 文件夹的项目中（在 gen 文件夹可见之前，用户可能需要在 Adaptive Studio 中刷新视图）。在以空间命名的子文件夹中生成 .hadl 文件，由此项目的配置工作完成。

7.3　在 RTA-VRTE 上的配置应用软件

7.3.1　SM 配置

本项目中，共有 4 个软件需要开发，首先开发"傻瓜"状态管理软件："dummysm"。在项目根目录下创建"dummysm.cpp"文件，并双击进入文件。

添加以下代码：

```cpp
#include<execution_client.h>
using namespaceara::exec;
// Instantiate interface class for communication with Execution Management
ExecutionClientexeClient;
int main(intargc, char** argv)
```

```
    {
exeClient.ReportExecutionState(ExecutionState::kRunning);
        while (true)
            ;
        return 0;
    }
```

可以通过代码了解到，dummysm 就像"傻瓜"一样重复死循环，不做任何操作。

7.3.2 ACC 算法开发

在 ACC 建立 inc 和 src 两个文件夹，分别用来存放头文件和源代码。在 inc 目录中，新建 Acc.hpp 文件并打开，写入如下代码：

```
#include<ara/log/logging.h>
#include<chrono>
#include<stdint.h>
#include<stdio.h>

namespace sampleapp
{
class Acc_Control
{
public:
Acc_Control(float v_set, float time_gap, float spacing);
~Acc_Control();

    float Get_Current_Data(float long_v, float rel_v, float rel_dist);
    int Judge_Acc_Dec();

    float m_judge_value;
    float m_v_set;
    float m_time_gap;
    float m_spacing;
    float m_verr_gain;
    float m_xerr_gain ;
    float m_vx_gain;
```

```
float m_securitySpace;
float m_default_acc;
float m_min_res;
float m_out_acc;
};
}
```

在 Acc.hpp 中定义了 Acc_Control 类,每当自适应巡航的设置参数改变之后,都需要重新创建一个 Acc_Control 类以实现自适应巡航功能。类中声明了类的构造函数和析构函数,Get_Current_Data 用于读取当前雷达反馈数据,并对数据进行初步的整理。Judge_Acc_Dec 方法用于根据处理的结果判断应该让车辆加速、减速或不进行动作,还定义了一些类成员变量。

定义好了类,下一步来实现类中的方法,在 src 的 Acc.cpp 中,编写如下代码:

```
#include<ara/log/logging.h>
#include<chrono>
#include<stdint.h>
#include<stdio.h>
#include"apps/ACC/inc/Acc.h"

using namespace ara::log;

Logger&TestCtx = CreateLogger("ACC", "ACC APP");

namespace sampleapp
{
Acc_Control::Acc_Control(float v_set, float time_gap, float spacing){
    TestCtx.LogInfo() <<"Controller Createing...";
    m_v_set = v_set;
    m_time_gap = time_gap;
    m_spacing = spacing;
    m_judge_value = 0.5;
    m_verr_gain = 0.05;
    m_xerr_gain = 0.05;
    m_vx_gain = 0.05;
    m_securitySpace = 0;
```

```cpp
    m_default_acc = 0;
    m_min_res = 0;
    m_out_acc = 0;
    TestCtx.LogInfo() <<"controller address is :"<< this;
    TestCtx.LogInfo() <<"m_v_setis :"<<m_v_set;
    TestCtx.LogInfo() <<"Controller Created successfully";
}
Acc_Control::~Acc_Control(){
    TestCtx.LogInfo() <<"Controller Deleted successfully";
}
float Acc_Control::Get_Current_Data(float long_v, float rel_v, float rel_dist){
    this->m_securitySpace = this->m_spacing + long_v * this->m_time_gap - rel_dist;
    this->m_default_acc = rel_v * this->m_vx_gain - this->m_securitySpace * this->m_xerr_gain;
    this->m_min_res = (this->m_default_acc<(this->m_v_set - long_v) * this->m_verr_gain)? this->m_default_acc:(this->m_v_set - long_v) * this->m_verr_gain;
    this->m_out_acc = (this->m_securitySpace> 0)? this->m_default_acc : this->m_min_res;
    TestCtx.LogInfo() <<"m_out_acc is "<<this->m_out_acc<<" ,m_judge_value is : "<< this->m_judge_value;
    return this->m_out_acc;
}
intAcc_Control::Judge_Acc_Dec(){
    if ((this->m_out_acc<= this->m_judge_value) &&(this->m_out_acc>= - this->m_judge_value)){
    return 0; // no move
    }
    else if (this->m_out_acc> this->m_judge_value){
    return 1; //start acc
    }
    else if(this->m_out_acc< -this->m_judge_value){
    return 2; //start break
    }
```

```
    }
}
```

在构造函数的实现里，对整个对象进行初始化，并写入对应的日志；在析构函数中，写入对象删除的日志。

在 Get_Current_Data 方法中，使用了一种较为简单的 ACC 实现方式，该方法中共有三个常数，分别为"m_verr_gain""m_xerr_;"和"m_vx_gain;"，在本项目中均设置为 0.05，因为没有实车进行标定，常数的选择可能并不合理，这需要结合之后将要介绍的 XCP 对常数进行标定才能得到合理科学的常数。

Judge_Acc_Dec 方法主要是根据 Get_Current_Data 中函数计算的 m_out_acc 的结果和 m_judge_value 进行比较并最后输出加速、减速或无操作的枚举量。

7.3.3 ADCU 的功能实现

在目录 ADCU 下将有两个子目录，分别为 inc 和 src，在 inc 中存放头文件，在 src 中存放源代码文件。请在 inc 中创建名为 Adcu.hpp 的头文件，在 src 中创建名为 Adcu.cpp 和 main.cpp 的源文件。首先编写头文件，在 Adcu.hpp 中编写如下代码：

```cpp
#ifndef CM_PROVIDERSUBSCRIBERSCENARIO_ARACM_CLIENT_INC_ARACM_CLIENT_ACTIVITY_HPP_
#define CM_PROVIDERSUBSCRIBERSCENARIO_ARACM_CLIENT_INC_ARACM_CLIENT_ACTIVITY_HPP_

#include "etas/com/acc_demo_proxy.h"
#include <ara/log/logging.h>
#include <mutex>
#include <string>
#include <signal.h>
#include <cstdlib>
#include "apps/ACC/inc/Acc.h"

const ara::core::StringView SERVICE_INSTANCE_ID = "19";

static volatile bool verbose_Client{true};

static volatile std::atomic<bool> gSignalStatus_
```

```cpp
Client{false};

    using namespaceara::log;
    namespace sampleapp
    {
    class AraCM_ClientActivity
       {
     public:
    AraCM_ClientActivity();
         ~AraCM_ClientActivity();
         void init();
         void act_Event();
         void
serviceAvailabilityCallback(ara::com::ServiceHandleContai
ner<etas::com::proxy::ACC_DemoProxy::HandleType> handles)
         {
    if (nullptr == m_proxy)
            {
    m_proxy = new etas::com::proxy::ACC_DemoProxy
(handles[0]);
            }
         }
         protected:
    etas::com::proxy::ACC_DemoProxy* m_proxy;
       };
    } // namespace sampleapp
    #endif
```

在头文件中声明了 AraCM_ClientActivity 类和它的构造函数和析构函数，同时声明的 act_Event( ) 需要定义自动驾驶域控制器怎么解析 Event 内的数据。serviceAvailabilityCallback 方法需要根据信号来确定 Event 是否可用，并得到所有服务的指针。

下一步在 Adcu.cpp 中实现上述方法。在文件中写入如下代码：

```cpp
#include"apps/ADCU/inc/Adcu.hpp"
```

```cpp
#include<ara/log/logging.h>
#include<chrono>
#include<cstdlib>
#include<exception>
#include<iomanip>
#include<stdint.h>
#include<thread>
#include<signal.h>

char timeString[32];
using namespace ara::log;
using namespace ara::exec;
Logger&TestCtx0 = CreateLogger("TST0", "test context 0");
/* Client Context*/
Logger&g_udpReceiveCtx = CreateLogger("UdpC","UdpReceiveData");
/* Event operate Context*/
Logger&g_eventClientCtx = CreateLogger("EvtC","UdpReceiveEventData");
int acc_state = 0;
float out_acc = 0;
bool first_time_round(true);

namespace sampleapp
{
// m_proxy initialized with the right Instance Identifier
AraCM_ClientActivity::AraCM_ClientActivity()
{TestCtx0.LogInfo() <<"[AraCM_Client] object address "<< this; }

/** \name  AraCM_ClientActivity::init
 * \brief Initialize reader by finding a Event service. This method is called once.
```

```cpp
     */
    void AraCM_ClientActivity::init()
    {
    while(1)
       {
    g_udpReceiveCtx.LogInfo() <<"[AraCM_Client] FindService... "<<SERVICE_INSTANCE_ID.data();
           auto l_handleList = etas::com::proxy::ACC_DemoProxy::FindService(SERVICE_INSTANCE_ID);
       // We've found the a service instance identified by the SERVICE_INSTANCE_ID
       if(l_handleList.size() != 0)
          {
    g_udpReceiveCtx.LogInfo() <<"[AraCM_Client] Found Instance: "<<l_handleList[0].GetInstanceId().ToString().data();
       //g_udpReceiveCtx.LogInfo() <<"[Client Poxy Event] Event Subscribe.";
       // Evnet Subscribe
       AraCM_ClientActivity::serviceAvailabilityCallback(l_handleList);
       //sampleapp::findMethodService();
           break;
       }
       std::this_thread::sleep_for(std::chrono::milliseconds(1000));
           }
       }

    /** \name    AraCM_EventClientActivity::~AraCM_EventClientActivity
        *
        * \brief Destructor
     */
    AraCM_ClientActivity::~AraCM_ClientActivity()
```

```cpp
  {
    delete m_proxy;
m_proxy = nullptr;
  }

    /** \name   AraCM_EventClientActivity::act
     *
     * \brief Process AraCM Client activity event(s).
     */
  Acc_Control* controller = nullptr;
  float v_set_ori = 0;
  float long_v = 0;
  float rel_dist = 0;
  float rel_v = 0;

  void AraCM_ClientActivity::act_Event()
  {
  if (ara::com::SubscriptionState::kSubscribed == m_proxy->araCM_Event.GetSubscriptionState())
      {
    std::vector<ara::com::SamplePtr<DataPacket const>>EventMsgCache;
    /* A callback function is passed to GetNewSamples so that, for each new data sample, the callback body is executed.
                The callback function accepts one parameter: a SamplePtr to a constant instance of the event data type.
                For convenience, the callback defined below simply pushes the data sample into a SampleCache. */
              auto callbk = [&](ara::com::SamplePtr<DataPacket const> sample) {EventMsgCache.push_back(std::::move(sample)); };
    ara::core::Result<size_t> result = m_proxy->araCM_Event.GetNewSamples(callbk);
```

```cpp
    if (result.HasValue())
            {
    if(result.Value() > 0)
                {
                   for (auto& sample : EventMsgCache)
                   {
    long_v = sample->Longitudinal_Velocity;
    rel_dist = sample->Relative_Distance;
    rel_v = sample->Relative_Velocity;
    g_eventClientCtx.LogInfo() <<"[Event Client]-----------------START SHOWING EVENT--------------------------------";
    g_eventClientCtx.LogInfo() <<"[Event Client] Longitudinal_Velocity received: "<<long_v;
    g_eventClientCtx.LogInfo() <<"[Event Client] Relative_Distance received: "<<rel_dist;
    g_eventClientCtx.LogInfo() <<"[Event Client] Relative_Velocity received: "<<rel_v;
    g_eventClientCtx.LogInfo() <<"[Event Client]-----------------FINISH SHOWING EVENT--------------------------------";

    if(sample ->Acc_Switch == 1){
    if(sample ->v_set != v_set_ori)
       {
       delete controller;
       controller = nullptr;
    g_eventClientCtx.LogInfo() <<"[Event Client]*****************CHANGE ACC CONTROLLER**************************";
    controller = new Acc_Control(sample ->v_set, 1, 20);
    //Acc_Control(float v_set, float time_gap, float spacing);
    g_eventClientCtx.LogInfo() <<"[Event Client]***************finish Created new ACC CONTROLLER**************
```

```
*************";
    v_set_ori = sample ->v_set;

                }

    g_eventClientCtx.LogInfo() <<"[Event Client]++++++
++++++++++USING Get_Current_Data METHOD++++++++
++++++++++++++++";

    out_acc = controller ->Get_Current_Data(long_v, rel_
dist, rel_v); //void Get_Current_Data(float long_v, float
rel_v, float rel_dist);
    g_eventClientCtx.LogInfo() <<"[Event Client]++++++
++++++++++USING Judge_Acc_Dec METHOD+++++++++++
+++++++++++";
    acc_state = controller ->Judge_Acc_Dec();
    g_eventClientCtx.LogInfo() <<"ACC APP return result is :
"<<acc_state;
    g_eventClientCtx.LogInfo() <<"[Event Client]+++++
++++++++++++FINISH USING METHOD+++++++++++++++++++++++";
                    }
    else{
    if (controller != nullptr){
    v_set_ori = 0;
                    delete controller;
                    controller = nullptr;
    g_eventClientCtx.LogInfo() <<"[Event Client]*********
******ACC CHANGE TO SHUTDOWN STATE******************
*********";


                }
    else{
    g_eventClientCtx.LogInfo() <<"[Event Client]*****
**********ACC REMAIN SHUTDOWN STATE****************
*************";
```

```
              }
                    }
                    /* Automatic Test */
if (first_time_round)
                    {
//test::WriteResultFile(message);
first_time_round = false;
                    }
/* End of automatic test */
                    }
EventMsgCache.clear();
                    }
              }
       }
    else
         {
    g_eventClientCtx.LogInfo() <<"[Event Client] Subscribe attempt to Service ID: "<<SERVICE_INSTANCE_ID.data();
    m_proxy->araCM_Event.Subscribe(1);
         }
      }
   }
```

在这里主要完成了构造函数的实现，act_Event 函数主要实现的是解析 Event 数据，并根据数据创建 ACCControl 类对象已实现相关运算及控制功能。

最后编写 main.cpp 文件。在 main.cpp 中写入如下代码：

```
#include "apps/ADCU/inc/Adcu.hpp"
#include <ara/log/logging.h>
#include <chrono>
#include<execution_client.h>
#include<stdint.h>
#include<stdio.h>
#include<thread>
#include<signal.h>
```

```cpp
#include <mutex>
#include<cstdlib>
//#include "test.hpp"

conststd::string MQ_APP_NAME = "/UDP_Client"; //unique identifier
using namespace ara::exec;
using namespace ara::log;
Logger&TestCtx1 = CreateLogger("TST0", "test context 0");

/* Method operate Context*/
Logger&g_MethodClientCtx = CreateLogger("MetC","UdpReceiveMethodData");

/* Field operate Context*/
Logger&g_FieldClientCtx = CreateLogger("FieC","UdpReceiveFieldData");

etas::com::proxy::ACC_DemoProxy* l_proxy = nullptr;

extern int acc_state;
extern float out_acc;

//brief Termination signal receiver
void SigHandler(int signal)
{
gSignalStatus_Client = (signal == SIGTERM);
}

//brief Background thread for text updates.
void EventAct()
{
sampleapp::AraCM_ClientActivityactAraCM_Client;
actAraCM_Client.init();
```

```cpp
        while (!gSignalStatus_Client)
        {
    actAraCM_Client.act_Event();
    std::this_thread::sleep_for(std::chrono::milliseconds(1000));
        }
    }


    //--------------------------------Method client begin----------------------------------------------------
        void findMethodService()
        {
            while (l_proxy == nullptr)
            {
    g_MethodClientCtx.LogInfo() <<"Method FindService to SERVICE ID "<<SERVICE_INSTANCE_ID.data();
                auto l_handleList =
    etas::com::proxy::ACC_DemoProxy::FindService(SERVICE_INSTANCE_ID);
                if (l_handleList.size() != 0)
                {
    g_MethodClientCtx.LogInfo() <<"[findMethodService] Create new proxy on Instance begin";//<<l_handleList[0].GetInstanceId().ToString().data();
    // Get the first (zeroth) element in the handlelist (only one service is
                    // available in this case).
    l_proxy = new etas::com::proxy::ACC_DemoProxy(l_handleList[0]);
    g_MethodClientCtx.LogInfo() <<"[findMethodService] Create new proxy on Instance end";
                    break;
    }else{
    g_MethodClientCtx.LogInfo() <<"findMethodServicel_
```

```cpp
handleList.size() == 0 ";
            }
    g_MethodClientCtx.LogInfo() <<"Client find Method Service sleep_for 500 ";
    std::this_thread::sleep_for(std::chrono::milliseconds(500));
        }
      }


     void ShowMethods(intargc, char* argv[])
         {
             int count(0);
             int max(0);
             unsigned long timeout(30000);
             bool noerror(true);
    if(1<argc)
              {
// We have at least one parameter, is the first a number?
                 max = atoi(argv[1]); // Invalid number gives zero
    g_MethodClientCtx.LogInfo() <<"Test mode, with maximum = "<< max;
    if(2<argc)
                  {
  // There is also a timeout
                     timeout = strtoul(argv[2], NULL, 10);
                 }
              }
    g_MethodClientCtx.LogInfo() <<"ShowMethods is called" ;
    // a max value of zero means repeat forever
            // Wait the proxy initialization

    findMethodService();
```

```cpp
            while (!gSignalStatus_Client)
            {
   findMethodService();
                try
                {
   g_MethodClientCtx.LogInfo() <<"HHHHHHHHHHHHHHHHH
NOW METHOD STATE IS :"<<acc_state<<"HHHHHHHHHHHHH
HHHHHHH";
   if(acc_state> 0)
      {

   // Input Parameter for Method_sum
   etas::com::a_t1_input   = acc_state;
   etas::com::b_t l_input2 = out_acc;

   //if (0 == max)
   g_MethodClientCtx.LogInfo() <<"[Method Client] Sent
Input to Server: "<<l_input<<"and"<< l_input2;

   g_MethodClientCtx.LogInfo() <<"Method Client l_proxy
Address is : "<<l_proxy;
   l_proxy->Method_Set_BreakAcc(l_input, l_input2);


                }
                }
                catch (std::exception& exception)
                {
   // handle exception (only service not available is
currently handled in
                // this version)
                // NOTE: We observe exceptions regul
arly at start-up. If the commented
                //        lines below are added, even
QNX tests will fail.
```

```cpp
                    // test::WriteResultFile("AraCM_Met
hod failure due to exception\n");
                    // if (noerror)
   g_MethodClientCtx.LogError() <<"[Method Client] error
Exception at count = "<< count <<" ; "<<exception.what();
   noerror = false;
                }

   //if (0 == max)
                //{
   std::this_thread::sleep_for(std::chrono::millisecon
ds(1000));
   g_MethodClientCtx.LogInfo() <<"[Method Client]
ShowMethods thread sleep 1000 ";
                //}
                ++count;
            }
            while (1)
            {
   g_MethodClientCtx.LogInfo() <<"[Method Client]
gSignalStatus_Client STATE is : "<<gSignalStatus_Client;
            }
        }
   //--------------------------------Method client
 end----------------------------------------------

   int main(intargc, char* argv[])
   {
      // Report transition from initializing-->running to
Execution Management
       // Note: This is done before we start finding
services as that process
      // may take an indeterminate amount of time.
   ExecutionClientexeClient;
   signal(SIGTERM, SigHandler);
```

```cpp
    TestCtx1.LogInfo() <<"main COM Server START"<<argv[0];

    exeClient.ReportExecutionState(ExecutionState::
kRunning);// Inform Execution Management that application
is now running

    InitLogging("UdpR", "AraCM_Client App", LogLevel::
kVerbose, (LogMode::kRemote | LogMode::kConsole), "");
    TestCtx1.LogInfo() <<"[AraCM_Client] Running";

       // Initialize runtime and connect to RouDi
    ara::Runtime&l_runtime = ara::Runtime::GetInstance
(MQ_APP_NAME);
    //findMethodService();
       //findFieldService();

       // Client Do some work...
    std::thread Event_Client(EventAct);
    std::thread Method_Client(ShowMethods, argc, argv);
       //std::thread Field_Client(FieldAct);

    Event_Client.join();
    Method_Client.join();
       //Field_Client.join();

    exeClient.ReportExecutionState(ExecutionState::
kTerminating); //inform Execution Management that we're
about to terminate
    TestCtx1.LogInfo() <<"[AraCM_Client] Terminating";
    return 0;
    }
```

在 main 源文件中，EventAct 方法主要是用于执行 actAraCM_Client 对象的 act_Event 方法的，以实现 Event 数据的接收和处理。findMethodService 方法主要

用于在 CWDC 提供服务后，订阅 CWDC 提供的 Method 服务。ShowMethods 主要用于当处理完 Event 接收到的数据后，经过判断若需要调整车辆加速踏板开度等量的时候，调用 Method 给 CWDC 进而来控制车辆加速踏板开度等量以达到控制车速的目的。在 main 函数中，需要定义 Event 和 Method 两个线程，并使用 .join( ) 使两个线程独立运行。

7.3.4 线控底盘与毫米波雷达功能实现

在目录 CWDC 下将有两个子目录，分别为 inc 和 src：在 inc 中存放头文件，src 中存放源代码文件。请在 inc 中创建名为 Cwdc.hpp 的头文件，在 src 中创建名为 Cwdc.cpp 和 main.cpp 的源文件。首先写编写头文件，在 Cwdc.hpp 中编写如下代码：

```cpp
#ifndef __TEXT_ACTIVITY_HPP__
#define __TEXT_ACTIVITY_HPP__

#include <future>
#include <string>
#include "etas/com/acc_demo_skeleton.h"
#include <ara/log/logging.h>
#include <math.h>
#include <cstdlib>

// Define service instance identifier
const ara::core::StringView SERVICE_INSTANCE_ID = "19";
static volatile bool verbose_Server{true};
static volatile std::atomic<bool>gSignalStatus_Server{false};
//int g_udpSendDataKillSwitch = 0;


namespace sampleapp
{
classAraCM_EventImp : public etas::com::skeleton::ACC_DemoSkeleton
    {
```

```cpp
public:
    floati = 0;
    AraCM_EventImp(constara::com::InstanceIdentifier&f_instance) : etas::com::skeleton::ACC_DemoSkeleton(f_instance)
        {
    // nothing
        }

        virtual ~AraCM_EventImp()
        {
    m_finished = true;
    m_worker.join();
        }

        void Method_Set_BreakAcc(const uint8_t input0, const float input1){};
    private:
    std::atomic<bool>m_finished{false};
    std::thread m_worker;
      };

    classAraCM_ActivityServer
        {
    public:
    AraCM_ActivityServer();
        virtual ~AraCM_ActivityServer();
        void init();
        void act_Event();
        protected:
    etas::com::skeleton::ACC_DemoSkeleton* m_skeleton;// brief A pointer to the skeleton object.
      };
    float Random_v_set();
    intAcc_Start_Timer();
```

```cpp
    class methodService : public etas::com::skeleton::ACC_DemoSkeleton
    {
    public:
        methodService(const ara::com::InstanceIdentifier&f_instance);
        ~methodService();
        void Method_Set_BreakAcc(const uint8_t input0, const float input1);
    };
} // namespace sampleapp
#endif
```

在 Cwdc.hpp 中定义了 AraCM_EventImp 类,并声明了它的构造函数和析构函数,这个类主要用于存放整个工程项目的服务,当 ADCU 需要服务的时候,将从 AraCM_EventImp 中寻找并订阅需要的服务。

AraCM_ActivityServer 类主要定义了 CWDC 中的 Event 应当如何发送,发送什么样的内容,这部分功能主要由 act_Event 方法实现。

methodService 类主要用于实现 Method 方法,即 ADCU 端调用的 Method 可以实现怎样的方法,需要在 methodService — Method_Set_BreakAcc 方法中去实现。

在头文件中还声明了两种方法,分别是 Random_v_set 和 Acc_Start_Timer。Random_v_set 主要用于生成一个随机的速度,并传递给 act_Event 方法以发送给 ADCU 端,当 ADCU 接收到 v_set 发生变化时,将重新生成一个 controller 对象以实现控制。Acc_Start_Timer 需要模拟 acc 的开关量,模拟当 CWDC 检测到 ACC 的开关量发生变化时,将开关量传递给 act_Event 方法以发送给 ADCU 端,以实现 ADCU 的开关。

在 Cwdc.cpp 中,需要输入以下代码:

```cpp
#include"apps/CWDC/inc/Cwdc.hpp"
#include"ara/com/types.h"
#include"etas/com/acc_demo_proxy.h"
#include<ara/log/logging.h>
#include<cstdlib>
#include<cstring>
#include<ctime>
```

```cpp
#include<stdint.h>
#include<thread>
#include<signal.h>
#include<future>

using namespace ara::log;

Logger&TestCtx0 = CreateLogger("TST0", "test context 0");
Logger&g_udpSendCtx = CreateLogger("UdpS","UdpSendData");
Logger&g_eventServerCtx = CreateLogger("EvtS","UdpSendEventData");
Logger&g_methodServerCtx = CreateLogger("MetS","UdpSendMethodData");
namespace sampleapp
{
int timer = 0;
/** \name  AraCM_ActivityServer::AraCM_ActivityServer
    *
    * \brief Constructor
    */
AraCM_ActivityServer::AraCM_ActivityServer()
    {
ara::com::InstanceIdentifier instance(SERVICE_INSTANCE_ID);
m_skeleton = new AraCM_EventImp(instance);
    }
AraCM_ActivityServer::~AraCM_ActivityServer()
    {
if(m_skeleton != nullptr)
{
delete m_skeleton;
m_skeleton = nullptr;
}
    }
```

```cpp
    void AraCM_ActivityServer::init()
    {
    g_eventServerCtx.LogInfo() <<"[Service Skeleton] Enter AraCM_ActivityServer::init";
    m_skeleton->OfferService();
    }
    unsigned int i = 0;
    unsigned int j = 33;
    void AraCM_ActivityServer::act_Event()
    {
    if(m_skeleton != nullptr)
    {
    auto l_sample = m_skeleton->araCM_Event.Allocate();
    g_eventServerCtx.LogInfo() <<"[AraCM_Activity Serveract_Event_array begin]";
    g_eventServerCtx.LogInfo() <<"m_skeleton address is: "<<m_skeleton;
    g_eventServerCtx.LogInfo() <<"l_sample address is: "<<&l_sample;
    l_sample ->Acc_Switch = Acc_Start_Timer();
    l_sample ->v_set = Random_v_set();
    l_sample ->Longitudinal_Velocity = 20.0;
    l_sample ->Relative_Distance = 3 * sin(timer) + 5.0;
    l_sample ->Relative_Velocity = 2;

    g_eventServerCtx.LogInfo() <<"[Service Event act_Event_array] String entered is: "
    <<l_sample ->Acc_Switch
    <<l_sample ->v_set
    <<l_sample ->Longitudinal_Velocity
    <<l_sample ->Relative_Distance
    <<l_sample ->Relative_Velocity;
    //<<l_sample ->Acc_Switch = Acc_Start_Timer()
      //<<l_sample ->v_set = Random_v_set()
    if(!l_sample)
```

```
    {
    g_eventServerCtx.LogInfo() <<"[Service Event act_
Event_array] Failed to allocate sample";
    }else
    {
    m_skeleton->araCM_Event.Send(std::move(l_sample));
    }
  }
    }
  //------------------------------Event end------------
------------------------------------------------------
    //-----------------------------Method start-------------------------------------------------------

    methodService::methodService(const
ara::com::InstanceIdentifier&f_instance):
etas::com::skeleton::ACC_DemoSkeleton(f_instance)
    {
    g_methodServerCtx.LogInfo() <<"[Service Method]
methodService construct is called ";
    }
    methodService::~methodService()
    {
    g_methodServerCtx.LogInfo() <<"[Service Method] ~
methodService destroyed is called ";
    }

    intMethod_executeTask(const float input0)
    {
    g_methodServerCtx.LogInfo() <<"Method with result,
Method_sum_executeTask is calling";

    return 1;
    }
```

```cpp
    int result;
    void methodService::Method_Set_BreakAcc(const uint8_t input0, const float input1)
        {
        g_methodServerCtx.LogInfo() <<"[Service Method]-------------------------------------- Received Input from Client for Method 1.state: "<< input0 <<" and 2.acc value:"<< abs(input1);
            result = Method_executeTask(input1);

    if (input0 == 1)
            {
        g_methodServerCtx.LogInfo() <<"[Service Method] Method_Set_BreakAcc ->promise.set_value end";
        g_methodServerCtx.LogInfo() <<"++++++++++++++++++++State is:"<<input0<<" ,Increase Throttle Position++++++++++++++++++++++";
        g_methodServerCtx.LogInfo() <<"[Service Method] Send Output: get_future, Increase:"<< input1;
            }
    else if (input0 == 2)
            {
        g_methodServerCtx.LogInfo() <<"[Service Method] Method_Set_BreakAcc ->promise.set_value end";
        g_methodServerCtx.LogInfo() <<"----------------------State is:"<<input0<<" ,Apply The Brake-------------------------";
        g_methodServerCtx.LogInfo() <<"[Service Method] Send Output: get_future, Break:"<< input1;
            }

        }
    intAcc_Start_Timer(){
    if (timer >= 20){
        timer = 0;
```

```
        }
for (; timer < 20;)
    {
if (timer <2){
    timer++;
return 0;
    }
else{
    timer++;
return 1;
    }
    }


    }

float Random_v_set(){
srand((unsigned)time(NULL));
intrandom_num = rand() % 100 + 1;
if (random_num> 20)
    {
return 20;
    }
else{
return 15;
    }
    }
}
```

在 Cwdc.cpp 文件中主要实现了 hpp 中定义的类、函数方法。
在 main.cpp 文件中，需要输入以下代码：

```
#include"apps/CWDC/inc/Cwdc.hpp"
#include"etas/com/acc_demo_skeleton.h"
#include "stdio.h"
#include<ara/log/logging.h>
#include<chrono>
```

```cpp
#include<execution_client.h>
#include<stdint.h>
#include<string.h>
#include<thread>
#include<signal.h>
#include<cstdlib>

using namespace ara::exec;
using namespace ara::log;

Logger&TestCtx1 = CreateLogger("CM_S", "communication context Service");

const std::string MQ_APP_NAME = "/UDP_Service"; /* unique identifier */
sampleapp::methodService* p_method_skeleton = nullptr;
void signal_handler(int signal)
{
gSignalStatus_Server = (signal == SIGTERM);
}
void Event_Act()
{
// Create instance of AraCM_Event Server
sampleapp::AraCM_ActivityServeractAraCM_Event;
  // Start service offer
actAraCM_Event.init();
    while (!gSignalStatus_Server)
    {
 // Start Text receiver
actAraCM_Event.act_Event();
// sleep
TestCtx1.LogInfo() <<"[Event_Act Provide Service] sleep_for 1000";
    std::this_thread::sleep_for(std::chrono::millisecon
```

第 7 章 Adaptive AUTOSAR 应用软件开发

```cpp
ds(2000));
    }
}

void MethodProvideService()
{
    // Runtime initialization and connection to the message queue
    ara::Runtime&l_runtime = ara::Runtime::GetInstance(MQ_APP_NAME);
    // provide a service with a skeleton
    ara::com::InstanceIdentifierl_instance(SERVICE_INSTANCE_ID);
    p_method_skeleton = new sampleapp::methodService(l_instance);
    TestCtx1.LogInfo() <<"[Method Provide Service] OfferService";

    if(p_method_skeleton != nullptr)
    {
    p_method_skeleton->OfferService();
        while (!gSignalStatus_Server)
        {
    TestCtx1.LogInfo() <<"Method Server Address is : "<<p_method_skeleton;
    TestCtx1.LogInfo() <<"[Method Provide Service] thread sleep 1000";
        std::this_thread::sleep_for(std::chrono::milliseconds(1000));
        }
    TestCtx1.LogInfo() <<"[Method Provide Service] StopOfferService";
    // Terminate service offering
    p_method_skeleton->StopOfferService();
    }else{
```

```cpp
        TestCtx1.LogError() <<"p_method_skeleton is nullptr failed";
        }
    }

    int main(int argc, char* argv[])
    {
        ExecutionClient app_client;
        signal(SIGTERM, signal_handler);
        // Check parameters  - a "q" means don't produce output
        InitLogging("UdpS", "UDP Server", LogLevel::kVerbose, (LogMode::kRemote | LogMode::kConsole), "");
        if (2 == argc&& 0 == strcmp("q", argv[1]))
        {
            verbose_Server = false;
            TestCtx1.LogInfo() <<"Test mode\n";
        }
        app_client.ReportExecutionState(ExecutionState::kRunning);
        TestCtx1.LogInfo() <<"[AraCM_Server] Running----------------------------------";
        ara::Runtime::GetInstance(MQ_APP_NAME);
        std::thread Event_Server(Event_Act);
        std::thread Method_Server(MethodProvideService);

        Event_Server.join();
        Method_Server.join();

        app_client.ReportExecutionState(ExecutionState::kTerminating);
        TestCtx1.LogInfo() <<"[AraCM_Server] Terminating-------------------------------";
        return 0;
    }
```

和 ADCU 的 main 源文件一样，CWDC 的 main 源文件也需要定义 Event_Act 方法以此来发送 Event 数据，还需要实现 MethodProvideService 方法以提供 Method 信息。在 main 函数里，新建 Event 和 Method 两个线程，并使用 .join( ) 使两个线程独立运行。

7.3.5 CMakeList 的编写

RTE-VRTE 使用 CMake 来控制构建，因此必须在项目文件夹中定义一个合适的 CMakelist.txt。也可以从一个示例项目中复制一个类似的实例，并进行适当的修改。

CMakelist.txt 文件需要包含以下内容：

```
cmake_minimum_required(VERSION 3.13)
project(ACC_Demo CXX)

find_package(ara-core REQUIRED)
find_package(dev-aap-ara-log REQUIRED)
find_package(com-aap-communication-manager REQUIRED)
find_package(exm-aap-execution-manager REQUIRED)
find_package(str-aap-ara-per REQUIRED)

set(SERVER_APP_NAME CWDC)
set(CLIENT_APP_NAME ADCU)

message("-- Proxy/skeleton Generation...")
if(EXISTS ${CMAKE_CURRENT_SOURCE_DIR}/arxml/serviceinterface.arxml)
    execute_process(COMMAND ${VRTE_FS} -b ${CMAKE_CURRENT_SOURCE_DIR} -v -fp **.arxmlcomapi -o ${CMAKE_CURRENT_SOURCE_DIR}/gen)
    else()
    message(FATAL_ERROR "ServiceInterface.arxml Not found, check AP_2_Demo configuration")
    endif()

message("-- SOMEIP config Generation...")
```

```
    if(EXISTS ${CMAKE_CURRENT_SOURCE_DIR}/project_ServiceInstanceManifest.arxml)
    execute_process(COMMAND ${VRTE_FS} -b ${CMAKE_CURRENT_SOURCE_DIR} -v -fp **.arxmlsomeip -o ${CMAKE_CURRENT_SOURCE_DIR}/JSON)
    else()
    message(FATAL_ERROR "project_ServiceInstanceManifest.arxml Not found, check AP_2_Demo configuration")
    endif()

    message("-- ECUCfg Generation...")
    if(EXISTS ${CMAKE_CURRENT_SOURCE_DIR}/MachineState.arxml)
    execute_process(COMMAND ${VRTE_FS} -b ${CMAKE_CURRENT_SOURCE_DIR} -v -fp **.arxmlecucfg -o ${CMAKE_CURRENT_SOURCE_DIR}/gen)
    else()
    message(FATAL_ERROR "MachineState.arxml Not found, check AP_2_Demo configuration")
    endif()

    add_executable(${SERVER_APP_NAME} ${CMAKE_CURRENT_SOURCE_DIR}/apps/CWDC/src/main.cpp ${CMAKE_CURRENT_SOURCE_DIR}/apps/CWDC/src/Cwdc.cpp ${CMAKE_CURRENT_SOURCE_DIR}/gen/etas/com/acc_demo_skeleton.cpp)
    add_executable(${CLIENT_APP_NAME} ${CMAKE_CURRENT_SOURCE_DIR}/apps/ADCU/src/main.cpp ${CMAKE_CURRENT_SOURCE_DIR}/apps/ADCU/src/Adcu.cpp ${CMAKE_CURRENT_SOURCE_DIR}/gen/etas/com/acc_demo_proxy.cpp ${CMAKE_CURRENT_SOURCE_DIR}/apps/ACC/src/Acc.cpp)
    target_include_directories(${SERVER_APP_NAME} PRIVATE ${ARA_CORE_INCLUDE_DIRS} ${DEV_AAP_ARA_LOG_INCLUDE_DIRS} ${com-aap-communication-manager_INCLUDE_DIRS}
```

```
${EXM_AAP_EXECUTION_MANAGER_INCLUDE_DIRS}
${CMAKE_CURRENT_SOURCE_DIR}/gen
${CMAKE_CURRENT_SOURCE_DIR})
    target_include_directories(${CLIENT_APP_NAME} PRIVATE
${ARA_CORE_INCLUDE_DIRS} ${DEV_AAP_ARA_LOG_INCLUDE_DIRS}
${com-aap-communication-manager_INCLUDE_DIRS}
${EXM_AAP_EXECUTION_MANAGER_INCLUDE_DIRS}
${CMAKE_CURRENT_SOURCE_DIR}/gen ${CMAKE_SOURCE_DIR}/../
test
${CMAKE_CURRENT_SOURCE_DIR})

    set(VRTE_LINK_LIBS ${EXM_AAP_EXECUTION_MANAGER_
LIBRARIES}
${com-aap-communication-manager_LIBRARIES}
${DEV_AAP_ARA_LOG_LIBRARIES} $<$<PLATFORM_ID:Linux>:rt>
$<$<PLATFORM_ID:Linux>:pthread>)

    target_link_libraries(${SERVER_APP_NAME} ${VRTE_LINK_
LIBS})
    target_link_libraries(${CLIENT_APP_NAME} ${VRTE_LINK_
LIBS})

    # Install ecucfg file, the "/usr/local/etas/vrte/bin/
rvdeploy" script will copy the following files in /opt/
vrte/etc/config/ar-19-11/ folder)
    # Both files are deployed in the target machine but
just one will be used (it depends on the rvbuild -s or -l
option).
    # Machine A (rvbuild -s option)
    install(FILES gen/Machine_A/EXM_nodeData.ecucfg
DESTINATION bin RENAME EXM_nodeData_A.ecucfg)
    # Machine b (rvbuild -l option)
    install(FILES gen/Machine_B/EXM_nodeData.ecucfg
DESTINATION bin RENAME EXM_nodeData_B.ecucfg)

    # single config file for COM
```

```
    install(FILES gen/COM_nodeData.ecucfg DESTINATION bin)

    # Install the STR_nodeData configuration
    (/home/developer/bin/rvdeploy.sh script will copy the
following files in /opt/vrte/ecucfg-aap-ecu-configuration/
config/default/ target folder)
    install(FILES gen/STR_nodeData.ecucfg DESTINATION bin)

    #AraLOG_Remote
    #install(FILES gen/EXM_nodeData.ecucfg DESTINATION bin
RENAME EXM_nodeData_A.ecucfg)

    #-------------------------------COM -------
    install(TARGETS ${SERVER_APP_NAME}  DESTINATION bin
COMPONENT
${SERVER_APP_NAME}
    PERMISSIONS OWNER_READ OWNER_WRITE OWNER_EXECUTE)

    install(TARGETS ${CLIENT_APP_NAME} DESTINATION bin
COMPONENT
${CLIENT_APP_NAME}
    PERMISSIONS OWNER_READ OWNER_WRITE OWNER_EXECUTE)

    # In order to avoid ExM error messages all examples
(except for the StateManager example) will now have an
executable with StateManager role.
    # It is an empty and non-functional StateManager (see
dummysm.cpp)
    # See release notes (known issue "StateManager
required") for more information.
    add_executable(dummysm ${CMAKE_CURRENT_SOURCE_DIR}/
dummysm.cpp)
    target_include_directories(dummysm PRIVATE ${ARA_CORE_
INCLUDE_DIRS}
${EXM_AAP_EXECUTION_MANAGER_INCLUDE_DIRS})
```

```
    target_link_libraries(dummysm ${EXM_AAP_EXECUTION_
MANAGER_LIBRARIES})
    install(TARGETS dummysm DESTINATION bin COMPONENT
dummysm
        PERMISSIONS OWNER_READ OWNER_WRITE OWNER_EXECUTE))
```

7.4 功能验证

打开虚拟机桌面上的 DLTViewer，单击菜单栏 Config – NewECU，给新 ECU 命名为 ECU1，将 IP 地址改为 192.168.56.20。单击 [OK] 新建 ECU，右键单击新建的 ECU1，单击 ECUconnect 进行连接。

从项目文件夹 /home/developer/vrte/project 的终端输入以下命令：

```
rvbuild -sdACC_Demo 20
```

等待编译构建项目完成，下一步使用命令：

```
rvbuild -sdACC_Demo 20
rvbuild -ldACC_Demo 21
```

待两边构建完成后均会弹出两个虚拟机。再在终端中输入：

```
rvwin 20
rvwin 21
```

弹出两个新的虚拟机窗口，在 20 窗口中输入：

```
cd /opt/vrte/usr/bin/
./CWDC
```

在 21 窗口中输入：

```
cd /opt/vrte/usr/bin/
./ADCU
```

可以在 DLTViewer 中观察到虚拟机 20 生成的日志，日志如图 7-48 所示。

说明 CWDC 端有正常的发送 Event 数据和被调用 Method 方法，若在 DLTViewer 中新建 ECU，将 IP 地址给到 192.168.56.21，则可以看到 ADCU 端产生的日志，其日志如图 7-49 所示。

若结果与图 7-49 一致，则证明项目编译正确。

Adaptive AUTOSAR 平台与车用高性能控制器开发

图 7-48 虚拟机 20 的日志

图 7-49 虚拟机 21 日志

Chapter 08

第 8 章
智能驾驶域控制器的
工程集成与调试

8.1 参数标定——使用 XCP

POSIX 上的 XCP 支持使用 XCP 协议来对自适应应用的测量和校准,该协议使用测量和校准工具(如 INCA)结合 RTA-VRTE SK。

8.1.1 目标网络

RTA-VRTE SK 主机虚拟机配置 "Host-Only Ethernet Adapter"。从主机虚拟机中可以看到每个目标电子控制单元,并且每个虚拟目标电子控制单元可以直接装载由主机虚拟机提供服务的 NFS 共享,如图 8-1 所示。

如果设置正确,192.168.56.xx 网络可以通过 "VirtualBox 主机虚拟机适配器" 从主机上看到,但不能从计算机外部看到,

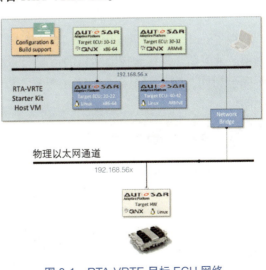

图 8-1 RTA-VRTE 目标 ECU 网络

除非用户配置了"bridge"适配器。主机上的网桥可以设置为将主机虚拟机内的内部目标网络与主机外部可访问的以太网"连接",例如目标硬件或测量和校准工具。

RTA-VRTE SK(rta_vrte_eap_v2xxx-xx-xx.vbox)提供的 VirtualBox 文件配置为使用"VirtualBox 纯主机以太网适配器"在 VirtualBox 之间以及"主机虚拟机"和硬件之间联网,如图 8-2 所示。

选择 RTA-VRTE SK 虚拟机时,通过单击 Oracle VM VirtualBox Manager 程序中的"set"来检查系统配置,如图 8-3 所示。

图 8-2　配置虚拟机网络

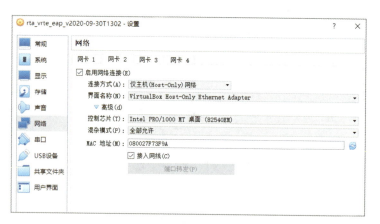

图 8-3　检查系统配置

在"Settings"对话框中选择"Network"选项卡,选择适配器 2 并打开高级选项。适配器 2 连接到仅限主机的适配器非常重要,但是如果名称与图 8-3 中的不完全相同,请不要担心,只需记下它,因为在下一节中需要该名称来识别适配器。

8.1.2　桥接适配器

创建可从主机虚拟机和目标硬件访问的网络,有必要"桥接"网络适配器——这就像在主机虚拟机提供的仿真目标网络和用户将连接到硬件的实际网络适配器之间连接软件电缆一样。

要创建网桥,首先在窗口控制中打开网络连接并选择两个适配器,如图 8-4 所示。

图 8-4 创建网桥

现在，仍然选择两个适配器，右键单击并选择桥接（或从高级菜单中选择），如图 8-5 所示。

过一会儿会出现一个新的以太网设备，如图 8-6 所示。

图 8-5 选择桥接

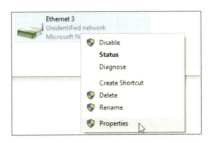

图 8-6 设置网络

右键单击新设备，然后选择属性进行配置，在新以太网设备的"属性"对话框中：

1）将 Clientfor Microsoft Network 方框中对勾选掉。

2）将 FileandPrinterSharing 方框中对勾选掉。

3）选择选择互联网协议版本 4（IPV4）。

单击 [属性] 按钮完成配置，将 IP 地址配置为 192.168.56.1，将子网掩码配置为 255.255.0.0。单击 [确定]，然后单击 [关闭] 保存更改并退出"属性"对话框。

8.1.3　XCP on POSIX

扩展校准协议（缩写为 XCP）是一种网络协议，它连接汽车 ECU 和系统（如 INCA），用于测量（读取应用数据）和校准（更新应用变量和 / 或常数）。

通过 ClassicPlatformAUTOSAR 构建 ECU 有一个单一的、非虚拟的地址空间，整个软件映像是在闪存到 ECU 之前构建的。因此，每个应用程序变量和常量在内存中都有一个固定的已知地址。ClassicAUTOSAR 的测量和校准工作流程创建了 A2L 文件，该文件定义了变量和常量的固定存储位置的内容，还描述了测量和校准工具应该如何解释和显示内存，如图 8-7 所示。

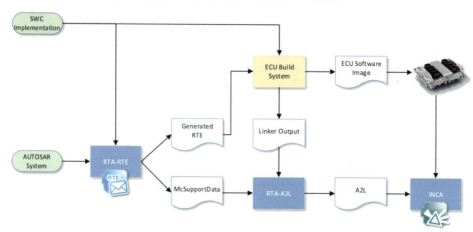

图 8-7　ClassicAUTOSAR 测量和校准工作流程

ClassicAUTOSAR 测量和校准工作流程适用于具有固定地址范围的系统。然而，自适应平台 AUTOSARAP 要求每个应用程序都有自己的虚拟地址空间，因此一个变量没有系统范围的唯一地址。相反，XCP 演示器使用数据注册表来包含"已注册"的数据，这些数据可以使用由数据注册表分配的"虚拟地址"传递给测量和校准，这些地址也包含在导入到 INCA 的 A2L 文件中。使用这种机制，INCA 可以确定正在接收什么数据以及应该如何显示这些数据。

1. 数据登记

POSIX 数据源上的 XCP 在 XCP 示例应用程序中实现为类 MC::RegistryEntry 的实例。每个数据源由一个元组表示：

1）标识符——用于读取/写入数据源的整数标识符。

2）内存块大小——使用标识符访问的非常规类型内存块的大小（以字节为单位）。

在 XCP 示例应用程序初始化期间，数据注册表被初始化为测量和校准虚拟内存：

```
constMC::RegistryEntryg_registry[] =
{
    {MC::CLOCK_ACTIVITY_TIMESTAMP, sizeof(time_t)},
    // ...
    {0, 0}, // termination marker
};
MC::VirtualMemory memory(g_registry);
```

2. 应用启动

正常的应用行为使用存储在寄存器中的数据，就好像它们是标准（可测量的）应用变量和（可校准的）特性。唯一的区别是使用数据注册表的虚拟标识符来访问这些值。

```
// Get the current time (in seconds) ...
time_t now = time(0);

// ... and update its measurement
m_memory->update(MC::CLOCK_ACTIVITY_TIMESTAMP, now);
```

可使用只读提取方法访问可校准特性。

```
int8_t offsetHours;
m_memory->fetch(MC::CLOCK_ACTIVITY_OFFSET_HOURS, offsetHours);
```

3. XCP 应用

在正常的应用程序行为之外，在 XCP-Example 应用程序中，XCP 活动发生在一个单独的线程上。初始化后，此线程会定期执行以下操作：

1）使用库函数 XcpOnPosix_EventChannel 对 XCP 数据进行采样。

2）执行 POSIX 上的 XCP 主功能，使用 XCP 协议传输更新和接收新数据。

XCP 通信直接使用 TCP/IP，而不是通过通信管理模块 CM 提供的 AUTOSARAP 面向服务的通信。

8.1.4　XCP Example

XCP 是一种用于连接汽车 ECU 元和校准系统（如 INCA）的网络协议。XCP 协议提供对应用程序变量和内存内容的运行时读写访问，用于编程闪存等。

XCP 网络协议可以使用多种传输机制来实现，例如 CAN、以太网等。RTA-VRTE 包括一个为自适应应用程序提供 XCP 服务的 POSIX 上的 XCP 库，以及一个在 XCP_ClockServer 应用程序中提供 XCP 从实例的演示器。

1. XCPDemo

RTA-VRTE 包括一个 XCP 演示项目，XCP 示例展示了如何在自适应应用程序中使用 XCP。

（1）Architecture

XCP_Example demo 以"timestamps"的形式生成可测量的数据，并使用

TCP 上的 XCP 协议将其发送到外部测量和校准工具，如 INCA，如图 8-8 所示。

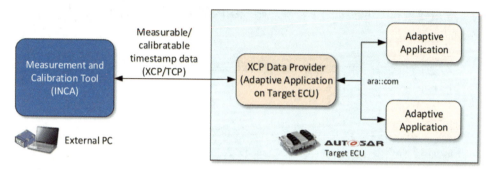

图 8-8 INCA

XCPDemo 由一个自适应应用程序 XCP 时钟服务器组成，由执行管理启动。该应用程序生成时间戳，并通过服务接口时钟实例提供给其他自适应应用程序，还通过 TCP 向外部测量和校准工具提供 XCP。XCP 协议使外部工具能够读取（测量）和写入（校准）XCP_ClockServer 提供的时间戳数据。

（2）构建和部署

RTA-VRTE rvbuild 脚本自动将演示程序的自适应应用程序部署到 T 目标 ECU，例如复制文件、创建符号链接等。关于 rvbuild 脚本的完整细节，请参考 RTA-VRTE 用户指南，但现在，从项目文件夹 /home/developer/vrte/project 的终端输入命令：

```
rvbuild -sqc -d XCP-Example 10
```

这将构建项目并将其部署到目标 ECU 虚拟机 10（QNX/x86，用作默认机器）。目标 ECU 应启动，XCP 通信应初始化，如图 8-9 所示。

此外，用户可以启动"clockReader"客户端，使用 ara::com 事件并使用 SOME/IP 协议读取 XCP_ClockServer 产生的时间戳数据。在这种情况下，时钟客户端在时钟服务器注册，使用 ara::com 事件接收更新的时间戳（XCP 线程在启动时创建，完全独立于基于事件的 ara::com 服务）。用户可以同时使用两种通信协议。该客户端可以部署在同一个 ECU 上，也可以部署在不同的 ECU 上。

（3）INCA 设置

在本例中，INCA 用作测量和校准应用，如图 8-10 所示。

打开 INCA 并导入以下项目（复制文件 INCA\VRTE_EAP_XCP，从 Windows 主机操作系统下的 XCP-Example 文件夹中导出），并在 INCA（<Ctrl> + <M>）上导入，如图 8-11 所示。

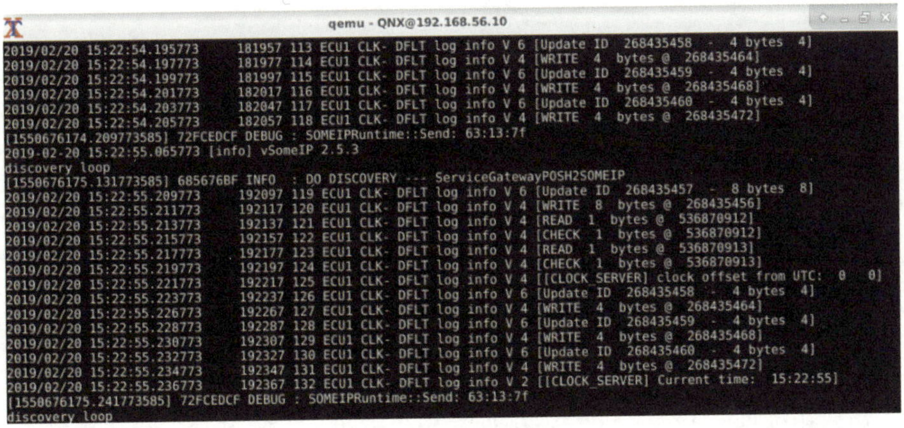

第 8 章　智能驾驶域控制器的工程集成与调试

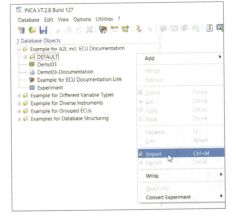

图 8-9　虚拟 ECU 界面

图 8-10　INCA 测量和校准 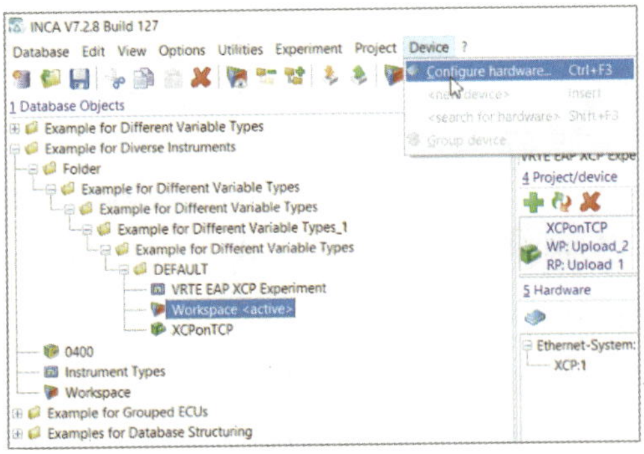　　　图 8-11　XCP-Example 导入

打开从 Database 导入的示例对象视图，选择 "workspace" 和配置 INCA 硬件（＜Ctrl＞+＜F3＞），如图 8-12 所示。

图 8-12　INCA Database

设置 XCP_ClockServer 运行的 IP 地址（默认为 192.168.56.10，用于本文档中使用的 QNX QEMU 虚拟机编号 10），如图 8-13 所示。

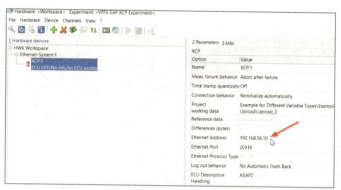

图 8-13　配置 IP 地址

初始化硬件（<F3>），等待硬件初始化完成（ECU 开启，绿色状态），如图 8-14 所示。

图 8-14　ECU 初始化

现在，将显示 INCA 窗口。为了从 INCA 内部执行校准，必须执行"upload"从存储器的初始尝试，这触发了必要的状态转换，以启用 XCP 校准访问。从操作菜单（增强选项卡）中选择上传，然后单击 [DO IT] 按钮，如图 8-15 所示。

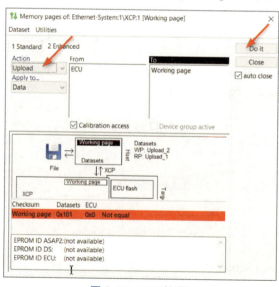

图 8-15　XCP 校准

在确认弹出窗口中选择 [YES] 创建新的工作数据集，如图 8-16 所示。

使用建议的名称保存新的工作数据集，并等待数据集上传。

2. 测量和校准

现在，可以启动测量和校准来读取和校准 XCP_clockserver 提供的数据。首先，转到 INCA 主页，开始实验，如图 8-17 所示。

图 8-16　创建新的工作数据集

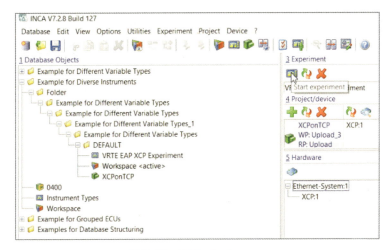

图 8-17　XCP_clockserver

此时将显示"实验"窗口，用户现在可以开始可视化（< F11 >）来读取数据提供者（XCP_clockserver）在 XCP 生成的数据，如图 8-18 所示。

可以在"Measure Windows"上读取时钟事件数据，如图 8-19 所示。

图 8-18　XCP_clockserver 生成数据

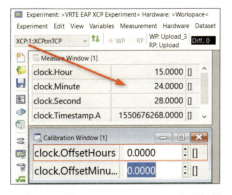

图 8-19　读取 XCP_clockserver 生成数据

Adaptive AUTOSAR 平台与车用高性能控制器开发

为了验证校准,用户可以根据 INCA 上的校准窗口检查 XCP 服务器实时改变的偏移值,如图 8-20 所示。

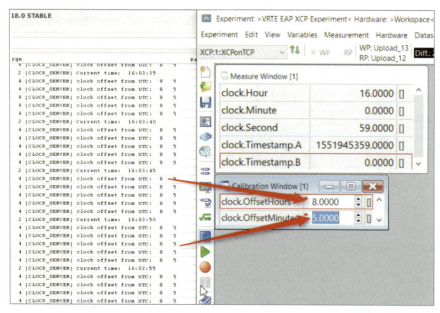

图 8-20 已知问题

3. 虚拟目标 ECU 上丢失的消息

处理虚拟目标时,某些 XCP 消息可能会丢失,INCA 日志中显示的超时错误(图 8-21)是由虚拟化导致的延迟引起的。此问题不会出现在 NXPS32V234 等硬件目标上,如图 8-21 所示。

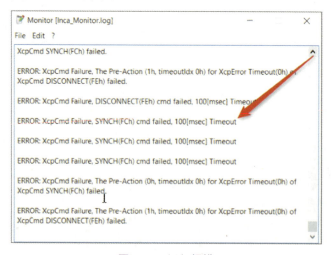

图 8-21 运行报错

8.2 诊断——使用 VRTE 诊断管理

8.2.1 什么是诊断管理

诊断管理（Diagnostic Management，DM）是 Adaptive Platform Foundation 中的一个功能集群。

作为一个功能性集群，Diagnostic Management 包括一个与 Adaptive Applications 链接的动态库和一个实现 Diagnostic Management 的活动方面的守护进程。Diagnostic 库，作为 RTA-VRTE 的一部分提供，提供 C++ API 来支持 Adaptive Application 运行时访问 Diagnostic Management。

1. 职责

一般来说，Diagnostics 的存在是为了支持对汽车 E/E 系统的监控，因此它提供了一系列检测、警告和故障恢复的设施。为了支持诊断，AUTOSAR Diagnostic Management 提供了一系列功能，包括：

1）当前系统状态的指示，可用于维修过程中和车辆使用时，如"警告指示灯"。

2）系统监控自适应应用程序识别不良的情况，当检测到故障时，由 Diagnostic Management 存储故障发生时的记录，以及有关车辆状态的足够数据，以便能够发现故障。

3）诊断事件恢复——跟踪跨操作周期的报告故障，允许从故障条件中恢复（如果可能的话！），将车辆恢复到已知状态。

4）支持统一诊断服务（UDS）协议，用于诊断客户端和服务器之间的通信。

2. 统一诊断服务

AUTOSAR 诊断管理的基础是接收和处理来自网络层的 ISO 14229-1:2013[5] 统一诊断服务（UDS）请求。在接收 UDS 请求时，Diagnostics 提取传输层独立的 UDS 信息，然后尝试通过将请求关联到现有的 UDS 会话来处理请求，并检查诊断请求是否在当前会话和安全设置中允许，是否具有正确的参数（长度、服务标识符（SID）、子函数、条件等）。如果检查失败，则拒绝请求，但如果检查通过，则 Diagnostics 负责在内部生成响应或将请求传递给外部应用程序进行处理，如图 8-22 所示。

统一诊断服务（UDS）并非针对 AUTOSAR，而是作为一种诊断通信协议，设计用于汽车电子产品的 ECU 环境中，该协议已在 ISO 14229-1:2013 标准中标准化。UDS 通信由 UDS 客户端的请求和 Diagnostics 的响应组成，例如，客户端启动 UDS 服务，向 ECU 发出请求，处理后的 ECU 发回正或负响应（如果响应被抑制，则没有响应）。

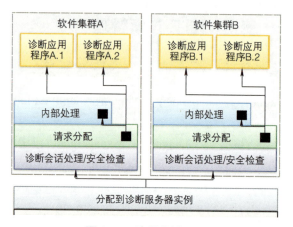

图 8-22 诊断会话处理

UDS 定义了许多服务，这些服务可用于访问 ECU 内的信息，控制 ECU 内的诊断功能，以及建立和控制诊断会话。UDS 服务 DiagnosticSessionControl（0x10）用于在默认会话和特定会话（如编程）之间转换，如图 8-23 所示。

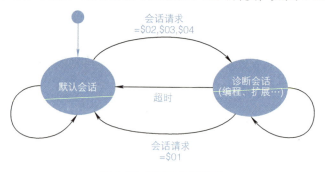

图 8-23 UDS 会话管理

3. 诊断接口

在 AUTOSAR AP19-03 之前，Diagnostics 使用基于 ara::com 的面向服务的通信，通过这种通信，Adaptive Application 直接与 Diagnostic Manager Service Interface 通信。ara::com 方法要求每个例程都有一个服务接口 ID，每个服务接口需要生成一个代理/骨架对。从工具的角度来看，这个过程被认为过于繁琐，缺乏灵活性，因此从 AP19-03 开始，Diagnostic Management function Cluster 从 Adaptive Services 的一部分变成了 Adaptive Foundation 的一部分，配置风格也从使用 Service Interfaces 的面向服务的通信变成了使用 C++ api 和 AUTOSAR 端口原型的方法，这些原型按 ara::diag Diagnostic Interfaces 分类。

一般来说，RTA-VRTE Diagnostic Management 提供了 AP18-10 标准的 ara::com 接口和 AP19-11 标准的 ara::diag 接口的混合。在这个版本中，关于使用哪

种接口类型的决定（主要）基于 Diagnostic Extract（DEXT）中是否存在诊断映射。特别是对于 RID、DID 和 SecaLevel，如果存在 di 不可知映射，那么将使用 AP19-11 ara::diag 接口。相反，如果没有诊断映射存在，那么将使用 AP18-10 ara::com 接口。

下面描述的所有工作流程都是基于 AP19-11 方法使用 ara::diag 接口。该工作流基于由 Adaptive Studio 从 Diagnostic Extract 生成的 ECUCFG 文件，以及基于 "Diagnostic Editors Needs Services" 的映射，并部署到计算机上。这个工作流程使用专有的配置文件和 pyDEXT 工具替换了以前的原型工作流程。

4. 诊断故障码

诊断故障码（DTC）定义了一个唯一标识符，该标识符使用 Diagnostic-EventTo-TroubleCodeUdsMapping ARXML 元素映射到一个诊断事件。DTC 被 Diagnostic Management 用来唯一标识事件内存数据库中的数据。

每个 DTC 是一个 3 字节的值。DTC 受多种解释的影响，AUTOSAR 支持 ISO 11992-4、ISO 14229-1:2013 和 SAE-J2012-DA。不同的解释只影响 Diagnostics 的报告，并不影响功能。

多个 DTC 可以通过一个 DiagnosticTroubleCodeGroup 组合起来，允许 diagnostics 在一个操作中处理组中所有的 DTC。一个 DTC 组是通过在有效 DTC 范围外使用一个专用的 DTC 值来标识的。为了方便起见，Diagnostics 提供了 DTC 组 "GroupOfAllDTCs"（分配给 DTC 组标识符 0xFFFFFF），它总是包含所有配置的 DTC。

5. AUTOSAR 诊断摘录

RTA-VRTE Diagnostics 使用 AUTOSAR Diagnostic Extract Template（DEXT）进行配置。DEXT 是一种标准化的 AUTOSAR 交换格式，可以用类似于系统描述的方式来使用和交流。

DEXT 定义了诊断通信的所有方面（例如 UDS 服务、会话配置、安全级别配置）以及诊断事件管理（如诊断故障码（DTC）、诊断事件、操作周期）。DEXT 还支持合并来自多个来源的信息，从而可以从最合适的来源构建诊断配置，无论是应用程序开发人员、集成商还是 OEM。

Adaptive Platform Diagnostic Management 的组织和职责与 Classic Platform 中的 Diagnostic Stack 有许多相似之处。从概念上讲，诊断架构分为三个子组件：诊断通信管理器、诊断事件管理器和传输协议（DoIP）。

Diagnostic Event Manager（DEM）——实现对 Diagnostic Events（应用程序错误或其他有趣的报告的处理，以便后续存储和检索 Diagnostic management）、Diagnostic Trouble Codes（DTC）与 Diagnostic Events 的绑定以及 DTC 状态的更新。

Diagnostic Events 是系统范围内唯一的事件，只能由单个应用程序报告。在 Adaptive 平台中，一个应用程序通过一个被 Diagnostic Monitor Interface 分类的端口原型获得对一个 Event 的访问，该端口原型具有一个到服务依赖的 Diagnostic Mapping。

Diagnostic Management 只考虑一个带有 Diagnostic trouble Code（DTC）映射的 Diagnostic Event。在 Adaptive Platform 实现中，DTC 及其相关的环境信息（称为 Freeze Frame）使用 persistencefunctional Cluster 存储在文件系统上的一个文件中（这不同于将事件内存保留在非易失性存储中的 Classic Platform）。当收集 Freeze Frame 内容时，Adaptive Platform Diagnostic Manager 通过 DCM 接口触发对关联的 Diagnostic identifier（DIDs）的读取，并将其写入相关文件。

诊断通信管理器（DCM）——负责 UDS（以及在 Classic 平台中的 SAE J1979）通信路径和诊断服务的执行。DCM 转发来自外部诊断扫描工具的诊断请求，并进一步负责组装响应信息（DTC、状态信息等），这些信息将被转移到车辆内部测试仪或外部诊断工具。

Diagnostic Management 支持 UDS 诊断会话。诊断测试人员（无论是外部测试人员还是机载测试系统）在特定诊断会话的上下文中发出诊断请求，由诊断管理进行处理。

传输协议（DoIP）——自适应平台诊断管理支持通信协议"Diagnostics-over-IP"（DoIP），任何合适的 Diagnostics UDS 客户端都可以与 RTA-VRTE 诊断管理一起使用。在传统平台中，传输协议与 DEM 和 DCM 是分开处理的。

以下是使用 AUTOSAR AP18-10 风格的 RTA-VRTE 的 DEM 服务接口 ara：com 面向服务的通信：

1）DiagnosticMonitor——包含诊断监视器的最后一个不合格的测试结果，或者控制弹出或强制预存储的命令。

2）OperationCycle——包含获取和设置操作周期当前状态的方法。

3）DiagnosticEvent——包含事件的当前状态。一旦订阅了服务，用户应用程序可以通过 Get 函数获得 EventStatus。

4）DTCInformation——关于 DTC 状态变化的通知。Application-tion 可以订阅所提供的服务。一旦订阅了该服务，Diagnostic Manager 将通过 Send 函数提供/通知事件。

RTA-VRTE 上提供以下 DCM 服务接口：

1）EcuReset（0x11）。

2）常规控制（0x31）。

3）根据 ISO 14229-1：2013 规范和 Adaptive AUTOSAR AP19-11 Diagnostic Services SWS，数据标识符、安全访问（0x27）、下载处理请求下载 0x34、传输

数据 0x36 和传输出口 0x37。

4）Diagnostic Conversation——提供 Diagnostic Tester（客户端）和 Diagnostic Manager（服务器）之间诊断对话的当前状态（例如，活动会话/安全级别）。作为 RTA-VRTE 的一部分，提供了一个诊断会话示例。

服务接口仍然被平台元素使用，例如 UCM 使用通用 UDS 服务接口来下载服务。这些将在未来的版本中迁移到诊断接口。

8.2.2　RTA-VRTE 诊断

RTA-VRTE 诊断包括 Diagnostic Manager（DM）进程，rb-DM 和库 rb-diag。Diagnostic Manager 进程负责管理诊断事件、UDS 会话控制、UDS 通信等，必须由 Execution Management 作为 RTA-VRTE 平台启动的一部分启动。该库与 RTA-VRTE Diagnostics 交互的 Adaptive Applications 链接，并为 ara::diag 诊断接口提供 API 实现。当库与应用程序链接时，api 在应用程序的上下文中运行。

Diagnostic Manager（即 rb-dm 进程）是处理诊断通信和支持 UDS 请求的中心元素。UDS 请求是在代表诊断客户端（Tester）和诊断服务器之间的"会话"的 Diagnostic Conversation 上下文中处理的。

Adaptive Applications 使用 rd-diag 库中的 api 向 Diagnostic Manager 报告 Diagnostic Events。Diagnostic Event 报告被监视实体的状态，并唯一地标识系统中的该实体。当 rb-DM 从应用程序接收到事件通知时，它执行在 Diagnostic 配置中定义的操作，例如 Diagnostic Trouble Code（DTC）状态更改或捕获和存储与 Diagnostic Event 相关的环境数据（扩展数据记录或快照记录）。因此，事件是 rb-dm 的事件内存管理的输入源。

RTA-VRTE 诊断管理完全动态配置。RTA-VRTE 使用部署到 Target ECU 的 ECUCFG 基于数据的配置文件来配置 diagnostic-tic Extract 信息（即当 ECU 上的软件更新时可能发生变化的诊断信息）和主要 TCP/DoIP 设置的 JSON 文件。配置在下面有更详细的介绍。

RTA-VRTE Diagnostic Manager（DM）守护进程 rb-DM 必须由 Execution Management 启动，作为 RTA-VRTE 平台启动的一部分。这个过程依赖于其他的平台元素，例如持久性和通信管理，这些应该提前启动，如图 8-24 所示。

RTA-VRTE Diagnostic Manager 进程使用 ECUCFG 文件进行配置，ECUCFG 文件定义诊断配置，JSON 文件指定独立于 Diagnostic Extract 信息的设置，例如主要的 TCP/DoIP 设置。

Diagnostic Manager JSON 配置文件必须与 Diagnostic Manager 可执行文件一起部署到 Target ECU。这些文件由 rb-dm 进程在启动时加载，因此必须部署到一个可读的位置。文件通常被部署到 Target ECU 文件夹 /opt/vrte/usr/bin。文件的位置作为参数传递给执行管理使用以下命令行选项 "-c" 的 Diagnostic Manager 进程。这个进程相当于从命令行启动：

```
rb-dm -c dm_config.json
```

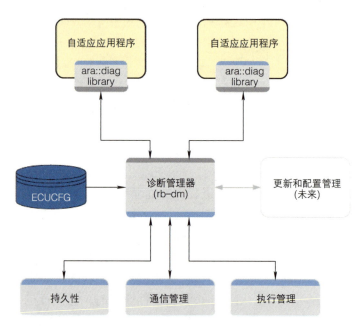

图 8-24　RTA-VRTE 诊断管理器的平台依赖性和原则交互

ECUCFG 配置被多个 RTA-VRTE 功能集群使用，和所有这些文件一样，DIA_nodedata。ECUCFG 配置文件既可以使用 Adaptive Studio 交互式地创建，也可以在构建时通过命令行 vrte_fs 工具创建。无论哪种情况，生成的 ECUCFG 配置文件都必须部署到 Target ECU 文件夹 /opt/vrte/etc/config/ar-19-11。

8.2.3　应用程序使用

Diagnostic Applications 通过按 ara::diag 诊断接口和 rb-diag 库分类的 PortPrototype 与 Diagnostic Management 交互。In-interaction 可以提供对数据的访问（对于外部测试人员和 DTC 存储）、报告检测到的故障的监控、更新操作周期等。

Adaptive Studio Application Design Editor 包括 Harmony Application Design Language（HADL）。HADL 是一种域特定语言（Domain Specific Language，DSL），已经为创建 ARXML 清单元素进行了优化，包括 Adaptive SWCs、端口原型和诊断接口。

Diagnostic Management 的应用程序接口使用两个核心概念：处理程序类和

实例说明符。

自适应应用程序使用 Diagnostic Management API 类作为基础来定义 Diagnostic 处理程序类。基类提供了实用方法，例如启动和停止处理程序，由 Diagnostic Management 调用的"notifier"回调方法，以及定义派生类中所需方法实现的签名的纯虚拟方法。例如，下面的代码片段使用 Diagnostic Management API GenericDataIdentifier 类作为基础定义了一个新的处理程序类，如图 8-25 所示。

```
#include <ara/diag/generic_data_identifier.h>

class MyDID : public ara::diag::GenericDataIdentifier
{
public:
    MyDID( ara::core::InstanceSpecifier is );

    // Define implementations of virtual methods
};
```

图 8-25　程序处理类的定义

GenericDataIdentifier 构造函数（因此也是派生类的构造函数）将 InstanceSpecifier 作为参数。InstanceSpecifier 是由 Adaptive SWC 的 PortPrototype 的简称构造的，因为这个信息是应用程序设计者所知道的。在构造派生处理程序类时，创建的 InstanceSpecifier 被传递给 Diagnostic Management API。扩展上面的例子，下面的代码片段实例化了传递使用 shortName 端口创建的 InstanceSpecifier 的处理程序：

```
MyDID did (InstanceSpecifier("portname"));
```

Adaptivesapplications 根据不同的诊断接口创建端口，以支持各种诊断功能，包括数据访问、监视、操作周期、数据传输和诊断例行控制。

1. 数据访问

Diagnostic Management 通过在 Adaptive Application 中定义的处理程序支持数据访问，这些处理程序是响应 UDS ReadDataByIdentifier（0x22）和 WriteDataByIdentifier（0x2E）请求而调用的。

对数据标识符的访问是由应用程序通过 GenericDataIdentifier 类的实例提供的。在构造过程中，创建的对象通过传递给构造函数的 InstanceSpecifier 与相关端口原型相关联。端口原型必须被一个 ara::diagDiagnosticDataIdentifierGenericInterface 接口分类。

GenericDataIdentifier 类包含纯虚方法 Read 和 Write，必须实现这些方法才能提供所需的数据访问。因此，应用程序使用 GenericDataIdentifier 类作为基类创建派生类，然后为派生类中的 Read 和 Write 提供实现。

class MyDID : public ara::diag::GenericDataIdentifier 派生类的实例是数据标识符的处理程序，由 Diagnostic Management 响应 readdatabyidentifier 或 WriteDataByIdentifier 请求进行调用。在 Adaptive Studio 中，SWC 必须配置为 Ser- 类型，诊断值需要元素必须创建 DiagnosticServiceDataIdentifierPortMapping 映射来连接 Service Needs 元素和 DiagnosticDataIdentifierGenericInterface 接口分类的 Diagnostic Port 接口。

2. 监控

Diagnostic Management 支持通过 adaptivesap 应用程序报告 Diagnostic 事件。以这种方式报告事件的应用程序是一个监视应用程序。监控应用程序识别特定的故障（如传感器故障、短路等），并使用 Event 报告故障。一个诊断事件在系统范围内是唯一的，因此对一个事件的监控只能由一个应用程序执行。

Adaptivesapplication 通过一个由 DiagnosticMonitorInterface 分类的端口原型获得对用于监视的 Event 的访问，该端口原型具有到服务依赖项的 Diagnostic Mapping。

监视自适应应用程序通常独立于 Diagnostic Management，并负责向 Diagnostic Management 报告事件状态。但是，Diagnostic Management 可以使用在构造 Monitor 类时建立的 initMonitor 回调来控制和监视，Adaptive 和 Application，例如暂停监控。

```
// Define callback (invoked by Diagnostic Mgmt)
auto cbk = [&](ara::diag::InitMonitorReasonima){...}
// Define port prototype (for diagnostic event)
ara::core::InstanceSpecifier specifier("port");
// Define debouncing (counter-based, managed by Diagnostic Mgmt)
ara::diag::Monitor::CounterBaseddebounceParam;
// Create instance of monitor for event reporting
ara::diag::Monitor m(specifier, cbk, debounceParam);
```

监视应用程序使用 reportmonitoractionapi 报告诊断事件。这需要一个单独的 MonitorAction 参数，该参数是要报告的事件状态：

m.ReportMonitorAction（ara::diag::MonitorAction::kPassed）；

执行自己的事件退出的监视应用程序并报告限定状态（kPassed 或 kFailed），因为只有事件到达应用程序退出的阈值之后才会报告。相反，使用 Diagnostic Management 内部反弹报告不合格状态（kPrepassed 或 kPrefailed）的监视应用程序可能只是不持久的一次性故障。一个不合格的状态报告可以成为合格的诊断管理弹出阈值超过。Diagnostic Management 支持两种形式的退出：

1）基于时间的一个不合格的报告启动一个诊断管理计时器，当计时器过期时结果变为合格。在时间到期之前做出的后续矛盾的不合格报告只需要重置 Diagnostic Management timer。

2）基于计数器的诊断管理计算不合格的报告，这些报告在一定数量的相同报告后将变得合格。在达到阈值之前收到的后续矛盾的不合格报告重置计数器。

Diagnostic Management 弹出是通过引用 Diagnostic Event 和所需弹出算法属性的 DiagnosticEventToDe-bounceAlgorithmMapping 元素启用的。如果事件不存在这样的映射，那么 Diagnostic Management 不应用任何弹出算法。如果没有为事件定义反弹算法，则监视应用程序传递不合格的状态（即 kPrepassed 或 kPrefailed）是错误的。

3. 操作周期

诊断管理根据 ISO 14229-1：2013 支持操作周期。操作周期定义了监控的开始和结束条件。一个 ECU 可以有多个操作周期；典型的周期包括点火 / 关闭、电源上 / 下等。

Adaptive Applications 使用 SetOperationCycle API 通知 Diagnostic Management 操作周期状态的更改。或者，一个操作周期可以被配置为在分别初始化 / 终止时由 Diagnostic Management 自动启动 / 终止。

只有在启动操作周期时才能报告 Diagnostic Event（因此发生 DTC 存储）；如果操作周期不是活动的，则忽略报告。

4. 数据传输

UDS 服务 requestload（0x35）和 RequestDownload（0x34）提供诊断客户端和服务器之间的数据传输功能。诊断应用程序被认为是数据源，因此上传服务启动从应用程序到诊断客户端的数据传输。下载服务操作在另一个方向，并启动从诊断客户端到应用程序的传输，如图 8-26 所示。

图 8-26 说明了一个自适应应用程序与 Diagnostics 库交互以进行数据传输。数据传输的访问通过 UploadService 或 DownloadService 类的实例提供给应用程序。创建的对象是上传，在构造过程中，必须通过传递给构造函数的 InstanceSpecifier 与相关的端口原型相关联。端口原型必须被分类为 ara∷diagDiagnosticUploadInterface 或 DiagnosticDownloadInterface。

```
class UploadApp : public ara::diag::UploadService
```

UploadService 和 DownloadService 类不能直接实例化，因为它们包含纯虚拟方法，例如请求数据传输或传递传输的数据。子类必须在实例化之前提供这些方法的实现。

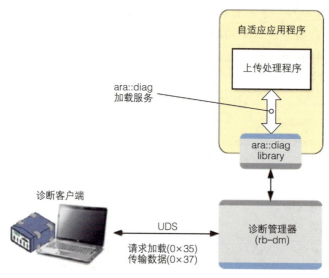

图 8-26 诊断上传

5. 常规控制

UDS 服务常规控制（0x31）允许诊断客户端请求启动和停止服务器中的例程，然后请求例程结果。UDS 服务常规控制的典型使用包括相对复杂的控制序列，如启动自测功能、清除或擦除非挥发性记忆体、覆盖正常的诊断服务器功能等。

该服务支持对应于 DiagnosticGenericRoutine 诊断接口中的 Start、Stop 和 request results 方法的子函数。这些方法针对诊断服务器中的特定预定义例程，因此将从 UDS 请求消息中获取的 Routine Identifier（RID）作为参数。

GenericRoutine 类包含纯虚方法，必须实现这些方法才能提供所需的例程控制。因此，类似于在应用程序上方使用 GenericDataIden-tifier 类创建一个使用 GenericRoutine 类作为基类的派生类，然后为派生类中的纯虚方法提供实现。

在 Adaptive Studio 中，SWC 必须配置一个类型为 DiagnosticRoutineNeeds 的 Service Needs 元素，必须创建一个 DiagnosticGenericUdsPortMapping 映射 ping 来连接 Service Needs 元素和 DiagnosticGenericRoutine 接口分类的 Diagnostic Port in-interface。

6. 服务验证

服务验证在 UDS 请求处理过程中提供了两个来自诊断管理的调用。

在 UDS 处理期间，甚至在 Diagnostic Manager 检查是否支持请求服务标识符（SID）之前，第一次调用就发生了。在此呼叫期间，可以进行制造商特定的检查，如果检查失败，请求立即拒绝并给出适当的负响应码（Negative Response Code，NRC）。

在诊断管理部门验证了 SID 并检查了安全访问之后，第二次呼叫发生在 UDS 处理过程中。在第二次呼叫期间，可以进行供应商特定的检查，如果检查失败，请求立即被合适的 NRC 拒绝。

需要使用诊断服务验证诊断接口的自适应应用程序需要配置 DiagnosticCommunicationManagerNeed 元素。serviceRequestCallbackType 在"诊断需求"中选择是供应商的呼叫还是制造商的呼叫。使用 Adaptive Studio Diag-nostic Service Needs Editor 在 SWC 中创建 Diagnostic Needs。

8.2.4 在 Adaptive Studio 中进行诊断

本节提供有关 Adaptive Studio 中 Diagnostics 配置的具体信息，有关 Adaptive Studio 及其配置功能的一般信息。Adaptive Studio 为诊断配置的更新提供了 DEXT 编辑器和 Diagnostic Service Needs 编辑器。DEXT 格式是由 AUTOSAR 标准化的，因此其他符合标准的 DEXT 编辑器可以在需要的时候使用。

1. 概览

为了配置一个新的诊断元素，例如一个诊断标识符（Diagnostic Identifier，DID），然后在一个自适应应用程序中使用它，主要的步骤是：

1）应用程序设计——使用 Adaptive Studio Application Design Editor 和 Harmony Application Design Language 添加所需的 SW 组件、端口原型和诊断接口。如果现在还没有流程设计，那么自适应应用程序也需要流程设计。

2）Application Service Needs——使用 Adaptive Studio Diagnostic Service Needs Editor 添加一个 swcserviceneds 元素，该元素描述 SW 组件的诊断要求。

3）Diagnostic Configuration——使用 Adaptive Studio DEXT Editor 将所需的元素添加到 DEXT 诊断配置（为了示例的目的，这将向 DEXT 文件添加一个新的 Diagnostic Identifier（DID））。另外，编辑器还用于添加一个新的诊断映射，将 Adaptive Application 的 Process Design 和 Service Needs 连接起来。

4）Manifest Processing——使用 Adaptive Studio Manifest Processing（或命令行等效的 vrtf_fs）将 AUTOSAR DEXT 配置转换为适合部署到 Target ECU 的基于 RTA-VRTE ECUCFG 数据的配置。

5）Application Handler——为诊断元素实现 Adaptive Application 处理程序，例如通过对相关 ara::diag API 类进行子类化。

2. 应用设计

Adaptive Studio Diagnostic Service Needs Editor 和 DEXT Editor 创建诊断配置（数据标识符、映射等），而应用程序设计则配置适应性应用程序与诊断配置交互所需的软件组件、端口和诊断接口。

自适应应用程序通过在自适应软件组件（SWC）中声明 PortPrototypes 访问诊断特性——除了诊断接口之外，使用与通信相同的模型而不是基于组件的软件工程。提供的和需要的端口原型都被用于自适应 SWC 中来访问诊断特性。

Adaptive Studio Application Design Editor 包括 HADL Domain Specific Language（DSL），它支持创建 ARXML 清单元素，包括 Adaptive SWC 和端口原型（第 4.2.4.5 节）。Adaptive SWC 中的每个 PortPrototype 都由一个接口进行分类。HADL DSL 接口 <type> 定义支持诊断服务的 AUTOSAR 接口定义，例如：

下面的 HADL 文件将创建两个 ARXML 元素：

1）一个名为 exampleDID 的 DiagnosticDataIdentifierGenericInterface。

2）带有诊断接口分类的单个提供的端口原型的 AdaptiveApplicationSwComponentType：

```
package MyPkg namespace MyNamespace {
interface<DiagnosticDataIdentifierGenericInterface>exampleDID
component etasDiagExample {
provide DID61555 for exampleDID
}
}
```

该版本支持以下诊断接口：

- 通用数据标识符
- Generic UDS（用于下载服务：RequestDownload、TransferData 和 RequestTransferExit，在未来的版本中将支持特定于供应商的服务）
- 通用例程
- 安全级别

以下诊断接口将在未来的 RTA-VRTE 版本中得到支持：

- DTC 信息（部分使用 dtcinformationservice 接口实现）类型化数据标识符
- 事件（目前使用诊断事件服务接口实现）
- 指示器
- Monitor（当前使用 diagnosticmonitorservice 接口实现）
- 类型化例程

- Operation Cycle（目前使用 OperationCycle Service 接口实现）
- Service Validation 服务验证

不支持下列诊断接口：

- DoIP Group Identification
- DoIP Group Identification DoIP Power 模式
- 下载（注意：UCM 使用的是 GenericUDSInterface）
- upload

3. 诊断服务需求编辑器

Diagnostic Service Needs Editor 是一个基于 GUI 的编辑器，用于配置自适应应用程序的诊断需求（在 AUTOSAR 中为"Service Needs"）。

Diagnostic Service Needs Editor 可以用来为 Application Design 期间创建的 Adaptive SWC 创建 AdaptiveSWCInternal-Behavior 元素。在 Classic Platform 中，内部行为元素配置 SWC 的许多方面，但在 Adaptive Platform 静态配置的行为中，该元素仅包含一个或多个针对 Adaptive Application 的 Service Needs 描述。

一旦存在内部行为，编辑器就可以用来创建 swcservicedependence 元素和各种类型的 DiagnosticServiceNeeds 元素。SWC-ServiceDependency 将为 Adaptive SWC 定义的端口原型与给定的 serviceneds 元素相关联。通过相应地创建适当的基于角色的端口分配，将自适应 SWC 提供的端口原型分配给创建的 SwcServiceDependency。

右键单击项目并选择 VRTE Editor-Diagnostic Service Needs Editor，打开诊断服务需求编辑器，如图 8-27 所示。

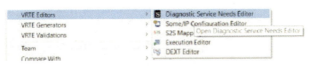

图 8-27　诊断需求编辑器

（1）SWC 内部行为

最初打开 Diagnostic Service Needs Editor 窗口时，该窗口包含所选项目中可用的所有 adaptivesapplicationsoftware 组件的列表。一旦从下拉列表中选择了合适的组件，单击 [+] 按钮就可以创建一个新的 AdaptiveSwcInternalBehavior，如图 8-28 所示。

图 8-28　创建 AdaptiveSwcInternalBehavior 按钮位置

打开"Create AdaptiveSwcInternalBehavior"对话框，选择的 SWC 的内部行为可以命名并分配给 ARXML 文件，如图 8-29 所示。

图 8-29　新建 AdaptiveSwcInternalBehavior

单击 [OK] 按钮，创建指定的 AdaptiveSwcInternalBehavior 元素，并将其保存到选定的 ARXML 文件中。AdaptiveApplicationSwComponentType 被 AUTOSAR 定义为 Splittable，因此不同的组成元素可以在不同的 ARXML 文件中。

（2）SWC 服务依赖

Diagnostic Service Needs Editor 可以配置多个诊断配置元素，如图 8-30 所示。

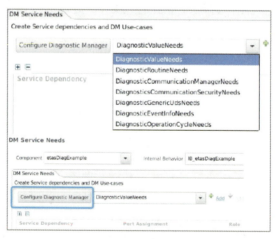

图 8-30　服务依赖

第一个选项通过下拉选项和 [+ ADD] 按钮定义不同的 Diagnostic Needs 元素。

对于数据标识符，第二个选项 [Configure Diagnostic Manager] 按钮是必需的。单击这个按钮会打开"Service Needs Configuration"对话框。

在"Service Needs Configuration Dialog" 中创建 SwcServiceDependency 元

素，这些元素被分配给对应于不同诊断接口的"Roles"。为了创建一个数据标识符，将使用"Read/write current value"，如图 8-31 所示。

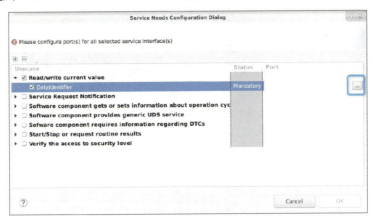

图 8-31　数据标识符选择

"Service Needs Configuration"对话框允许选择用于创建 diagnostics_ticserviceneds 和 SwcServiceDependencys 的端口。单击 [...]，"Port Interface Assignment"对话框将打开并提供选择一个或多个提供的 Port Prototypes。关联的端口接口和每个提供的端口原型一起显示。

选择多个端口将创建一个 SwcServiceDependency，每个选定的端口都需要的一个 DiagnosticServiceNeed 元素。ServiceDependency 是根据选择的用法定义的——在例子中是这样的数据标识符。单击 [确定] 以确认选择并显示最终结果。

若要删除 SwcServiceDependency 以及相关的 Diagnostic Service Needs 或 Role Based Port Assignment，请在表中选择适当的行并单击 [DELETE] 按钮。

4. DEXT 编辑

Adaptive Studio DEXT Editor 是通过右键单击项目并选择 VRTE Editor 打开 DEXT 编辑器。DEXT 编辑器同时支持 DCM 和 DEM 配置，因为这两种配置都是由 Adaptive Platform Diagnostics Management 支持的。

打开 DEXT 编辑器时，显示当前可用的 Diagnostic 配置。选择器显示是否显示 DCM 或 DEM 配置。下拉菜单可以更改 DEXT 贡献集。

（1）配置 / 查看服务

通过选择适当的服务类型，可以查看现有服务并添加新服务。例如，要创建数据标识符或查看现有的数据标识符，请确保从 DEXT 编辑器 DCM 页面上的下拉列表中选择 Configure DIDs 用例。其他可以选择的用例包括诊断例程、诊断内存和控制服务等配置，如图 8-32 所示。

图 8-32　DCM 页面的下拉列表

从下拉菜单中选择 Configure DIDs 后，单击 [Create Data Identifier] 按钮，如图 8-33 所示。

图 8-33　选择 Create Data Identifier

当在下拉列表中选择不同的用例时，可以创建额外的服务元素。顾名思义，"Create Data Identifier"对话框允许创建一个新元素来定义新的 DID 值和名称。

允许指定 DID 值（在这种情况下，是 61555）和 DID，它还允许选择 UDS 服务，例如 ReadDataByIdentifier（0x22），这也会影响处理程序的实施应用程序代码，如图 8-34 所示。

创建了 DataIdentifier DEXT 元素之后，下一步是配置它并创建一个新的 DataElement。在对话框中，通过单击"＋CREATE PARAM"按钮和"＋CREATE DATA ELEMENT"来配置 DID 的数据元素。

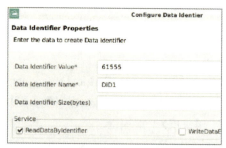

图 8-34　"Create Data Identifier"对话框

当对话框的 [OK] 被单击时，数据标识符 DEXT 元素在 DEXT 中被创建，如图 8-35 所示。

然后可以设置 DID 的数据元素的参数，包括基类型等。

（2）诊断映射

DEXT 编辑器还支持在 Adaptive Application 进程（为 Diagnostic Identifier 提供处理程序）与 Diagnostic Management 之间创建链接。该链接采用 Diagnostic

Mapping 的形式，该形式将 ProcessDesign 与 SwcServiceDependency 关联起来。

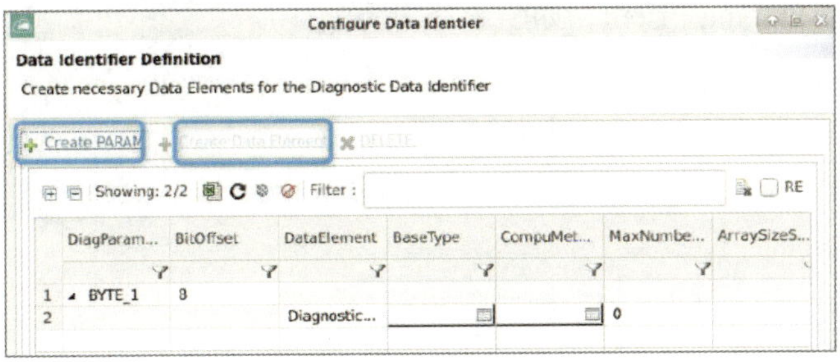

图 8-35 数据标识符的创建

对于 Data Identifier 的示例，编辑器用于在一组 diagnosticdataidentifier 和相关 SwComponentPrototypes 的 swcservicedependency 之间配置 Diagnostic-PortMappings。这个编辑器也可以用来为 DiagnosticSecurityLevels 等创建其他诊断映射，见表 8-1 和表 8-2。

表 8-1 AUTOSAR AP19-11 的 DEXT 元素和映射

DEXT 元素 （AP19-11）	端口接口	映射	服务需求
Security Level	Security Level Interface	Security Level Port Mapping	Communication Security Needs
Data Identifier	Data Identifier Generic-Interface	Service Data Identifier Port Mapping	Value Needs
Data Identifier	Data IdentifierInterface	Service Data Identifier Port Mapping	Value Needs
Service Instance（RID）	Routine Generic Interface	Generic Uds Port Mapping	Routine Needs
Service Instance（RID）	Routine Interface	Generic Uds Port Mapping	Routine Needs
Service Instance（download services）	Generic Uds Interface	Generic Uds Port Mapping	Generic Uds Needs

表 8-2 AUTOSAR AP20-11 DEXT 元件、端口和映射需求（"诊断"前缀省略为清晰）

DEXT 元素 （AP20-11）	端口接口	映射	服务需求
Security Level	Security Level Interface	Security Level Port Mapping	Communication Security Needs
Service Instance（DID，read/write）	Data Identifier Generic-Interface	Diagnostic Service Generic Mapping	Value Needs
Data Identifier	Data Identifier Interface	Service Data Identifier Port Mapping	Value Needs
Service Instance（RID）	Routine Generic Interface	Diagnostic Service Generic Mapping	Routine Needs
Service Instance（RID）	Routine Interface	Diagnostic Service Generic Mapping	Routine Needs
Service Instance（download services）	Generic Uds Interface	Diagnostic Service Generic Mapping	Generic Uds Needs

要启动映射，请单击 DEXT 编辑器中的 [Create Diagnostic Service Data Identifier Port Mapping] 按钮，如图 8-36 所示。

图 8-36　MapServices

在诊断映射表中，选择在先前步骤中已经创建的诊断数据标识符、流程设计和 SwServiceDependency。取消选框过滤器兼容目标 SwcServiceDependency（s），单击 [NEXT]，如图 8-37 所示。

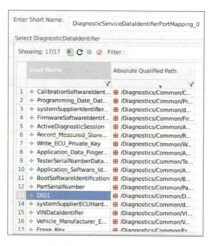

图 8-37　诊断映射表

5. 验证

Adaptive Studio 支持 DEXT 配置的验证。要执行验证，右键单击项目名称并选择 VRTE Validations -DEXT Validations。

一旦在 DEXT 中定义了诊断标识符（DEXT 被处理为 ECUCFG），它就可以在 Adaptive Application 中使用了。

为了访问 DID，应用程序使用 ara::diag 类 GenericDataIdentifier 作为基类（参见 RTA-VRTE 包括文件 generic_data_identifier.h）。派生类是数据标识符的处理程序，由 Diagnostic Management 响应 UDS readdatabyidentifier（0x22）或 WriteDataByIdentifier（0x2E）请求调用。

```cpp
#include <ara/diag/generic_data_identifier.h>
using namespace ara::diag;
class DID1 : public GenericDataIdentifier {
public:
    DID1();
    ~DID1();
    ara::core::Future<GenericDataIdentifier::OperationOutput>
    Read(std::uint16_t did,
    MetaInfo info,
    CancellationHandlerhandler) override;
};
```

8.2.5 整合

本节介绍如何将 RTA-VRTE 诊断管理集成到一个系统中，包括一般工作流、构建系统需求和 Adaptive Application 注意事项。

1. Workflow

RTA-VRTE Diagnostics 的运行时配置，即 Diagnostic Manager 进程 rb-dm，使用部署到 Target ECU 的 ECUCFG 基于数据的配置。

Adaptive Studio 中的 DEXT 编辑器和 Diagnostic Service Needs 编辑器生成并配置作为 DEXT 和 ARXML 文件所需的 Diagnostic Input Data，以生成配置 RTA-VRTE 所需的 ECUCFG 配置文件。

在创建 Diagnostic Extract（DEXT）和 Diagnostic Service Mapping 输入之后，AUTOSAR 信息被处理到运行时 ECUCFG 表单，以便使用 VRTE_fs 命令行工具或 Adaptive Studio（VRTE Gener EcuCfg Config 文件），如图 8-38 所示。

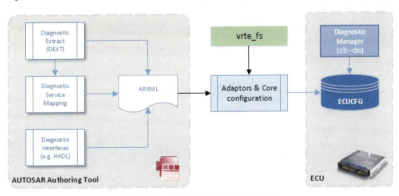

图 8-38 从 DEXT 到诊断映射

2. 建立系统

作为 RTA-VRTE 的一个组件，Diagnostic Management 的实现依赖于其他功能集群，包括执行管理、通信管理以及日志和 Trace。特别是，与执行管理启动的任何其他过程一样，诊断管理器与执行管理（ara::exec）交互。

属性使用 CMake 环境集成的 Diagnostic Manager 的所有依赖项 CMake 包 dia-aap-diagnostic-manager，例如：

```
find_package(dia-aap-diagnostic-manager REQUIRED)
```

Dia-aap 诊断管理器 CMake 包含 RTA-VRTE 库 rb-diag。该库在包中作为 CMake 目标 rb-diag 提供，并且必须作为目标链接库链接到 Diagnostic Adaptive Application，如图 8-39 所示。

```
### ARA::DIAG
find_package(dia-aap-diagnostic-manager CONFIG REQUIRED)

target_link_libraries(${SOFTWARE_COMPONENT_NAME}
  PRIVATE
    ${com-aap-communication-manager_LIBRARIES}
    dia-aap-diagnostic-manager::rb-diag
```

图 8-39　Dia-aap 库的使用